**Richard Neutra
e o Brasil**
Fernanda Critelli

**Pensamento da
América Latina**

Romano Guerra Editora
Nhamerica Platform

Coordenação geral
Abilio Guerra
Fernando Luiz Lara
Silvana Romano Santos

Richard Neutra e o Brasil
Fernanda Critelli
Brasil 7

Coordenação editorial
Abilio Guerra
Fernando Luiz Lara
Silvana Romano Santos

Projeto gráfico e diagramação
Dárkon V Roque

Pré-impressão
Nelson Kon

Para
Lilian, José Fernando e André

Richard Neutra e o Brasil
Fernanda Critelli

Romano Guerra Editora
Nhamerica Platform

São Paulo, Austin, 2022
1ª edição

Índice

- 06 Prefácio
  O "estranho" ao sul do Rio Grande
  Abilio Guerra

- 24 **Desenhos de viagem**
  Richard Neutra

- 42 **O olhar em construção**

  Richard Neutra e o Brasil
  - 58 A arquitetura política dos bons vizinhos
  - 86 Construção do personagem
  - 106 Arquiteto e mensageiro da boa vontade

  Conexões brasileiras e latino-americanas
  - 144 Preâmbulo
  - 148 De Porto Rico a São Paulo
  - 168 Outras três viagens ao Brasil
  - 180 Os projetos com Burle Marx

  O "estranho" na obra de Richard Neutra
  - 194 Primeiras sedimentações
  - 198 Los Angeles Hall of Records
  - 208 Casa VDL 2
  - 218 Casas Kaufmann e Tremaine
  - 232 Embaixada dos Estados Unidos em Karachi
  - 244 Casa Schulthess
  - 254 Casa González-Gorrondona

- 268 Posfácio
  Neutra e o Brasil
  Raymond Richard Neutra

- 280 **Bibliografia**

Prefácio
O "estranho" ao sul do Rio Grande
Abilio Guerra

Vida e obra entrelaçadas

Durante meu vínculo com o programa de pós-graduação da Faculdade de Arquitetura e Urbanismo da Universidade Presbiteriana Mackenzie, onde estou desde 2005, tenho orientado diversas monografias sobre arquitetos. Restrinjo aqui o significado de monografia ao estudo de um objeto específico – no caso, as realizações de um personagem –, em geral o conjunto de obras desenvolvidas ao longo de sua atuação, ou com um recorte específico por período ou região. E, se o cenário da atuação tem sido o território nacional, não há restrição à nacionalidade do personagem, pois dentre eles temos estrangeiros que se radicaram ou atuaram no Brasil, mesmo que seja uma atuação restrita à interlocução cultural. Não se trata de uma falta de interesse pela arquitetura desenvolvida no exterior, mas a priorização do conhecimento mais aprofundado da realidade estudada e o acesso facilitado à documentação primária.

Em 2007, a dissertação de mestrado de Liana Paula Perez de Oliveira, minha segunda orientanda, recorta um tema muito específico: a transformação da antiga fábrica de tambores no centro cultural e desportivo Sesc Pompeia pela arquiteta Lina Bo Bardi.[1] Lina está também presente na dissertação de Patricia Nahas, de 2009, sobre o Brasil Arquitetura, no papel de mentora dos arquitetos Marcelo Ferraz e Marcelo Suzuki, que ao lado de Francisco Fanucci estão na origem do escritório. Nahas investiga as intervenções em preexistências, desde o Sesc Pompeia, onde Ferraz foi estagiário, até a maturidade conquistada no Museu do Pão, conversão de antigo moinho na cidade gaúcha de Ilópolis.[2] Ambas pesquisas contemplam uma abordagem culturalista, onde a experiência de vida e uma visão de mundo particular condicionam as escolhas dos arquitetos.

Trajetória e obra de Rodolpho Ortenblad Filho, formado na Faculdade de Arquitetura Mackenzie em 1950, constituem o objeto de interesse do mestrado de Sabrina Bom, de 2010.[3] Ortenblad, atuante nas décadas de 1950 a 1980, foi diretor da revista *Acrópole* de 1953 a 1955, alcança alguma notoriedade no meio profissional e acadêmico, e figura no livro sobre residências de Marlene Acayaba com sua casa, de 1957.[4] O resgate do ostracismo de figuras e obras significativas de nossa arquitetura é um dos papéis mais relevantes das pesquisas acadêmicas. Neste caso, o ambiente de formação e os primeiros anos de atuação detalhados pela autora jogam luz sobre questões essenciais do período, caso da residência unifamiliar moderna norte-americana – em especial, o modelo californiano difundido por John Entenza em sua revista *Arts & Architecture* – como exemplo para os arquitetos paulistas formados na década de 1950.

Figura antípoda a Ortenblad devido ao seu renome internacional, Roberto Burle Marx foi objeto de interesse nas dissertações de Marília Dorador Guimarães e Fernanda Rocha, ambas com recorte regional. A primeira, defendida em 2011, se detém nas participações de Burle Marx em obras paulistanas de autoria de Rino Levi, Marcello Fragelli, Miguel Juliano, Hans Broos e Ruy Ohtake.[5] A segunda, defendida em 2015, é fruto do programa Minter da Capes, envolvendo a Universidade Mackenzie e a Universidade de Fortaleza – Unifor, e trata dos jardins projetados por Burle Marx na capital cearense em parceria com os arquitetos Acácio Gil Borsoi, Luiz Fiuza, Delberg Ponce de Leon, Fausto Nilo e os irmãos Francisco e José Nasser Hissa.[6] As duas pesquisas demonstram o quanto ainda há a ser revelado sobre a atuação de nosso maior paisagista, em especial sua obra dispersa pelo Brasil e países estrangeiros.

Marcio Cotrim, em seu doutorado defendido na UPC de Barcelona em 2008, aborda a obra residencial projetada por Vilanova Artigas nas duas últimas décadas de sua vida profissional.[7] A pesquisa prioriza uma discussão teórica baseada nos documentos originais e nas próprias obras, seguida de cuidadosa análise tipológica de cada residência selecionada. Segundo os orientadores, eu e Fernando Alvarez Prozorovich, Cotrim "visitou e experimentou suas casas, conversou com seus proprietários e recolheu valiosos depoimentos. Além disso, realizou um trabalho de análise metodologicamente impecável no qual se destacou o interesse pela obra e a necessidade de revelar o *modus operandi* do autor".[8] O doutorado de Marcio Cotrim foi minha primeira orientação no sistema de pós-graduação e o segundo trabalho acadêmico sob minha tutela a se tornar livro.

O mestrado e o doutorado de Fausto Sombra também são monográficos. O primeiro – de 2015, que trata do restauro do Sítio Santo Antônio a cargo de Luís Saia[9] – tem sua explanação organizada em duas partes: o perfil profissional do arquiteto paulista, em especial a produção prática e intelectual sobre intervenções no patrimônio material, marcada pelo convívio com Dina Lévi-Strauss, Mário de Andrade, Rodrigo Mello Franco de Andrade e Lúcio Costa, personagens de proa no estudo e defesa do patrimônio histórico nacional; e o restauro do sítio, propriedade que Mário de Andrade deixa para o Iphan em testamento. A tese de Sombra, defendida em 2020, investiga três pavilhões projetados e construídos por Sérgio Bernardes: o Pavilhão de Volta Redonda no Parque do Ibirapuera, de 1955; o Pavilhão do Brasil na Exposição Universal e Internacional de Bruxelas, de 1957-1958, e o Pavilhão da Feira da Indústria e Comércio, erguido em São Cristóvão, no Rio de Janeiro, entre 1957-1960.[10] Ambas pesquisa priorizam a documentação primária, em grande parte realizada nos acervos do Iphan (São Paulo e Rio de Janeiro) e do NPD da FAU UFRJ.

Quatro pesquisas sob minha orientação trataram de arquitetos estrangeiros que se radicaram no Brasil e aqui desenvolvem sua obra, ou parte significativa dela. O mestrado de Tiago Franco, de 2009, reconstitui a trajetória do francês Jacques Pilon em São Paulo, com um panorama de sua obra e análise mais detida de treze projetos realizados entre 1940 e 1947.[11] O doutorado de Marcelo Barbosa[12] – de 2012, o primeiro sob minha orientação a se tornar livro[13] – analisa a produção arquitetônica do alemão Franz Heep.

Após início de carreira em Paris nos anos 1930, como funcionário de Le Corbusier, e da sociedade com Jean Ginsberg, Heep migra para o Brasil, onde contribui de forma efetiva no processo de verticalização de São Paulo, como funcionário de Jacques Pilon, de 1948 a 1952, e com escritório próprio, de 1952 a 1960. A terceira pesquisa é o mestrado de Mariana Puglisi, defendido em 2017, sobre três conjuntos de habitação de interesse social – Conjunto Habitacional Rincão, 1989-1992; Rio das Pedras, Vila Mara, 1989-1998; e Parque Novo Santo Amaro V, 2009-2012 –, concebidos ou desenvolvidos pelo arquiteto uruguaio Hector Vigliecca na cidade de São Paulo entre 1989 e 2016.[14] Por fim, o mestrado de Felipe Rodrigues, de 2018, estuda Aurelio Martinez Flores, arquiteto mexicano que participa dos projetos de interiores dos palácios de Brasília nos anos 1960 e se radica em São Paulo, palco de uma bem sucedida carreira como arquiteto, arquiteto de interiores e designer.[15] Os quatro trabalhos acadêmicos tratam da adaptação ao ambiente cultural brasileiro presente nas trajetórias dos estrangeiros estudados.

Deslocado em termos temáticos dos trabalhos acadêmicos que orientei, Gustavo Lassala recupera em tom biográfico a história de vida e a prática da pichação de Djan Ivson Silva.[16] Como a esmagadora maioria dos pichadores, "Cripta Djan" – alcunha que lhe acompanhou até o estrelato – busca a notoriedade arriscando a própria vida ao escalar altos edifícios.[17] O texto de Lassala, apoiado em conceitos desenvolvidos por Pierre Bourdieu para estudar grupos sociais, reconstitui a história do personagem revelando os vasos comunicantes que une os âmbitos individual e coletivo, as transformações do fenômeno social da pichação, a migração das matérias jornalísticas sobre o *pixo* das páginas policiais para os cadernos culturais, e a crescente interação dessa prática urbana com o meio artístico. Surge na trama narrativa um personagem de predicados incomuns, líder de grupos de pichadores, detentor de significativo acervo de documentos e grande conhecimento sobre a história da *pixação*, qualidades que motivam o convite feito pelos curadores Agnaldo Farias e Moacir dos Anjos para participar da 29ª Bienal de Artes de São Paulo.[18]

O mestrado sobre João Filgueiras Lima, Lelé,[19] e o doutorado sobre Aldary Henriques Toledo,[20] ambos de André Marques, são pesquisas monográficas. A dissertação, defendida em 2012, tornou-se em 2020 o terceiro livro baseado em trabalhos acadêmicos sob minha orientação.[21] No texto de apresentação comento a argumentação de Marques sob dois pontos de vista: o diálogo intertextual travado com a documentação secundária que antecede e se sucede à pesquisa em questão; e o intenso contato com o material primário disponível sobre as obras estudadas, todas elas visitadas pelo pesquisador.[22] Os "diálogos" com Richard Neutra e Jean Prouvé são metáforas que expressam as estratégias bioclimáticas e técnico-construtivas de Lelé, em completa sintonia com duas vertentes fundamentais da arquitetura ocidental dos séculos 20 e 21. A tese é de 2018 e a comentaremos mais à frente.

A jaula flexível
Dentre os profissionais das chamadas "ciências humanas", o historiador é o mais ligado ao episódico. Para ele, o ouro a ser descoberto é o fato, que será depois lapidado na forma de uma explicação. Não é uma passagem tão simples. Um objeto arquitetônico, por exemplo, é tributário de condicionantes externos e internos, pois têm importâncias iguais as circunstâncias históricas que lhe possibilitaram se materializar e a interlocução com objetos análogos, quando os preceitos, procedimentos e valores são constituídos e transmitidos.

Para reconstituir a trajetória de seu personagem, o historiador delineia o campo do possível onde ele se movimenta. Segundo o historiador Carlos Ginzburg, uma singularidade histórica tem "limites bem precisos: da cultura do próprio tempo e da própria classe não se sai a não ser para entrar no delírio e na ausência de comunicação. Assim como a língua, a cultura oferece ao indivíduo um horizonte de possibilidades latentes – uma jaula flexível e invisível dentro da qual se exercita a liberdade condicionada de cada um".[23] Além dos externos, os condicionantes internos – ou intermediários, onde se entrelaçam os âmbitos social e disciplinar[24] – são igualmente determinantes para as qualidades de uma obra. Esta, segundo entendo, é resultado de um polimento permanente de princípios formais e valores estéticos que se dá ao longo do tempo. Assim, o processo artístico que ocorre no âmbito do metiê está em contínuo processo de interação com a sociedade, dela incorporando temas, tensões, dúvidas ou angústias, que lhe são devolvidas de forma cifrada e sublimada.

Do ponto de vista prático, o historiador da arte e da arquitetura precisa desenvolver uma pesquisa que envolva os fenômenos internos e externos à disciplina na esperança de responder às questões básicas que lhe aflige: o que aconteceu e como aconteceu. "O que aconteceu" nos coloca diante do fato ontológico, que teve lugar em um espaço e em um momento específicos.[25] O "como aconteceu" demanda uma interpretação, que envolve a capacidade de perceber e articular as forças individuais e coletivas que geram o fato ontológico. Compreender esses âmbitos – que são definidos por uma área específica da filosofia, a epistemologia – é essencial ao historiador.

As premissas de qualquer argumentação são – e devem ser – passíveis de verificação de sua veracidade; um fato pode e deve ser comprovado, sobre sua existência não pode restar dúvida alguma – mesmo que ela seja imaginária –, seja sobre onde se deu, seja quando ocorreu. A pesquisa bem-feita das fontes primárias assegura que a argumentação não irá desmoronar por negligência diante de datas ou situações mais corriqueiras. Por outro lado, não há como afirmar categoricamente que uma argumentação, que concatena as premissas com o objetivo de explicar "como algo aconteceu", é verdadeira, afinal são muitas as forças atuantes, tanto no âmbito individual, como na estrutura social. Uma argumentação almeja ser aceita por um interlocutor ou pelo coletivo social por ser verossímil; mas ela sempre será passível do contradito, da dúvida, da desconfiança. Assim como a veracidade é do domínio das premissas, a verossimilhança é o limite máximo da argumentação. Esse é um dos motivos que afasta a história da ciência ou, segundo os termos de Carlos Ginzburg, a história, como parte do "grupo de disciplinas que chamamos de indiciárias (incluída a medicina) não entra absolutamente nos critérios de cientificidade deduzíveis do paradigma galileano. Trata-se, de fato, de disciplinas eminentemente qualitativas, que têm por objeto casos, situações e documentos individuais, *enquanto individuais*, e justamente por isso alcançam resultados que têm uma margem ineliminável de casualidade".[26]

As fontes primárias devem se comportar como segura fundação onde se erguerá o edifício da argumentação. Esta, por sua vez, deve se amparar em teorias compatíveis, que deem conta do entendimento das forças complexas que movem a sociedade. Mas há um complicador que nos afasta de uma visão positivista redutora. Se o fato histórico em si tem uma objetividade singular, o mesmo não ocorre com o documento primário onde está presente o vislumbre de sua existência. O documento está sempre imantado pelas *razões* daqueles que o produziram, assim como estes, por sua vez, exercitam a liberdade condicionada pela "jaula flexível e invisível" na qual habitam. O trabalho do historiador nesse ponto deve ser paciencioso, tentando desenredar os motivos da ação, que não são imediatamente visíveis, pois as pulsões individuais e coletivas, e os interesses de grupos, categorias ou classes sociais estão emaranhados nas várias falas que ecoam no tempo, e que foram parcialmente registradas nas linguagens disponíveis. E o historiador prudente, que se afasta de categorias demasiadamente abstratas e mantém constante seu interesse pelo episódico, vai ter na concretude das linguagens sua matéria-prima predileta. O documento

– imagético ou textual – padece dessa ambiguidade: ao mesmo tempo em que atesta a existência do fato histórico, ele guarda em si as tensões e contradições de uma época.

Outro aspecto do documento precisa também ser colocado na mesa, apesar de sua obviedade. O vestígio material do passado expressa o complexo social, cultural e econômico que lhe deu forma e conteúdo. As relações entre as classes, a dinâmica da produção e apropriação de bens, o desenvolvimento tecnológico, o sistema de transmissão do conhecimento, o conjunto de valores, crenças e costumes que sedimentam o aparato ideológico – em suma, o conjunto de fenômenos que partem da materialidade da vida e fermentam a dialética histórica – devem estar à disposição do historiador para suas reconstruções. Mas ao historiador interessa muito mais extrair do materialismo dialético sua capacidade em expor a olho nu o quanto essas forças atuam no episódico, e menos seus desdobramentos teleológicos e esquemáticos.

Para escarafunchar as pulsões individuais e coletivas que impregnam uma apreciação estética, uma decisão formal ou qualquer outra manifestação do espírito, devemos supor que está também em ação o fator "demasiadamente humano", onde ações e ideias são "respostas a pressões internas, sendo, no mínimo em parte, traduções de necessidades instintivas, manobras defensivas, antecipações ansiosas".[27] Uma visão ampla da psicanálise freudiana, em especial de suas interpretações desenvolvidas nos textos mais históricos, culturais e antropológicos, é um suporte utilíssimo para compreender o quanto de irracional e irrefletido pode habitar decisões apresentadas com lógica irrepreensível. Como confessa Peter Gay, "os documentos estéticos acessíveis em uma sociedade – seus romances, poemas, ou pinturas – revelam, sob as lentes psicanalíticas, a maneira pela qual aquela sociedade procura resolver, ou recusa-se a reconhecer, questões que acha muito delicadas para discutir francamente".[28] Perfeita a afirmação, ainda mais se somarmos na enumeração as *arquiteturas*.

Entrando nas características dos textos monográficos sobre um personagem na área da arquitetura, sua história de vida se entrelaça com o desenvolvimento de sua obra, assim como a consolidação de sua visão de mundo se espelha no amadurecimento (ou aperfeiçoamento) de seus projetos e de suas obras construídas. Mas aqui também temos uma contaminação da história individual ou disciplinar por pressões externas. Exemplifico com trabalhos dos meus orientandos. No desenvolvimento de seu doutorado sobre Aldary Toledo, André Marques vai se apoiar nos conceitos e método analítico desenvolvidos por Pierre Bourdieu ou dele derivados, seguindo as pegadas de Gustavo Lassala no estudo do pichador. Em situação análoga à trajetória de Rodolpho Ortenblad Filho, o relativo ostracismo do arquiteto carioca encerra um período anterior de reconhecimento profissional e acadêmico. No caso de Toledo, ainda maior, pois fez parte da seleção de arquitetos modernos presente na mitológica exposição em 1943 no MoMA de Nova York, *Brazil Builds*, como também no catálogo que lhe seguiu.[29]

Segundo Marques, baseado nos "conceitos antropológicos de Pierre Bourdieu, em seu livro *O círculo privilegiado*", o historiador Garry Stevens "explica a construção cultural da arquitetura como profissão. Desmistifica a ideia de gênio criativo ao mostrar que, por trás dos indivíduos de destaque, existe uma rede social que os sustenta e da qual eles também fazem parte".[30] Se o reconhecimento obtido inicialmente por Aldary Toledo – seu "capital simbólico", nos termos de Bourdieu – reflete sua inserção no grupo de arquitetos cariocas da primeira geração liderada por Lúcio Costa – seu "capital social" –, estes "capitais" não são suficientes para perenizar o reconhecimento do arquiteto ao longo do tempo.[31] É um tema que transcende a figura específica de Toledo. O reconhecimento posterior de um arquiteto se dá em geral no âmbito da universidade e das entidades de classe, mas é necessário que periodicamente ele seja realimentado na forma de congressos, seminários, artigos e eventuais novos livros.

Richard Neutra segundo Fernanda Critelli

O meu primeiro interesse pela arquitetura norte-americana no segundo pós-guerra ocorreu durante a leitura do texto de Hugo Segawa, de 1997, que relacionava a obra de Oswaldo Bratke à arquitetura californiana.[32] Após cometer o equívoco de ignorar o livro publicado em 2001 por Mônica Junqueira sobre a viagem de Miguel Forte aos Estados Unidos,[33] que leria muito tempo depois, em 2002 eu publiquei um interessante artigo de Claudia Loureiro e Luiz Amorim, que tematizava a influência de Richard Neutra no Brasil.[34] Nesse período, ampliei meu parco conhecimento do assunto com dois importantes trabalhos da pesquisadora Adriana Irigoyen – o mestrado,[35] de 2002, que relaciona a presença do pensamento e obra de Frank Lloyd Wright no Brasil, e o excelente doutorado, de 2005, com o registro de como toda uma geração de arquitetos paulistas, egressos das faculdades de arquitetura do Mackenzie e USP, se formara com os olhos postos na América.[36] Entre um e outro, participei em 2003 da banca de doutorado de Paulo Fujioka, que reiterava o interesse de arquitetos paulistas pelo mestre norte-americano.[37]

Meia década depois, ao participar de três bancas, constatei que pesquisas com perspectiva similar estavam em expansão. Em 2008, os mestrados de Eduardo Ferroni[38] e Débora Foresti[39] estabeleciam vínculos entre as arquiteturas de Salvador Candia e de José Leite de Carvalho e Silva com as obras de arquitetos dos Estados Unidos, Mies van der Rohe e Frank Lloyd Wright, respectivamente. Mas ainda em 2007, na leitura da tese de Patrícia Pimenta Azevedo Ribeiro sobre a obra de Richard Neutra, constatei o quanto ainda havia a ser feito; a pesquisadora esboçava na introdução uma relação que me parecia vigorosa do arquiteto austríaco com a arquitetura brasileira, que ela acaba não desenvolvendo nos capítulos seguintes.[40] Mas foi ao participar em 2008 da banca de defesa de tese da pesquisadora Luz Marie Rodríguez López, que comenta a presença de Richard Neutra em Porto Rico,[41] que me senti seduzido a entender melhor sua presença no Brasil.

No início da nova década, publiquei o livro de Marcello Fragelli,[42] em 2010, e tomei conhecimento dos mestrados de Valeria Ruchti e Fernanda Ciampaglia, que se detêm sobre as obras de seus pais Jacob Ruchti[43] e Galiano Ciampaglia,[44] importantes arquitetos mackenzistas. Mesmo não sendo o cerne dos textos, o ponto em comum é a relação estabelecida entre as obras dos arquitetos brasileiros e a arquitetura norte-americana. Mas nesse momento já estava em curso minha primeira incursão sobre o tema, na orientação do já mencionado mestrado de Sabrina Bom Pereira sobre o arquiteto Rodolpho Ortenblad Filho. Na falta de tempo e determinação necessários à empreitada de uma pesquisa de fundo, percebi que eu poderia acompanhar a ampliação e aprofundamento das pesquisas sobre o tema na condição de orientador.

É nesse período que a sorte bateu à porta. Fernanda Critelli, jovem estudante de arquitetura na FAU Mackenzie, me convidou a orientá-la na iniciação científica. Corria o ano de 2010 e o nome de Richard Neutra foi de consenso.[45] Iniciamos assim uma parceria que já dura mais de uma década. Desde então começamos a compartilhar os interesses e as descobertas, como a leitura dos livros do historiador Antonio Pedro Tota, que mesmo não tratando diretamente de arquitetura, estruturam todo um pano de fundo sobre os interesses norte-americanos no Brasil;[46] ou as primeiras descobertas de pesquisa nos acervos do Masp e das famílias de Gregori Warchavchik e Henrique Mindlin. A natural relevância do meu papel no início foi diminuindo e passei a ocupar a confortável e privilegiada posição de primeiro leitor das novas e constantes descobertas que se ampliaram na pesquisa de mestrado, em especial quando Fernanda foi contemplada com bolsa da Fapesp para pesquisar a vida e a obra de Richard Neutra nas bibliotecas e nos acervos norte-americanos. A excelência do trabalho final, defendido em 2015,[47] a motivou a continuar a pesquisa no doutorado, ampliando o escopo para a América Latina e arriscando interpretações sobre a presença da arquitetura brasileira na obra do arquiteto austríaco.[48]

A aprofundada pesquisa documental sobre a presença de Richard Neutra no Brasil – cartas, mensagens, fotografias, desenhos, documentos oficiais, jornais, revistas etc. –, resultante de pacienciosa investigação em acervos institucionais e pessoais, no Brasil e no exterior, contou em seu início com a generosa colaboração de Adriana Irigoyen, que nos emprestou seu rico material de pesquisa. E as muitas referências à presença da arquitetura norte-americana no Brasil, relatadas em artigos, dissertações, teses e livros, foram compiladas, permitindo um panorama mais preciso da questão. O cruzamento dessas informações possibilitou o registro das viagens de Neutra ao Brasil e à América Latina, as instituições norte-americanas e brasileiras envolvidas, os principais interlocutores, a repercussão da sua presença em nosso território e os desdobramentos nos Estados Unidos. Contudo, esse material primoroso permite responder a contento sobre "o que aconteceu", mas não é suficiente para compreender "como aconteceu". A interpretação final de Fernanda Critelli abarca diversos aspectos que dão inteligibilidade ao tema, em especial nos três pontos que apresento de forma sumária.

O primeiro se refere às várias visitas de Richard Neutra à América Latina. Elas são motivadas pelos interesses do governo norte-americano, que via Departamento de Estado e Office of the Coordinator of Inter-American Affairs, chefiado por Nelson Rockefeller, colocam em prática a política da boa-vizinhança com os países "ao sul do Rio Grande", envolvendo intelectuais e artistas dos dois hemisférios. O que a argumentação de Critelli demonstra, de forma convincente, é que o interesse pessoal de Neutra na interlocução com seus pares latinos foi mudando de chave ao longo do tempo, a ponto de ultrapassar os interesses diplomáticos e estratégicos do governo dos EUA. Para além do protocolar, surge um genuíno interesse pela arquitetura da região, em especial a brasileira, que se revela em artigos que destacam qualidades de nossa arquitetura, assim como seu convite a Roberto Burle Marx para trabalhos conjuntos.

Essa ambiguidade detectada na postura de Neutra, um dos pontos altos desse livro, se desdobra na disponibilidade de Neutra em se deixar influenciar pela arquitetura brasileira. A apresentação desta hipótese – e de sua comprovação – é o segundo momento especial da argumentação. Segundo Critelli, por se tratar de um arquiteto maior, ao incorporar elementos arquitetônicos típicos da arquitetura moderna brasileira, Neutra os reinterpreta segundo um modo particular de ver o problema. Assim, a incorporação dos brises, abóbadas, painéis artísticos e paisagismo se dá com um certo distanciamento de atributos mais característicos da brasilidade, mas sem que eles percam por completo os liames com sua origem.

Por fim, o terceiro ponto de destaque é o embate com a crítica e historiografia norte-americanas, que entendem as obras tardias de Neutra como decorrentes de um desfibramento e empobrecimento de sua arquitetura. A partir de interessante adaptação do conceito freudiano "Unheimlich", ou o "estranho" na sua tradução mais usual para o português, Fernanda Critelli confronta Barbara Lamprecht e Thomas Hines – dois dos mais importantes estudiosos do arquiteto austríaco – apontando que aquilo que lhes parece ininteligível, ou mesmo estranho, na arquitetura tardia de Neutra, a ponto de lhe atribuir um valor menor, revela-se um recalque promovido pelos dois intelectuais das indesejáveis influências de uma arquitetura menor. A crítica que se vende isenta e preocupada exclusivamente com o objeto arquitetônico oblitera o sentimento de superioridade estético-cultural, um processo de ocultamento tão eficaz que deixa de ser visível aos próprios autores.

A apresentação desta pesquisa, a quarta que oriento a se transformar em livro, é mais uma manifestação que faço sobre o valor da investigação universitária, marcada pela dimensão coletiva da pesquisa e pela intertextualidade dos relatos finais. Mas também reitero aqui o enorme orgulho de ter participado de um labor de extremo empenho pessoal e poder manifestar em público o enorme apreço pelo texto que começa a seguir, produto de mais de uma década de trabalho árduo.

Notas

1. OLIVEIRA, Liana Paula Perez de. *A capacidade de dizer não. Lina Bo Bardi e a Fábrica da Pompéia.*
2. NAHAS, Patricia Viceconti. *Brasil Arquitetura: memória e contemporaneidade. Um percurso do Sesc Pompéia ao Museu do Pão (1977-2008).*
3. PEREIRA, Sabrina Souza Bom. *Rodolpho Ortenblad Filho: estudo sobre as residências.*
4. ACAYABA, Marlene Milan. *Residências em São Paulo 1947-1975*, p. 95-100.
5. GUIMARÃES, Marilia Dorador. *Roberto Burle Marx: a contribuição do artista e paisagista no Estado de São Paulo.*
6. ROCHA, Fernanda Cláudia Lacerda. *Os jardins residenciais de Roberto Burle Marx em Fortaleza: entre descontinuidades e conexões.*
7. COTRIM, Marcio. *Construir a casa paulista: o discurso e a obra de Vilanova Artigas entre 1967 e 1985.*
8. ALVAREZ PROZOROVICH, Fernando; GUERRA, Abilio. Construindo a casa paulista. Texto também disponível na revista *Resenhas Online*, do portal Vitruvius.
9. SOMBRA JUNIOR, Fausto Barreira. *Luís Saia e o restauro do Sítio Santo Antônio: diálogos modernos na conformação arquitetônica paulista.*
10. SOMBRA JUNIOR, Fausto. *Três pavilhões de Sérgio Bernardes: Volta Redonda, Bruxelas e São Cristóvão. Contribuição à vanguarda arquitetônica moderna brasileira em meados do século 20.* A tese foi base da exposição "Três pavilhões de Sérgio Bernardes", curadoria de Abilio Guerra e Fausto Sombra. Centro Histórico e Cultural Mackenzie, São Paulo, de 18 de setembro a 14 de novembro de 2019.
11. FRANCO, Tiago Seneme. *A trajetória de Jacques Pilon no Centro de São Paulo. Análise das obras de 1940 a 1947.*
12. BARBOSA, Marcelo Consiglio. *Franz Heep. Um arquiteto moderno.*
13. BARBOSA, Marcelo. *Adolf Franz Heep. Um arquiteto moderno.*
14. PUGLISI, Mariana de Carvalho. *Habitação e cidade – espaços coletivos na habitação de interesse social. Análise das obras do arquiteto Hector Vigliecca em São Paulo 1989 a 2016.*
15. RODRIGUES, Felipe de Souza Silva. *Aurelio Martinez Flores: a produção do arquiteto mexicano no Brasil (1960-2015).*
16. LASSALA, Gustavo. *Em nome do pixo. A experiência social e estética do pixador e artista Djan Ivson.*
17. Para mais informações sobre Djan Cripta, ver a entrevista: LASSALA, Gustavo; GUERRA, Abilio. Cripta Djan Ivson, profissão pichador. "Pixar é crime num país onde roubar é arte".
18. DE LUCCA, Guss. Responsáveis pelos ataques ao evento de 2008 ganham espaço na próxima edição para debater o "pixo".
19. MARQUES, André Felipe Rocha. *A obra de João Filgueiras Lima, Lelé: projeto, técnica e racionalização.*
20. MARQUES, André Felipe Rocha. *Aldary Toledo – entre arte e arquitetura.*

21. MARQUES, André. *Lelé: diálogos com Neutra e Prouvé*.
22. GUERRA, Abilio. Como se escreve uma dissertação. Texto também disponível na revista *Resenhas Online*, do portal Vitruvius.
23. GINZBURG, Carlo. *O queijo e os vermes: o cotidiano e as ideias de um moleiro perseguido pela Inquisição*.
24. Entendemos ser impossível delimitar a autonomia da arte, pois o seu próprio estatuto é definido socialmente, conforme se vê em trecho precioso e preciso de Bourdieu: "A distinção entre as obras de arte e os demais objetos elaborados e a definição (dela indissociável) de maneira propriamente estética de abordar os objetos socialmente designados como obras de arte, vale dizer, objetos que exigem e merecem ser abordados segundo uma intenção propriamente estética, capaz de reconhecê-los e constituí-los enquanto obras de arte, impõe-se com a necessidade arbitrária de fatos normativos cujo contrário não é contraditório, mas simplesmente impossível ou improvável". BOURDIEU, Pierre. Os modos de produção e modos de percepção artísticos, p. 271.
25. Um fato materialmente inexistente, mas com consistência no imaginário social, pode ser tão eficaz como outro qualquer. No caso, sua existência se dá nos âmbitos simbólico, ideológico ou psicológico, e a partir dessas circunstâncias deve ser estudado. "A relevância histórica de tais eventos, que nunca aconteceram, é baseada em sua eficácia simbólica: ou seja, pelo modo com que eram percebidos por uma multidão de anônimos". GINZBURG, Carlo. Controlando a evidência: o juiz e o historiador, p. 346.
26. GINZBURG, Carlo. Sinais: raízes de um paradigma indiciário, p. 156.
27. GAY, Peter. *Freud para historiadores*, p. 16.
28. Idem, ibidem, p. 153.
29. Residência Hermenegildo Sotto Maior, Fazenda São Luís, Estado do Rio de Janeiro, projeto do arquiteto Aldary Henriques Toledo, 1942, publicado em: GOODWIN, Philip. *Brazil Builds: Architecture New and Old 1652-1942*, p. 176.
30. MARQUES, André Felipe Rocha. *Aldary Toledo – entre arte e arquitetura* (op. cit.), p. 26-27.
31. Os conceitos de Pierre Bourdieu – *bem simbólico, campo, capital social, habitus* etc. – se mostram especialmente operativos nas duas teses de doutorados referidas. Ver: BOURDIEU, Pierre. *A economia das trocas simbólicas*.
32. SEGAWA, Hugo; DOURADO, Guilherme Mazza. *Oswaldo Arthur Bratke*.
33. FORTE, Miguel. *Diário de um jovem arquiteto: minha viagem aos Estados Unidos em 1947*.
34. LOUREIRO, Claudia; AMORIM, Luiz. Por uma arquitetura social: a influência de Richard Neutra em prédios escolares no Brasil.
35. IRIGOYEN TOUCEDA, Adriana Marta. *Frank Lloyd Wright e o Brasil*. Livro resultante: IRIGOYEN TOUCEDA, Adriana Marta. *Wright e Artigas: duas viagens*.
36. IRIGOYEN TOUCEDA, Adriana Marta. *Da Califórnia a São Paulo*.

37. FUJIOKA, Paulo Yassuhide. *Princípios da arquitetura organicista de Frank Lloyd Wright e suas influências na arquitetura moderna paulistana.*
38. FERRONI, Eduardo Rocha. *Aproximações sobre a obra de Salvador Candia.*
39. FORESTI, Débora Fabbri. *Aspectos da arquitetura orgânica de Frank Lloyd Wright na arquitetura paulista: a obra de José Leite de Carvalho e Silva.*
40. RIBEIRO, Patrícia Pimenta Azevedo. *Teoria e prática. A obra do arquiteto Richard Neutra.*
41. RODRÍGUEZ LÓPEZ, Luz Marie. *¡Vuelo al porvenir! Henry Klumb y Toro-Ferrer: proyecto moderno y arquitectura como vitrina de la democracia – Puerto Rico, 1944-1958.*
42. FRAGELLI, Marcelo. *Quarenta anos de prancheta.*
43. RUCHTI, Valeria. *Jacob Ruchti: a modernidade e a arquitetura paulista (1940-1970).*
44. CIAMPAGLIA, Fernanda. *Galiano Ciampaglia. Razões de uma arquitetura.*
45. CRITELLI, Fernanda. *Richard Neutra no Brasil.*
46. TOTA, Antonio Pedro. *O imperialismo sedutor: a americanização do Brasil na época da Segunda Guerra*; TOTA, Antonio Pedro. *O amigo americano: Nelson Rockefeller e o Brasil.*
47. CRITELLI, Fernanda. *Richard Neutra e o Brasil.* Em 2014, Fernanda obteve a Bolsa de Estágio de Pesquisa no Exterior da Fapesp, com a qual permaneceu três meses nos Estados Unidos pesquisando nas bibliotecas Llilas Benson – Coleções e Estudos Latino Americanos e de Arquitetura e Urbanismo da Universidade de Austin, sob tutela de Fernando Luiz Lara, e na Biblioteca de Pesquisa Charles E. Young da Universidade da Califórnia em Los Angeles. Durante este período, Fernanda Critelli visitou as obras de Neutra e entrevistou Dion Neutra e Thomas Hines.
48. CRITELLI, Fernanda. *Richard Neutra: conexões latino-americanas.*

Desenhos de viagem
Richard Neutra

Desenho de viagem, vista de duas estruturas térreas e palmeiras às margens do Rio Amazonas. Richard Neutra, 1945

Desenho de viagem, Vale do Anhangabaú, São Paulo. Richard Neutra, 1945

Desenho de viagem, praia de Copacabana, Rio de Janeiro. Richard Neutra, 1945

Desenho de viagem, Morro dos Dois Irmãos, Leblon, Rio de Janeiro. Richard Neutra, 1945

Desenho de viagem, vista elevada do Rio de Janeiro. Richard Neutra, 1945

Desenho de viagem, rua da Carioca,
Rio de Janeiro. Richard Neutra, 1945

Desenho de viagem, Niterói. Richard Neutra, 1945

Desenho de viagem, Niterói. Richard Neutra, 1945

Desenho de viagem, liteira. Richard Neutra, 1945

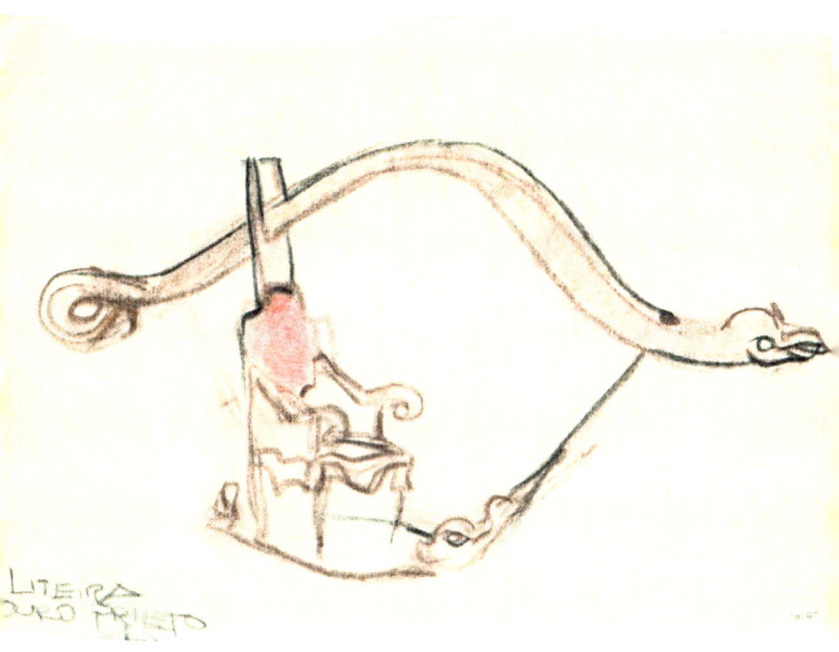

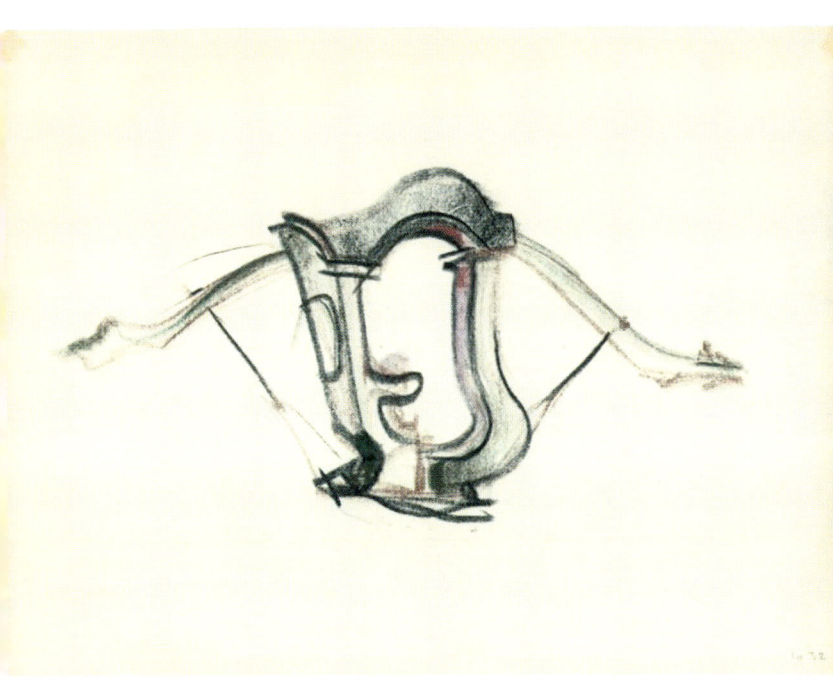
Desenho de viagem, liteira. Richard Neutra, 1945

Desenho de viagem, Grande Hotel
Ouro Preto. Richard Neutra, 1945

Desenho de viagem, vista da cidade de Carolina MA, circundada por floresta e com o Morro do Chapéu ao fundo.
Richard Neutra, 1945

Desenho de viagem, Aspen. Richard Neutra, 1952

Desenho de viagem, Diego Rivera e
Frida Kahlo. Richard Neutra, 1937

Desenho de viagem, Machu Pichu.
Richard Neutra, 1945

Desenho de viagem, Posada Belén, Antigua Guatemala. Richard Neutra, 1957

Os desenhos de Richard Neutra aqui apresentados fazem parte de um universo de, aproximadamente, 240 desenhos de viagem feitos ao longo de sua vida. Este material, bem como grande parte do acervo do arquiteto (correspondências, artigos, recortes de jornais e revistas, desenhos de projetos e fotografias), está arquivado na coleção "Richard and Dion Neutra Papers", que consta no Department of Special Collections, Charles E. Young Research Library, UCLA.

O olhar em construção

Julius Shulman e Richard Neutra durante ensaio fotográfico da Casa Tremaine, 1950. Acervo © J. Paul Getty Trust. Getty Research Institute, Los Angeles (2004.R.10)

Neutra observou empiricamente por toda sua vida. Da mesma forma que os questionamentos de seus clientes permitiram que ele examinasse com cuidado o individual, suas incessantes viagens, comissões, palestras e compromissos internacionais garantiram que Neutra não tratasse condescendentemente culturas locais, mas sim que tentasse trabalhar com elas.
Barbara Mac Lamprecht, The Obsolescence of Optimism?[1]

Richard Joseph Neutra (1892-1970), arquiteto austríaco radicado nos Estados Unidos, buscou, ao longo de suas obras, relacionar a arquitetura moderna, racionalista e industrializada às condições de cultura, clima, paisagem e tecnologia, e aos recursos locais. Desde que se estabeleceu em Los Angeles, na costa Oeste norte-americana, estudou formas de integrar a arquitetura ao seu entorno, trazendo para dentro do ambiente construído a paisagem natural e, ao mesmo tempo, estendendo o interior para o exterior. Em paralelo, desenvolveu seu interesse por novas tecnologias de construção, possibilitando eficiência, racionalização e baixo custo de seus projetos.

O arquiteto peregrino – como bem colocou Adriana Irigoyen[2] com o termo emprestado de Hugo Segawa[3] – fez de cada viagem não apenas uma forma de divulgar seu trabalho, mas, principalmente, uma oportunidade de observar a cultura e arquitetura locais e delas extrair o seu melhor. Fez isso em cada desenho, em cada fotografia tirada e em cada texto escrito sobre as obras e/ou arquitetos que o interessavam. Seu olhar atento não deixou escapar nem mesmo a produção de jovens arquitetos como Jacob Ruchti, muito menos as importantes contribuições de Oscar Niemeyer e Roberto Burle Marx.

O primeiro contato de Richard Neutra com a América do Sul se deu entre outubro e novembro de 1945, através de uma missão diplomática que lhe foi confiada pelo

Departamento de Estado norte-americano. As relações que aqui se estabeleceram foram do pessoal ao profissional e perduraram até meados dos anos 1960. Seja pelas transformações políticas pelas quais passou a maioria dos países latino-americanos naquele período, seja pela condição de saúde e longas permanências de Neutra na Alemanha em seus últimos anos de vida, o fato é que essas relações surgiram, floresceram e feneceram em um período de vinte anos, aproximadamente. Mas é possível afirmar com segurança que elas foram além do estipulado – e, até mesmo, esperado – pelo governo dos Estados Unidos.

Para compreender as circunstâncias que levaram Richard Neutra à América Latina, será traçada a trama histórica do período, com especial atenção à política externa norte-americana e seus esforços de aproximação com as repúblicas irmãs do continente. A Política da Boa Vizinhança, estabelecida em 1933 pelo recém-eleito presidente Franklin Roosevelt, gerou uma situação de intercâmbio cultural e de intelectuais nas Américas: as exposições e consequentes catálogos *Brazil Builds* e *Latin American Architecture Since 1945*, organizadas pelo Museu de Arte Moderna – MoMA de Nova York, respectivamente em 1943 e 1955; a exposição, também no MoMA, sobre as obras de Cândido Portinari, em 1940; as viagens de Walt Disney e Orson Welles que resultaram na criação de personagens e filmes sobre a América Latina; as múltiplas viagens e estadas prolongadas de Erico Verissimo (1905-1975) nos Estados Unidos;[4] bem como as múltiplas viagens de Richard Neutra pelos países sul-americanos, a começar pela viagem de reconhecimento, em 1945, sob os auspícios do Departamento de Estado.

No caso específico do Brasil, Neutra chegou aqui pela primeira vez em novembro de 1945 e visitou projetos ícones de nossa arquitetura moderna, como, por exemplo, a sede do Instituto de Resseguros do Brasil – IRB e o edifício da Associação Brasileira de Imprensa – ABI, projetados pelos irmãos Roberto, e a Estação de Hidroaviões, de Atílio Correa Lima, no

Rio de Janeiro; os edifícios Esther e Leonidas Moreira, respectivamente de Álvaro Vital Brazil e Eduardo Kneese de Mello, em São Paulo; o Grande Hotel de Ouro Preto e as obras da Pampulha de Oscar Niemeyer, em Minas Gerais. Tirou fotos e fez inúmeros desenhos – não apenas das paisagens brasileiras, mas de todos os países por onde passou – que serviram como ilustrações para dois artigos publicados em 1946 pela revista *Progressive Architecture*: "Observations on Latin America", onde escreveu sobre as paisagens e costumes do povo latino-americano; e "Sun Control Devices", no qual discutiu as soluções arquitetônicas desenvolvidas pelos arquitetos latino-americanos para controlar a incidência solar e a ventilação nos edifícios. Mas não foram apenas estes os artigos que Neutra escreveu. Alguns meses após seu retorno aos Estados Unidos, entregou à Divisão de Cooperação Cultural do Departamento de Estado norte-americano um relatório sobre sua viagem, descrevendo os locais que visitou, as pessoas com quem se encontrou e as palestras ministradas nas universidades e nos institutos de arquitetos.

Como foi possível averiguar na documentação encontrada no acervo *Neutra Collection*, da Biblioteca de Coleções Especiais da Universidade da Califórnia em Los Angeles – UCLA, durante esta viagem de reconhecimento, foram estabelecidos diversos contatos pessoais entre Richard Neutra e os arquitetos e intelectuais brasileiros: Henrique Mindlin, Eduardo Kneese de Mello, Marcello Fragelli, Vilanova Artigas, Gregori Warchavchik, Miguel Forte, Pietro Maria Bardi, Roberto Burle Marx, Lucjan Korngold, Sérgio Bernardes, dentre outros. Além disso, desta primeira visita, surgiram fatos importantes, como: a publicação do livro *Arquitetura social em países de clima quente*, em São Paulo, em 1948, onde expôs suas experiências em projetos de hospitais, centros de saúde e escolas como consultor no Comitê de Obras Públicas de Porto Rico; a exposição *Neutra: residências/ residences* no Museu de Arte de São Paulo – Masp, em 1951; a participação na II Bienal do Museu de Arte Moderna de

São Paulo, em 1953; os trabalhos em parceria com Roberto Burle Marx – a Casa Schulthess de Havana e o painel para o edifício da Amalgamated Clothing Workers of America de Los Angeles, ambos em 1956. Além das consecutivas viagens de volta ao Brasil, em 1957, 1958 e 1959, momento em que Neutra visitou São Paulo, Rio de Janeiro e Brasília, ainda em construção, como participante do Congresso Internacional Extraordinário de Críticos de Arte; e o projeto e construção, entre 1958 e 1965, da Casa González-Gorrondona, em Caracas na Venezuela.

Barbara Lamprecht, autora de uma série de livros sobre Richard Neutra publicados, na grande maioria, pela editora Taschen, apontou para a relevância das viagens e trabalhos desenvolvidos pelo arquiteto no exterior e como isso moldou sua maneira de usar a cultura local a seu favor nos projetos – conforme epígrafe destacada no início desta introdução. Esta afirmação corrobora com a hipótese aqui colocada e é o ponto de partida da investigação. O fato de Neutra ter "observado empiricamente" cada lugar que visitou ao longo de sua vida – a prática dos desenhos e fotografias já é um indício, ou mesmo uma comprovação disto – mostra que ele estava em contínua busca por transformação. E, apesar do discurso hegemônico não abordar, em sua análise, a relação de Neutra com a América Latina (as viagens, contatos pessoais e profissionais, os estudos feitos aqui), isso transformou sua obra posterior.

Ainda mais importante é o fato de Richard Neutra ter se identificado com o povo latino. No prefácio da edição espanhola de *Survival Through Design*, publicado no México, em 1957, Neutra afirma que se sentia culturalmente "familiarizado com essas pessoas que pensavam em castelhano" e comparou a história da Argentina e do Peru com a de Viena no pós-renascimento. Além da comparação de sua pátria-mãe, o arquiteto relembrou a origem espanhola da cidade que o acolhera em 1925.[5] Não se trata aqui de uma fala condescendente de um europeu, radicado nos Estados Unidos, para os leitores latino-americanos; mas, sim, uma declaração genuína de alguém que entendia a posição de ser o *outro* e se identificava com isso. Talvez por sua origem judaica e a histórica perseguição sofrida na Europa, ou talvez por sua situação de imigrante de língua germânica na América. Seja como for, essa atitude de Neutra deixa ainda mais claro que seu interesse pelos arquitetos e arquiteturas latino-americanas era genuíno e que seu trânsito por aqui foi muito além do que simplesmente uma missão diplomática.

No entanto, uma leitura atenta da historiografia principal sobre o arquiteto e sua obra, evidencia que esta relação de Neutra com a América Latina não faz parte do discurso, pelo menos não o faz no que tange ao seu entendimento como uma via de mão dupla. Mais do que não analisar algumas das transformações pelas quais o arquiteto passou ao longo de sua trajetória, os historiadores comumente colocam sobre os países latino-americanos uma visão unidirecional de que a arquitetura moderna surgiu e se consolidou na Europa e nos Estados Unidos, e foi transportada para a América Latina e *adaptada* à nossa condição regionalista. Tal interpretação ideológica dos fatos históricos é o "problema historiográfico" sobre o qual Marina Waisman se refere e que este livro se propõe a questionar:

> Os problemas históricos são resolvidos por meio da pesquisa. Exerce-se a operação crítica para garantir a exatidão dos dados e sua pertinência. Trata-se de problemas de ordem técnica. Os problemas historiográficos, pelo contrário, estão comprometidos diretamente com a ideologia do historiador, pois realizam o recorte de seu objeto de estudo e de seus instrumentos críticos, para a definição da estrutura do texto historiográfico; tudo aquilo, enfim, que o levará à interpretação do significado dos fatos e, por fim, à formulação de sua própria versão do tema escolhido.[6]

A primeira *pedra solta* encontrada na análise da historiografia hegemônica está na compilação das obras do arquiteto produzida por Barbara Lamprecht. No livro *Richard Neutra: Complete Works*, a Casa González-Gorrondona, que na primeira edição do livro ganhou espaço apenas para uma imagem da fachada, foi confundida com a Casa Alfred De Schulthess. Ou seja, ao invés de uma fotografia da casa venezuelana, a edição foi publicada com uma foto da casa cubana. Obviamente, o problema foi corrigido na edição seguinte; mas não foi corrigida a falta de desenhos técnicos ou análise mais precisa sobre ela, apesar da obra ter sido extensamente publicada no terceiro volume da coleção editada por Willy Boesiger.[7]

Na narrativa de Thomas Hines, em seu livro *Richard Neutra and the Search for Modern Architecture*, ambos projetos latino-americanos são mencionados apenas para caracterizar aquilo que o historiador considera o mau exemplo dos projetos residenciais de grande porte (a Casa Schulthess) e o bom exemplo (a Casa González-Gorrondona).[8] A continuação da leitura traz ainda mais indícios de que um novo olhar sobre a obra de Richard Neutra é necessário e poderia sugerir revisões e novas reflexões:[9] importantes projetos do arquiteto que, de alguma forma, trazem em si a caracterização de seu relacionamento com a América Latina são, na melhor das hipóteses, descritos por Hines como a consequência de um conflito com quem quer que fosse o sócio de Neutra na época em questão. Quase como se a transformação de um arquiteto em contínua busca pela arquitetura moderna – o próprio título da biografia de Hines diz isso – ferisse a imagem do arquiteto precursor do Estilo Internacional.

Além de tratarem como secundária a relação de Neutra com os arquitetos e a arquitetura latino-americana, os historiadores parecem também não considerar a evolução de sua obra. Em ensaio sobre a sociedade e a cultura dos séculos 19 e 20, Marshall Berman afirma que ser moderno é estar em constante busca por crescimento, autotransformação e transformação do mundo ao redor.[10] Richard Neutra não foi diferente: as constantes viagens, seus esforços em compreender as arquiteturas que via e em se manter conectado com os colegas ao redor do mundo evidenciam sua constante busca por transformação.

Desde sua formação e primeiras obras no continente americano, o arquiteto buscou incorporar, em seus projetos, inovações tecnológicas, seu encanto pela paisagem, apreço pelas artes e, até mesmo, sua inquietação frente ao desafio colocado pelo clima e condicionantes dos locais onde projetava. Em inúmeras ocasiões (artigos, correspondências e textos não publicados), expressou livremente acreditar na importância de transformar os outros e a si próprio. Também não escondeu sua admiração pelo trabalho de colegas – de onde quer que eles fossem –, nem mesmo seu desejo por se manter em constante contato com eles. O imenso acervo de correspondências, guardado na Biblioteca de Coleções Especiais da UCLA, e os inúmeros livros e artigos que escreveu são prova cabal disso.

Mesmo assim, a historiografia existente sobre a trajetória de Richard Neutra e sobre suas obras insiste em negar o processo de transformação pelo qual o arquiteto passou ao longo de sua carreira. Pelo menos no que diz respeito àquilo que levou da América Latina. A viagem de reconhecimento pelos países sul-americanos não é vista nem descrita pelos historiadores com tanto entusiasmo e importância quanto, por exemplo, o tour pela Ásia e Europa em 1930. Talvez por ter sido uma viagem financiada pelo governo dos Estados Unidos; ou talvez porque, para tais historiadores, a Bauhaus represente muito mais do que a América Latina. Vale destacar que a presença do Departamento de Estado norte-americano, como promotor da viagem de 1945, é tratada com depreciação tanto pelos historiadores estrangeiros quanto pelos nacionais.

O discurso sobre a obra e trajetória do arquiteto vem sendo sedimentado, a partir das bases colocadas por Thomas

Hines nos debates posteriores sem a preocupação de uma revisão crítica. Nem mesmo pelos historiadores provenientes da América Latina. No que tange à arquitetura latino-americana em geral, nosso lugar vem sendo, aos poucos, devidamente reposicionado por importantes pesquisadores que ousam discutir a história através de novos pontos de vista. No entanto, no caso específico de Richard Neutra, esse esforço ainda é insipiente. Mesmo pesquisas desenvolvidas por latino-americanos que tratam sobre a relação do arquiteto com os seus países de origem têm incutidas em seus discursos a visão dominante de que esta relação aconteceu em um único sentido, de lá para cá.

Este livro propõe uma análise através do foco na historiografia existente sobre o arquiteto para além de uma simples – apesar de nunca ser simples – análise projetual. Os projetos, na verdade, são o mote da averiguação do impacto que a arquitetura latino-americana teve na obra de Neutra. O contrário é muito mais fácil de perceber: basta olhar as inúmeras publicações dos projetos do arquiteto nas revistas latino-americanas; os livros de sua autoria publicados em português e espanhol; e mesmo o depoimento daqueles que, na ocasião das visitas, eram ainda jovens arquitetos e estudantes. Mas como entender o inverso se o discurso existente, sempre que possível, o ignora ou o nega?

Partindo dessas identificações aparentemente insignificantes e demasiado específicas, foi possível trazer à luz uma nova face de Richard Neutra: seu intenso contato com arquitetos, paisagistas e intelectuais latino-americanos de fato refletiu em sua obra posterior a 1945. E não unicamente pelo período em que desenvolveu os projetos de hospitais, escolas e centros de saúde para Porto Rico – como é familiar para a historiografia hegemônica –, mas porque encontrou na América Latina interlocutores que compartilhavam de suas inquietações e, mais importante ainda, as respostas arquitetônicas que encontrou aqui para as questões que buscava.

Apesar de seu primeiro contato com as "outras repúblicas americanas" – como os documentos oficiais do governo norte-americano denominavam os países ao sul do Rio Grande – ter sido para desempenhar uma missão diplomática do período pós-Segunda Guerra Mundial, os contatos que estabeleceu aqui e as referências que levou – na forma de desenhos, fotografias e estudos – nada tinham a ver com a situação política ou demonstração de *boa vontade* da época. Na verdade, eles representam seu genuíno interesse pela arquitetura latino-americana. Mais do que isso, demonstram como as relações de influência acontecem em rede e são o contrário do fatídico processo de contaminação que a academia costuma interpretar.

No excerto do jornal *Los Angeles Times*, de 11 de janeiro de 1962, que acompanha a publicação sobre o edifício Los Angeles Hall of Records – no terceiro volume da coletânea de Boesiger –, lê-se:

> Uma das características mais marcantes deste bem articulado edifício são os brises móveis de alumínio de 38,1 metros de altura que Neutra tem usado, por um quarto de século, para blindar as fachadas de vidro diretamente expostas aos raios solares.[11]

Uma simples conta nos leva ao primeiro projeto em que os brises móveis foram utilizados, a Casa Kaufmann (1946-1947), e à origem de seu uso, o artigo "Sun Control Devices". Na página 88 da edição de outubro de 1946 da revista *Progressive Architecture*, abaixo do título, vem a seguinte frase: "Uma apresentação baseada principalmente nos exemplos coletados na América do Sul por Richard Neutra".[12] E, coroando a página, em sua parte superior, uma generosa foto, tirada por Neutra, da fachada Norte (mais ensolarada) da maquete do projeto para o Hospital Maternidade da USP, de Rino Levi. Na foto, os brises verticais, tanto da lâmina quanto do volume mais baixo, protagonizam.

Los Angeles Hall of Records, Los Angeles EUA. Richard Neutra, 1962. Foto Julius Shulman. Acervo © J. Paul Getty Trust. Getty Research Institute, Los Angeles (2004.R.10)

Assim, a partir da leitura dos dois pesquisadores principais – Barbara Lamprecht e Thomas Hines – e da identificação de seus estranhamentos sobre a obra de Neutra, observou-se que os mesmos padrões foram repetidos nas pesquisas posteriores. Identificada a questão, propõe-se a ampliação deste discurso hegemônico sobre Richard Neutra, invertendo o sentido *de lá para cá* usual da historiografia e abrindo a possibilidade para novas análises que coloquem em destaque a perspectiva da América Latina. Nas palavras de Marina Waisman:

> O desmonte dos mecanismos da historiografia é uma operação fundamental para uma leitura crítica que possibilite uma tomada de consciência da própria posição diante da arquitetura. A história nunca é definitiva, reescreve-se continuamente a partir de cada presente, de cada circunstância cultural, a partir das convicções de cada historiador. Saber desentranhar as motivações, as intenções, as ideologias que, em cada caso, presidem uma obra historiográfica, é o primeiro passo imprescindível para o conhecimento.[13]

Se a história é uma sucessão de juízos[14] e a historiografia, o estudo do desenvolvimento da história ao longo do tempo, mas que não está imune às preconcepções ideológicas do historiador,[15] este livro se propôs a destrinchar o discurso historiográfico e a trazer uma nova leitura e interpretação dos fatos. Tudo isso partindo da hipótese de que a arquitetura latino-americana teve tanto ou mais impacto na produção de Richard Neutra do que este nos arquitetos latino-americanos. Com isso, o intuito é questionar o discurso historiográfico existente, bem como a sua repetição sem revisão crítica e, ao mesmo tempo, dar nova posição à América Latina, com seu merecido destaque – não mais como o local das interpretações regionalistas e marginais da arquitetura moderna central, mas como o local onde foram produzidas suas próprias respostas à modernidade que tanto influenciaram a arquitetura moderna do hemisfério Norte.

Assumindo o papel da incauta e intrometida pesquisadora – personagem criada por Ruth Verde Zein em seu quase conto sobre a documentação historiográfica da arquitetura[16] – este livro se lança à difícil tarefa de trazer uma nova leitura, a partir do ponto de vista da América Latina, no debate sobre Richard Neutra. E, para isso, teve como base uma pesquisa que se iniciou na Iniciação Científica – *Richard Neutra no Brasil*, desenvolvida entre agosto de 2011 e julho de 2012 e que contou com bolsa Pibic CNPq – e que se aprofundou no mestrado – *Richard Neutra e o Brasil*, defendida em agosto de 2015 e que contou com bolsa Capes Prosup e, posteriormente, duas bolsas Fapesp (Mestrado no País e Bolsa de Estágio de Pesquisa no Exterior) – e doutorado – *Richard Neutra: conexões latino-americanas*, defendido em fevereiro de 2020 e que contou com bolsa do Fundo Mackpesquisa. As três etapas foram desenvolvidas na Faculdade de Arquitetura e Urbanismo da Universidade Presbiteriana Mackenzie, sob orientação do professor Abilio Guerra. Para esta publicação, a autora contou com o aporte do Capes Proex, que possibilitou a tradução para o inglês.

Notas

1. LAMPRECHT, Barbara Mac. The Obsolescence of Optimism? Neutra and Alexander's U.S. Embassy, Karachi, Pakistan.
2. IRIGOYEN TOUCEDA, Adriana Marta. *Da Califórnia a São Paulo*.
3. SEGAWA, Hugo. Arquitetos peregrinos, nômades e migrantes.
4. MINCHILLO, Carlos Cortez. *Erico Verissimo, escritor do mundo: circulação literária, cosmopolitismo e relações interamericanas*.
5. NEUTRA, Richard Joseph. *Planificar para sobrevivir*, p. 9-10.
6. WAISMAN, Marina. *O interior da história: historiografia arquitetônica para uso de latino-americanos*, p. 5.
7. BOESIGER, Willy. *Buildings and Projects: Richard Neutra, 1961-1966*.
8. HINES, Thomas S. *Richard Neutra and the Search for Modern Architecture*, p. 303.
9. Cf. ZEIN, Ruth Verde. Quando documentar não é o suficiente. Obras, datas, reflexões e construções teóricas. *Leituras críticas*, p. 104-125.
10. BERMAN, Marshall. *Tudo que é sólido desmancha no ar. A aventura da modernidade*, p. 15.
11. BOESIGER, Willy. *Buildings and projects: Richard Neutra, 1961-1966* (op. cit.), p. 200.
12. NEUTRA, Richard Joseph. Sun Control Devices, p. 88.
13. WAISMAN, Marina. Op. cit., p. xv.
14. Cf. FUSCO, Renato de. *História y arquitectura*. Madrid, Alberto Corazón, 1974, p. 77. Apud WAISMAN, Marina. Op. cit., p. 3.
15. WAISMAN, Marina. Op. cit., p. 4-5.
16. ZEIN, Ruth Verde. Quando documentar não é o suficiente. Obras, datas, reflexões e construções teóricas. *Leituras críticas* (op. cit.).

Richard Neutra e o Brasil

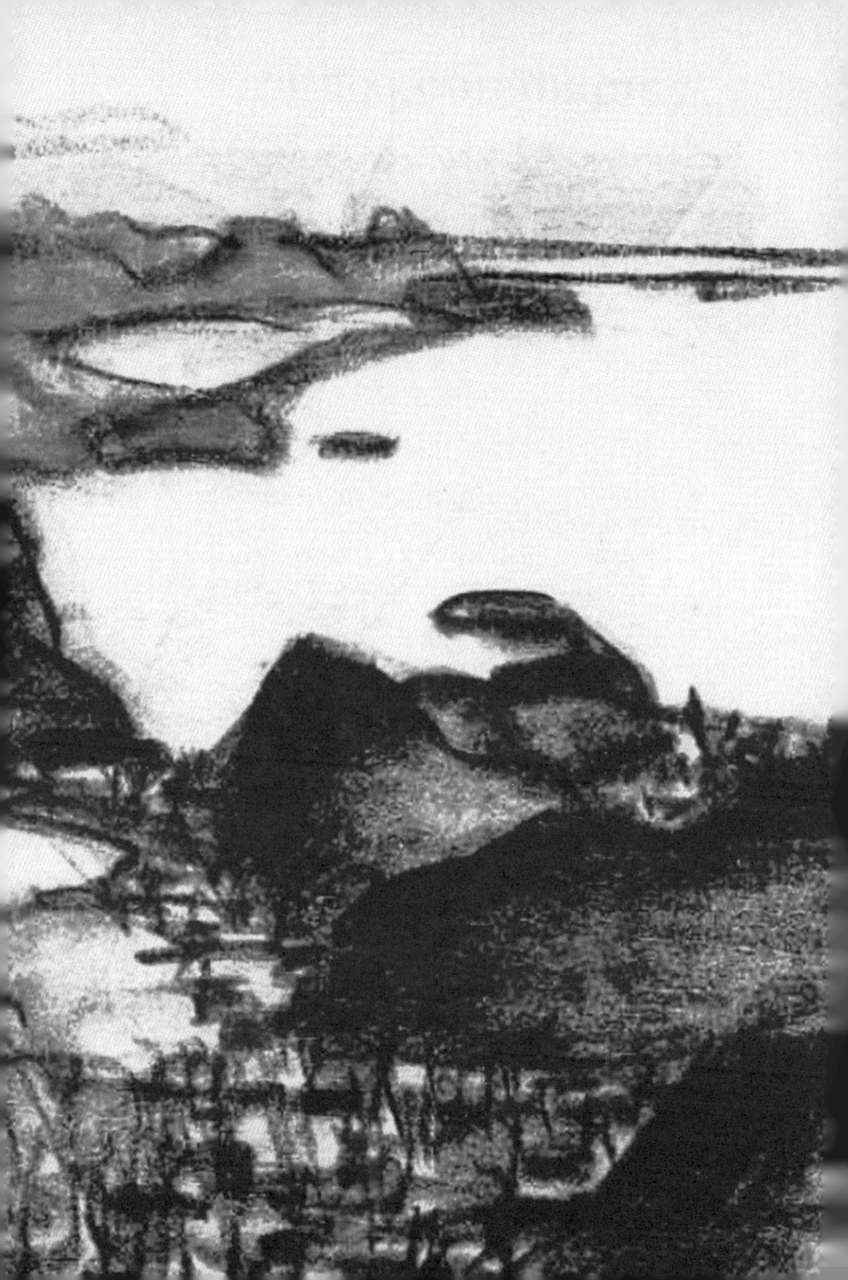

A arquitetura política dos bons vizinhos

Os Estados Unidos começaram como império no século 19, mas foi na segunda metade do século 20, após a descolonização dos impérios britânico e francês, que eles seguiram diretamente seus dois grandes predecessores.
Edward W. Said, *Cultura e imperialismo*[1]

Os temas sobre a política diplomática norte-americana e os esforços de aproximação cultural entre os Estados Unidos e a América Latina vêm sendo debatidos por diversos autores, vários deles de interesse direto e indireto para esse livro: Gerson Moura,[2] Antonio Pedro Tota,[3] Luis Alberto Bandeira,[4] Fernando Atique,[5] Lauro Cavalcanti[6] e Carlos Minchillo,[7] no Brasil; Jorge Francisco Liernur,[8] na Argentina; Anaioly Glinkin,[9] na Rússia; Michael Blumenthal,[10] Patrício Del Real,[11] Thomas Leonard,[12] Justin Hart,[13] Jenifer Van Vleck,[14] Gisela Cramer e Ursula Prutsch,[15] nos Estados Unidos – apenas para citar alguns. Deste leque de pesquisadores, que tratam desde as tentativas de aproximação através das artes (como cinema e literatura), até os esforços de cooperação econômica, Fernando Atique, Jorge Liernur e Lauro Cavalcanti são os autores que melhor tematizam a arquitetura. Contudo, é Patrício Del Real quem trata, com maior profundidade, as consequências da política externa norte-americana na arquitetura da América Latina.

Com os esforços de reconstrução pós-guerra e de consolidação da hegemonia dos Estados Unidos, a arquitetura norte-americana passou a receber forte estímulo e patrocínio governamental,[16] processo que envolveu a participação de grupos como o Congrès Internationaux d'Architecture Moderne – Ciam e o American Institute of Architects – AIA, e de arquitetos reconhecidos internacionalmente, tais como, por exemplo, José Luis Sert, Paul Lester Wiener e Richard Neutra. Estes três arquitetos, em especial, estiveram envolvidos com propostas do Departamento de Estado norte-americano para equacionar problemas econômicos e sociais no continente americano, vistos como portas de entrada para o comunismo no hemisfério ocidental. Após a derrota do nazismo, a política norte-americana se volta contra a expansão da influência dos ex-aliados soviéticos.

José Luis Sert e Paul Lester Wiener, sócios no escritório *Town Planning Associates* entre 1942 e 1959,[17] tiveram grande importância em consultoria e planejamento de cidades na América Latina, como é o caso da Cidade dos Motores no Brasil.[18] Projeto de 1942 para a Fábrica Nacional de Motores – e que seria implantado na baixada fluminense, entre o Rio de Janeiro e Petrópolis[19] –, era fruto de uma operação política norte-americana de aproximação com os países da América do Sul dadas as vitórias nazistas e o medo de sua expansão na América. Indicado por seu sogro e Secretário do Tesouro no governo de Roosevelt, Henry Morgenthau, Wiener seria nomeado conselheiro no campo cultural de planejamento arquitetônico para a América Latina do Departamento de Estado.[20] Assim, juntamente com Sert, viajaram pelos países ao sul do Rio Grande[21] e lá estabeleceram contatos e trabalharam em projetos de planejamento urbano.

Brasil era para ser o primeiro país de destino na América do Sul, e Sert e Lester seriam seus visitantes, encarregados de espalhar a 'boa notícia'. [...] A viagem deve ter dado uma boa impressão em certos círculos universitários brasileiros, como pode ser deduzida a partir das cartas que Lester recebeu regularmente daquele país. A prática continuou a ser incentivada pelo Departamento de Estado norte-americano ao longo de 1943, o ano em que Lester escreveu um opúsculo com o título inequívoco: Uma nova era cultural às Américas.[22]

Já a relação de Richard Neutra com o governo norte-americano, que remonta ao início da década de 1930, quando se dedica aos projetos de escolas e habitações sociais, consolidou-se com a sua contratação como consultor do *Committee on Design of Public Works* de Porto Rico e sua posterior viagem de reconhecimento pela América do Sul. Neste sentido, para que o assunto da relação de Neutra com os latino-americanos – e, em especial, com o Brasil – seja melhor compreendido, a discussão terá início no esclarecimento do que foi a política externa adotada por Franklin Roosevelt para as repúblicas irmãs do continente americano, bem como as suas origens.

Como apontou Edward Said, na epígrafe deste texto, o projeto dos Estados Unidos da América de se transformar em império teve início no século 19 com a Doutrina Monroe – como ficou posteriormente conhecida a política protecionista adotada pelo então presidente James Monroe, que buscou isolar a América da zona de influência política europeia[23] – e se consolidou em meados do século 20, após a Segunda Guerra Mundial que devastou a Europa. Em meio à busca por esta condição de país dominante, os Estados Unidos sofreram um revés econômico com a queda da Bolsa de Valores em 1929. E, como resposta à grave crise na qual o país mergulhou, em 1933, o recém-eleito presidente Franklin Delano Roosevelt (1881-1945) adotou uma política de intensa intervenção estatal na economia: "Com o New Deal começava a construção do estado de bem-estar, isto é, a forte presença do Estado na sociedade com o objetivo de planejar e regular o sistema capitalista americano no interesse geral da nação, como nunca ocorrera na história dos norte-americanos".[24]

Ao contrário de como ficou consolidada nos livros de história, a política do New Deal não teve o êxito nem a assertividade que conhecemos. Ela foi, na realidade, uma série de tentativas, e alguns acertos, de medidas intervencionistas do Estado na economia: desde a criação de inúmeras agências estatais que buscavam a regularização dos preços de mercadorias e jornada de trabalho nas grandes indústrias, até injeções emergenciais de ajuda financeira.[25]

> [O New Deal] não encerrou a Grande Depressão, nem acabou com o desemprego em massa que o acompanhou, apenas os imensos gastos públicos e privados para a 2ª Guerra Mundial o fizeram. A despeito das queixas dos críticos conservadores, não transformou o capitalismo americano de nenhuma forma fundamental. Exceto nas áreas de relações de trabalho e sistemas bancário e financeiro, o poder corporativo permaneceu praticamente tão livre de regulamentação ou controle do governo em 1945 quanto estava em 1933. O New Deal não acabou com a pobreza nem redistribuiu significativamente as riquezas. Tampouco fez muito, exceto simbolicamente, para tratar alguns dos maiores desafios domésticos do pós-guerra, entre eles os problemas de desigualdade racial e de gênero.[26]

Em meio às tentativas desta nova política econômica, Roosevelt buscou expandir os mercados estrangeiros para produtos manufaturados, assegurar o suprimento de matéria prima e as novas possibilidades de investimentos. Para isso, voltou-se para a América Latina como uma resposta lógica para reconquistar suas perdas na Europa.[27] No entanto, a manutenção do mercado econômico latino-americano não era seu objetivo final. Tal estratégia fazia parte de uma preocupação política maior: garantir ao máximo a colaboração e o alinhamento das repúblicas-irmãs sob a liderança norte-americana.[28] Ao mesmo tempo em que os Estados Unidos lutaram para sair da crise econômica, na Alemanha, o Partido Nazista assumiu o poder, nomeando Adolf Hitler como Primeiro-Ministro. O crescimento da ameaça nazista trouxe um novo desafio para a manutenção da hegemonia norte-americana no Hemisfério Ocidental, em especial no Brasil, onde três dos maiores contingentes de imigrantes – italianos, alemães e japoneses – eram oriundos dos países que formariam o bloco inimigo na Segunda Guerra.

Tornou-se, portanto, cada vez mais intensa a preocupação de como se dava a imagem dos Estados Unidos internacionalmente e, por consequência, intensificava-se também a necessidade de adotar políticas diplomáticas, seja na forma de disseminação ou de intercâmbio.[29] Dessa forma, Roosevelt optou por deixar para trás políticas de intervenção direta (como o *Big Stick*[30] e o *Dollar Diplomacy*[31]) em favor de formas mais sutis de dominação e de influência ideológica sobre os latino-americanos.[32] É importante notar, neste ponto, que a noção de que o ideal de "projetar a América" como potência mundial é anterior à guerra e à ameaça nazista ou socialista, mas foi sua eminente expansão que moldou a política externa dos Estados Unidos e fez da América Latina seu laboratório para eventuais ações mais amplas. Ou seja, consolidar uma América unida de Norte à Sul sob a liderança *Yankee*, durante o período da ascensão nazista na Europa, passou a servir como teste dos modelos de ações que seriam futuramente ampliadas para o continente europeu.

> Tanto quanto a ameaça soviética amplificou e modificou tais iniciativas depois da guerra, o desejo de projetar a América por todo o mundo teria existido

independentemente da emergência da União Soviética como rival geopolítico. É claro que o fato de a União Soviética ter se colocado como uma ameaça geopolítica e ideológica tornou esta rivalidade mais intensa e, talvez, mais provável.[33]

Para garantir sua hegemonia no Hemisfério Ocidental, os Estados Unidos buscaram incentivar a colaboração mútua entre os países do continente americano, solidariedade esta que demandou certas iniciativas por parte dos norte-americanos em prol de recuperar as economias das "outras repúblicas americanas". Aqui vale um parêntese para explicar duas expressões usadas na denominação dos países de língua latina do continente americano. Mais comumente difundido, o termo *América Latina* surgiu de uma tentativa francesa em exercer influência entre os povos de origem latina – ou seja, de descendência francesa, italiana, espanhola e portuguesa – na América, como forma de se opor ao avanço anglo-saxão.[34] Tanto Simon Bolívar quanto José Marti defendiam uma união das ex-colônias ibéricas ainda no século 19, mas foram os intelectuais franceses que deram vida ao termo. Já a expressão "outras repúblicas americanas" foi a forma oficial do governo dos Estados Unidos usada na referência aos países ao sul do Rio Grande, conforme é possível perceber na leitura do relatório produzido como parte de um programa governamental de coleta de informações sobre as experiências administrativas durante a Segunda Guerra Mundial.[35] O uso de ambas expressões, bem como a consolidação do termo *americanos* para denominar os Estados Unidos, marca um maior distanciamento deste país em relação aos demais, ao mesmo tempo em que caracteriza uma identidade comum entre os países de língua latina.[36]

Este distanciamento, somado à depressão econômica causada pela queda da bolsa de valores e o avanço da ameaça nazista, exigiu dos Estados Unidos um maior esforço na tentativa de *proteger* o continente. Para isso, e na tentativa de reverter sua imagem de *mau vizinho*, Franklin Roosevelt apostou em uma política externa de aproximação cultural e solidariedade econômica – conhecida como Política da Boa Vizinhança. Neste contexto, em dezembro de 1938 – durante a 8ª Conferência Interamericana em Lima – foi criado o Comitê Interamericano de Consultoria Financeira e Econômica (Inter-American Financial and Economic Committee), com o objetivo de sanar os problemas econômicos e financeiros gerados pela guerra, garantindo acordos comerciais interamericanos e promovendo o crescimento econômico da América Latina.

Sob os auspícios deste comitê, foi criada, em junho de 1940, a Comissão de Desenvolvimento Interamericano (Inter-American Development Commission), responsável por promover e facilitar – mais uma vez, como afirmam as diretrizes oficiais – a ampla organização das potencialidades econômicas das repúblicas americanas. Tal comissão, sob a presidência de Nelson Aldrich Rockefeller (1908-1979), trabalhou para desenvolver estudos, reunir informações e estabelecer os contatos necessários para o desenvolvimento das repúblicas latino-americanas. Além das questões econômicas previstas na política da boa vizinhança, foram disponibilizados recursos militares para garantir a defesa do Hemisfério Ocidental. Tal estratégia não previa uma participação conjunta das forças armadas norte e latino-americanas: coube aos Estados Unidos a responsabilidade pela segurança do continente e, a cada república-irmã, contribuir de acordo com suas capacidades. As concessões das bases aéreas e navais dos países latino-americanos aos Estados Unidos têm este acordo como base.[37]

É importante ressaltar que dois países eram vistos com especial atenção pelo governo norte-americano: México e Brasil. No primeiro caso, além da óbvia questão de fazer fronteira com os Estados Unidos, havia o interesse na extração de petróleo e borracha – produtos importantes para o período de guerra – e na possibilidade de mão de obra barata.[38] Já no caso brasileiro, o país desempenhava uma posição política influente frente à América do Sul e esta aliança poderia garantir a hegemonia norte-americana na região.[39] Além disso, a costa brasileira – por sua dimensão e posicionamento no Oceano Atlântico – representavam um ponto estratégico para defesa do continente contra uma possível investida nazista vinda da África.[40] Não por acaso, a base aérea norte-americana Parnamirim Field foi construída em Natal RN, em 1942.

Em termos econômicos, as medidas adotadas na Conferência de Lima não foram o suficiente, dado o sucesso e avanço da Alemanha. Medidas emergenciais foram tomadas para absorver os excedentes das produções agrícolas e de minérios latino-americanos. No relatório escrito em 1947 pelo oficial histórico Donald Rowland, fica claro o posicionamento adotado pelo governo dos Estados Unidos de investir nas economias latino-americanas para manter o equilíbrio comercial dos países do continente e, assim, evitar pontos fracos que seriam uma porta de entrada para o avanço do nazismo na América.

> Os Estados Unidos deveriam assumir a responsabilidade de aumentar os investimentos nas outras repúblicas americanas, tanto para assegurar o fornecimento de matérias-primas quanto para ajudar na manutenção da balança comercial. O problema das dívidas externas deveria ser encarado de forma realista e não atrapalhar um construtivo programa financeiro e comercial.[41]

Mas não era apenas com a expansão territorial alemã que os Estados Unidos se preocupavam. Grande parte das repúblicas latino-americanas eram governadas por líderes com tendências autoritárias, fato também entendido como uma possível porta de entrada do nazismo na América: "A democracia não havia se enraizado na maioria dos países ao sul do Rio Grande e, mesmo que os sábios analistas fizessem distinção entre o estilo latino autoritário e as marcas mais recentes de totalitarismo europeu, eles ainda os tinham como bastante compatíveis em termos de práticas políticas".[42]

No caso do Brasil não foi diferente. O governo de Getúlio Vargas (1930-1945) caracterizou-se por uma dualidade entre as duas potências:[43] ao mesmo tempo em que assinava o Tratado de Reciprocidade com os Estados Unidos (1935), negociava o Acordo de Compensação com a Alemanha (1934 e 1936).[44] E, apesar deste fato retratar tudo aquilo pelo qual Roosevelt lutava contra, segundo afirma o historiador Antonio Pedro Tota, a crescente ameaça de um conflito mundial guiava as decisões do governo norte-americano de forma a evitar retaliações.[45] Mesmo após o Golpe de 1937, momento no qual Vargas instaurou a ditadura, Roosevelt manteve seu apoio ao governo, afinal a "estabilidade brasileira era essencial para os planos de defesa dos Estados Unidos, bem como para os acordos comerciais".[46]

Em meados do ano de 1940, o avanço das forças armadas alemãs no Oeste europeu – que resultaram na tomada da Holanda e da Bélgica, na vitória sobre o exército inglês no continente e na queda da França e organização do Regime de Vichy – representou uma ameaça ainda mais intensa para a hegemonia norte-americana no Hemisfério Ocidental e, consequentemente, demandou do governo Roosevelt ações mais incisivas na América Latina. Até aquele momento, os diversos departamentos e agências governamentais (Departamento de Estado, Tesouro, Comércio, Agricultura e Export-Import Bank – Eximbank) desenvolviam programas distintos e, frequentemente, conflitantes de ajuda às repúblicas irmãs.[47] Assim, em 16 de agosto daquele ano, foi criada uma nova agência governamental emergencial responsável por produzir propaganda antinazista e pró-americana e garantir os tratados de comércio entre as repúblicas americanas, bem como promover a identidade pan-americana, ou seja, a ideia de que as repúblicas americanas deviam trabalhar juntas, sob a *benevolente* liderança norte-americana, por compartilharem a mesma história e a mesma geografia.[48]

Esta nova agência, o Escritório para Coordenação das Relações Comerciais e Culturais entre as Repúblicas Americanas (Office for Coordination of Commercial and Cultural Relations between the American Republics), que ficou conhecida por quase toda sua existência como Escritório do Coordenador de Assuntos Interamericanos (Office of the Coordinator of Inter-American Affairs),[49] tinha o propósito de "formular e executar um programa para incrementar a solidariedade no hemisfério e espalhar o espírito de colaboração interamericana".[50] E a mesma ordem do presidente democrata Franklin Delano Roosevelt, que estabeleceu a criação do Office, nomeou Nelson Rockefeller como seu coordenador. Filho do magnata John D. Rockefeller e herdeiro da Standart Oil – petrolífera que monopolizou a comercialização de querosene, lubrificantes e gasolina nos Estados Unidos e em diversos outros países por muitos anos[51] –, Nelson Rockefeller, além de ser filiado ao Partido Republicano, era presidente do Museu de Arte Moderna – MoMA de Nova York e conselheiro do Metropolitan Museu de Arte. Seu envolvimento com a América Latina se deu pela primeira vez em 1935, quando viajou para a Venezuela para visitar o Museu de Arte Moderna local, onde um grupo de artistas plásticos que receberam apoio financeiro do MoMA expunham suas obras. Viagem esta que o aproximou da Divisão Internacional da Fundação Rockefeller, responsável por desenvolver um programa de saúde voltado aos países latino-americanos.[52]

Em 1937, desta vez com algum conhecimento da língua espanhola, fez uma segunda viagem pela América Latina para resolver problemas ligados à Standart Oil. A bordo do hidroavião Sikorsky S42B, Nelson Rockefeller e sua comitiva saíram de Miami na manhã do dia 30 de março, chegando em Barranquilla, na Colômbia, no final da tarde daquele mesmo dia. Na manhã seguinte, viajaram para Maracaibo, na Venezuela, onde inspecionariam seu mais novo investimento:

os campos de petróleo da Creole Petroleum Corporation, uma subsidiada da Standart Oil. Lá começaram suas preocupações com a qualidade de vida e condições de trabalho dos latino-americanos, o que levou Nelson Rockefeller a tomar parte na criação de uma empresa de desenvolvimento, cujo objetivo era promover a agricultura e a indústria no país.[53] Saindo da Venezuela, o grupo viajou para Port of Spain, capital de Trinidad e Tobago, onde ficaram até 13 de abril; e, na manhã deste dia, voaram rumo a Belém, no Pará. Na madrugada seguinte, foram para Recife e, de lá, para o Rio de Janeiro. Entre 15 e 23 de abril, visitaram São Paulo e diversas cidades do interior paulista. Finalmente, em 23 de abril de 1937, embarcaram em um hidroavião em Santos rumo à Buenos Aires e, dali, de volta aos Estados Unidos.[54]

Nesta viagem, Rockefeller se deu conta da necessidade de adotar uma política de bem-estar social voltada à América Latina, para neutralizar sentimentos antiamericanos e promover a unificação do continente.[55] Segundo o historiador Antonio Pedro Tota, "o jovem Nelson Rockefeller tinha clara consciência de que deveria haver mudanças nas relações entre seu país e a América Latina".[56] E foi este envolvimento e preocupação com a relação entre os Estados Unidos e os países latino-americanos, além de suas relações pessoais e profissionais, que o tornaram o *homem perfeito* para assumir o cargo de coordenador do Office.

> Seu otimismo, franqueza, entusiasmo e interesse no campo latino-americano e na ideia da boa vizinhança fizeram com que assumisse o posto, apesar do fato de ser Republicano, excessivamente jovem e inexperiente nas práticas administrativas governamentais. Particularmente no campo da cultura, o nome Rockefeller era também considerado uma vantagem.[57]

Como coordenador do Office of the Coordinator of Inter-American Affairs – OCIAA, Nelson Rockefeller trabalhou para colocar em prática os objetivos do programa governamental de solidariedade e ajuda financeira e econômica. Para isso, revisou leis existentes, coordenou pesquisas das diversas agências federais e, quando foi necessário, recomendou novas leis ao Comitê Interdepartamental. Além disso, para a "formulação e execução deste programa, o qual, *através do uso efetivo das forças governamentais e privadas nos campos das artes e ciência, educação e viagem, rádio, imprensa e cinema, contribuiria para a defesa nacional e para o estreitamento dos laços entre as nações do Hemisfério Ocidental*, ele foi instruído a cooperar com o Departamento de Estado".[58] Ou seja, apesar de ser uma agência independente, que mesclava os interesses privados e estatais e fazia uso deles para levar à cabo a política da boa vizinhança proposta por Franklin Roosevelt como parte dos esforços de guerra, era esperado que o Office trabalhasse em conjunto com o Departamento de Estado. Mas, como agência independente, Rockefeller se reportava diretamente ao presidente, submetendo a ele relatórios e recomendações.[59]

Apesar da relação próxima entre agência e departamento, a criação do Office foi vista pelos oficiais do Departamento de Estado como a afirmação de que este não era capaz de responder, sozinho, às demandas emergenciais de guerra na América Latina. Mesmo admitindo a falta de espaço físico e de pessoal capacitado para tais projetos, entendiam que a solução apropriada não era criar uma nova agência, mas, sim, investir em melhorias no próprio departamento. Em nota, Donald Rowland afirma que não existe nenhum material disponível no acervo do Office que indique esta postura, mas, ao entrevistar pessoas que trabalharam na época, ficou claro que os oficiais do Departamento de Estado ligados aos assuntos latino-americanos viam a entrada do Office naquele meio com muita apreensão e desconfiança.[60] A inevitável disputa por espaço de atuação entre a agência e o departamento só foi estancada quando, em carta de 22 de abril de 1942 para Rockefeller, o presidente Roosevelt estabeleceu os limites do Office:

> Como você sabe, minha ideia ao criar um Escritório do Coordenador das Relações Comerciais e Culturais entre as Repúblicas Americanas era de que este escritório fosse especialmente desejável como um órgão coordenador para certas medidas emergenciais aconselháveis dada à sequência de eventos [ilegível] a eclosão da guerra. Mas, para que nossas relações externas sejam conduzidas de forma a fazer progredir a segurança e o bem-estar do país, é essencial, agora mais do que nunca, que o Secretário de Estado seja informado de todos os programas governamentais relacionados aos países estrangeiros, tanto aqueles organizados diretamente por agências do governo ou indiretamente por agências privadas. O Departamento de Estado está incumbido da responsabilidade dada pelo presidente de conduzir as relações externas do país. Esta centralização de responsabilidade é hoje de maior urgência. Sem ela, o resultado máximo dos esforços conjuntos das agências executivas não poderá ser alcançado.[61]

No campo das relações culturais, a carta de Roosevelt resultou em um acordo de divisão de responsabilidade entre o Office e o Departamento de Estado: a agência de Rockefeller ficaria responsável pelos programas de natureza emergencial – que eram sempre discutidos por membros de ambos e aprovados, ou não, pelo departamento –, tais como atividades no campo da educação vocacional e de adultos; e a Divisão de Relações Culturais (Cultural Relations Division) do departamento, por aqueles programas considerados de longo prazo. Após o ataque a Pearl Harbor e com a entrada de fato dos Estados Unidos na Segunda Guerra, o governo norte-americano manifestou a necessidade de "dobrar todos os esforços culturais e acelerar suas execuções, com especial ênfase para novos programas".[62] De acordo com as minutas da reunião do Comitê Executivo (ou de Política), foi também realizado um estudo que classificou tais projetos culturais em quatro categorias: aqueles com impacto imediato nas questões de defesa do país (classe A); aqueles de impacto secundário na defesa, incluindo os esforços de propaganda direta (classe B); aqueles com influência imediata na melhoria da simpatia dos latino-americanos pelos Estados Unidos (classe C); e aqueles de influência à longo prazo na promoção da solidariedade hemisférica (classe D).[63]

Com este estudo desenvolvido por Donald Rowland, ficou claro que poucos dos projetos desenvolvidos pela Divisão de Relações Culturais do Departamento de Estado eram da classe A e que aqueles focados em propaganda – ou seja, classe B – tinham como preocupação central a saúde e a segurança. Já nos projetos classificados em categoria C, a divisão cultural desenvolveu uma série de projetos voltados ao intercâmbio de pessoas influentes de diversas áreas da América Latina para os Estados Unidos, na tentativa de instigar o interesse e o entusiasmo pelos esforços de solidariedade no continente. Na mesma proporção, os projetos classificados como D – e que deveriam ter continuidade – buscavam demonstrar o sincero interesse dos norte-americanos no hemisfério como um todo.[64]

> Durante a primeira metade de 1943, um novo acordo sobre a divisão de responsabilidade foi feito entre as respectivas divisões das duas agências. Em termos gerais, a Divisão de Relações Culturais do Departamento de Estado assumiria total responsabilidade administrativa sobre a parte do programa que seria desenvolvida à longo prazo, tais como projetos relacionados à arte, música, intercâmbio estudantil, instituições culturais, bibliotecas e programas escolares patrocinados pelos Estados Unidos. A Divisão de Ciência e Educação do escritório do coordenador ficou incumbido das

prioridades nas áreas de literatura e educação nos níveis de primário, ginásio e treinamento de professores e diretores de escolas, incluindo intercâmbio para estes últimos e o desenvolvimento e distribuição de materiais educativos. Este campo era visto como um tipo de atividade emergencial.[65]

Ainda no campo das aproximações culturais, a eclosão do conflito na Europa e a ameaça nazista e socialista à hegemonia norte-americana acrescentaram um novo olhar sobre como se dava a imagem do país nacional e internacionalmente. Vale aqui um parêntese sobre o assunto: a propaganda governamental ganhou uma nova dimensão durante a Primeira Guerra Mundial, quando passou a ser utilizada pelas potências mais eminentes como forma de persuasão através da comunicação em massa dentro e fora do país. Usando desde a mídia impressa até filmes, o objetivo era promover e circular mensagens de unidade no período de conflito. Mas tal estratégia de divulgação de uma *história oficial* do país foi rejeitada pelo povo norte-americano, especialmente após o término da guerra, o que culminou com a extinção – em 1919, pelo então presidente Woodrow Wilson – do chamado Comitê de Informações Públicas (Committee on Public Information – CPI). No entanto, ao contrário dos Estados Unidos, os demais países envolvidos na guerra – França, Inglaterra, Alemanha, Itália e, posteriormente, União Soviética – continuaram a divulgar suas histórias oficiais, a manter suas influências sobre as colônias, a expandir seus alcances imperialistas e a promover revoluções do proletariado.[66]

Com o decorrer dos anos 1930, consolidou-se o desejo norte-americano de se projetar como potência mundial. Frente à iminente nova guerra, o governo se viu diante da necessidade de retomar a propaganda de sua história oficial para o mundo, a começar pela América Latina. Ou seja, utilizando os meios de comunicação em massa, apresentou--se a seus vizinhos como um país solidário e genuinamente interessado no bem-estar do continente como um todo. Ao mesmo tempo, apresentou ao povo norte-americano as curiosidades, belezas e o estilo de vida dos países latino-americanos, na tentativa de unificar os esforços e impedir a intervenção da Alemanha na América. Foi esse espírito que levou o Office de Rockefeller a financiar a viagem de Walt Disney e sua equipe de desenhistas pelos países da América Latina em 1942, resultando na criação de dois novos personagens, o brasileiro Zé Carioca e o mexicano Panchito, e de dois novos filmes: *Alô, amigos* (1942) e *Você já foi à Bahia?* (1943). Foi também neste mesmo espírito as viagens culturais de artistas – como, por exemplo, Cândido Portinari, Carmen Miranda, Frida Kahlo e Diego Rivera – e escritores latino--americanos – caso de Érico Veríssimo[67] – para os Estados Unidos; bem como o programa de patrocínio de intercâmbio educacional da Fullbright.

Mesmo antes do término da Segunda Guerra Mundial, Nelson Rockefeller expressou – em carta para o Subsecretário de Estado Sumner Welles, datada de 17 de maio de 1943 – sua preocupação com a continuidade dos trabalhos desenvolvidos pelo Office. Segundo ele, era necessário, o quanto antes, pensar em instalações e acordos organizacionais para manejar as muitas atividades desenvolvidas pelo Office, pois acreditava que os Estados Unidos não deveriam perder os avanços conquistados, mesmo que de forma emergencial, no campo da solidariedade e confiança mútuas. Segundo Donald Rowland, um memorando desenvolvido por agentes do Office em agosto daquele ano deixou claro o sentimento tanto da agência quanto do Departamento de Estado de que os projetos por eles desenvolvidos não teriam continuidade após o término da guerra. Aliás, Rockefeller apontou também que a propaganda nazista já atacava os programas do Office, espalhando a ideia de que a tão professada boa vontade seria abandonada pelos Estados Unidos assim que a guerra acabasse.[68]

Finalmente, em 10 de abril de 1946, o presidente Truman assinou uma ordem de término da existência do Office como agência independente, com efetivação no dia 20 daquele mesmo mês. Naquele período de dez dias, todas as atividades do Office foram transferidas para o Departamento de Estado ou tomadas as devidas ações para o seu encerramento.

Em 20 de maio de 1946, a agência criada em agosto de 1940 como o Escritório para a Coordenação das Relações Comerciais e Culturais entre as Repúblicas Americanas, depois renomeado para Escritório do Coordenador de Assuntos Interamericanos e, finalmente, para Escritório de Assuntos Interamericanos, deixou de existir como uma entidade. Suas operações, no entanto, não deixaram de existir.[69]

Segundo o historiador Justin Hart, as mudanças na diplomacia e política externa dos Estados Unidos, no sentido de abrandá-las e evitar ressentimentos de outros países, tinham o intuito de projetar o país como nação poderosa e dominante, desejo este que se tornou ainda mais forte com a Segunda Guerra Mundial e as ameaças nazista e socialista. "Com essas mudanças, o Departamento de Estado tinha claramente a intenção de usar a América Latina como *laboratório* para moldar a abordagem que eventualmente seria usada em todo o mundo".[70] Neste contexto, as embaixadas norte-americanas passaram a ter um papel muito importante nos esforços de solidariedade e de ajuda econômica e financeira e, principalmente, na disseminação do *American Way of Life* e na tentativa de aproximação dos povos estrangeiros com o povo norte-americano. Quer dizer, com o aporte da arquitetura, o programa de construção das embaixadas foi parte dos esforços da política externa dos Estados Unidos no sentido de projetar a América[71] – seu domínio e seus ideais – para o mundo. E ganha destaque neste livro por evidenciar uma consequência do impacto da diplomacia norte-americana na arquitetura moderna.

Durante um período de conflitos internacionais, a arquitetura moderna tornou-se símbolo de prosperidade e da possibilidade de um futuro melhor. Foi tomando este ideal como mote que a política externa dos Estados Unidos – mais especificamente, o Departamento de Estado norte-americano – guiou suas ações em prol de sua consolidação como potência mundial durante o pós-segunda guerra e o período da guerra fria. A arquitetura, o cinema e o intercâmbio cultural foram armas valiosas no combate ao nazismo e, posteriormente, comunismo, na cooperação internacional e na construção da imagem do país como líder bem-sucedido e amistoso.

Segundo afirma Patrício del Real, era preciso celebrar a América Latina como uma região culturalmente reconhecida e capaz de contribuição única para a cultura ocidental.[72] Neste contexto, a arquitetura moderna brasileira foi vista como a possibilidade de representação dos valores latino-americanos (regional) dentro do contexto de consolidação da cultura ocidental (internacional):

> A Segunda Guerra Mundial alimentou a necessidade dos Estados Unidos em construir uma categoria regional, capaz de negociar diferenças culturais dentro de uma Pan-América unificada geograficamente. [...] Este período manifestou o que eu chamo de uma unidade metonímica, uma leitura hermenêutica de imagens que facilitou interpretações duplas e ambíguas e, eventualmente, permitiu ao Brasil representar a América Latina nas décadas de 1940 e 1950. Isso foi possível porque o modernismo brasileiro tinha a capacidade de ser ambíguo, de operar tanto como um marcador nacional quanto regional.[73]

Em 1939, o Pavilhão do Brasil na Feira Internacional de Nova York – projeto de Lúcio Costa e Oscar Niemeyer em parceria com o arquiteto norte-americano Paul Lester Weiner – levou para os Estados Unidos o melhor da arte, cultura e arquitetura brasileira: na parte interna, foram expostos painéis de Cândido Portinari; no jardim, gigantescas vitórias-régias representavam a flora da Amazônia; no restaurante, era servido o café brasileiro; a música era do maestro Villa Lobos; e até mesmo Carmen Miranda – já muito conhecida pelo público norte-americano – aparecia por lá. Alguns anos mais tarde, em 1943, o MoMA organizou a exposição *Brazil Builds: Architecture New and Old, 1652-1942*[74] como forma de não apenas representar o estilo moderno latino-americano, mas também como um possível modelo para o mundo pós-guerra.[75] E esta promessa, apresentada ainda durante a guerra, recebeu sua atualização quando, em 1955, o museu organizou a exposição *Latin American Architecture since 1945*.[76]

> Com o MoMA, a arquitetura moderna foi levada para o âmbito das relações culturais entre América Latina e Estados Unidos. A noção de um modernismo latino-americano é fundamental para a compreensão de como a arquitetura moderna na região apareceu no cenário internacional. Entre 1939 e 1955, os historiadores e críticos de arquitetura fora da região notaram não apenas edifícios específicos, mas também os contornos de uma forma moderna da América Latina, não necessariamente como homogêneos, mas certamente como um estilo identificável.[77]

Esta apropriação da arquitetura como meio político de demonstração de poder e benevolência dos Estados Unidos em território estrangeiro foi denominada, pelo historiador norte-americano Ron Robin, como *political architecture* – ou arquitetura política.

> A arquitetura política, uma ilustração simbólica do poder e da vontade americana de intervir vigorosamente no teatro das relações internacionais, desempenhou um papel significativo na complexa missão de orquestrar os assuntos mundiais, enquanto absteve-se de uma presença física duradoura no exterior. Assim, uma análise do simbolismo da arquitetura americana no exterior revela a cristalização de objetivos americanos fundamentais na arena internacional.[78]

O uso da arquitetura como forma política de dominação não é exclusivo do período histórico estudado neste livro. Desde o início do século 20, os Estados Unidos vinham sistematicamente construindo, no exterior, edifícios consulares e monumentos. Mas foi com a primeira e a segunda guerras mundiais, e a emergência do país em se projetar como potência da nova ordem mundial, que esta política ganhou mais força.[79] Nesse sentido e na iminência de um novo conflito, Franklin Roosevelt considerou o programa de construção de embaixadas, coordenado pelo Office of Foreign Buildings Operations – FBO, como essencial para o seu governo e, junto com os programas de aproximação cultural e ajuda econômica, para a política externa que propunha.[80]

> Tal como o programa de intercâmbio educacional Fullbright – projetado para promover cooperação internacional e amplamente entendido como um gesto de boa-vontade –, novas embaixadas chamam atenção como evidências do comprometimento e boa-vontade americanos e suas arquiteturas modernas, introduzidas no final dos anos 1940, tornaram-se símbolos de uma política diplomática aberta.[81]

Ao expandir a presença americana através do estabelecimento de bibliotecas, da Voz da América, dos programas de intercâmbio acadêmico e de centros culturais, os

Estados Unidos esperavam influenciar as elites dos anos pós-segunda guerra. Os elaborados edifícios diplomáticos complementaram esse esforço. Eles forneceram um vislumbre condensado dos objetivos da política externa americana, particularmente para o homem comum que, sem acesso aos programas de informação do Departamento de Estado, normalmente direcionados à elite, construía uma visão da vida norte-americana inspirada nos gangsters hollywoodianos.[82]

Iniciado em 1926 por meio de um ato do Congresso,[83] o programa de construção de embaixadas veio suprir a demanda de representação internacional de um país com poderio mundial em constante crescimento. Até aquele momento, existiam algumas embaixadas e edifícios consulares – funções que atuaram separadamente até 1924 –, mas elas eram poucas e muito distantes umas das outras, o que era insuficiente frente às mudanças políticas vividas, em especial, após a Segunda Guerra Mundial.

A batalha ideológica travada contra o avanço do comunismo demandou do governo norte-americano investimento maciço na política externa para ampliar e divulgar a bandeira pró-americana e, com isso, construir bases para o modelo diplomático que seria adotado pelos Estados Unidos naquele momento de conflito.

Os Estados Unidos também tiveram que lutar com sua própria necessidade de manter e expandir economias de livre mercado e a concomitante necessidade de enaltecer o sentimento pró-americano, bem como construir um suporte mundial para o modelo democrático. Objetivos militares e diplomáticos incluíram planos pós-guerra para a expansão de bases militares, pactos de defesa estratégica, ajuda econômica e disseminação de informações. Cada um destes objetivos teve impacto direto ou indireto no programa de construção das embaixadas, que se tornou parte de um esforço maior dos Estados Unidos em fortalecer sua posição no pós-guerra e sua posição frente a seus aliados.[84]

Como afirma Jane Loeffler, esta investida da política norte-americana trouxe benefícios para o programa de construção de edifícios diplomáticos. Com o final da Segunda Guerra Mundial, a dívida dos países estrangeiros para o Tesouro dos Estados Unidos – por conta dos débitos de guerra – somava milhões. E, em 1946, o Congresso autorizou o uso dos chamados "fundos congelados" ou "bloqueados" para a compra e construção de edifícios diplomáticos ao redor do mundo. Desta forma, o programa receberia o investimento necessário para dar continuidade aos seus projetos sem, no entanto, usar os dólares oriundos dos impostos pagos pelo povo norte-americano. "Seria justo dizer que o interesse do Congresso na proposta de lei (H. R. 6627) tinha menos a ver com um apoio ao programa de construção no estrangeiro do que com a aprovação de meios para recuperar aquilo que se devia aos americanos".[85]

Assim, o escritório da FBO, antes sediado apenas em Washington, se ramificou para outras sedes em Paris, Haia, Londres, Bonn, Tóquio e Rio de Janeiro; além de ter implantado supervisores no Leste Europeu, Norte da África e Oriente Médio.[86] E Leland W. King Jr., arquiteto e diretor de projeto da FBO, passou a convidar arquitetos com escritórios próprios para desenvolverem os projetos das embaixadas e edifícios diplomáticos. Ao dar as comissões a renomados arquitetos modernistas, King acreditava estar gerando publicidade positiva ao programa, que, entre 1948 e 1958, ficou com a reputação de ser um mostruário da arquitetura moderna.[87]

> Entre 1949 e 1953, o número de projetos designados a arquitetos com escritórios próprios cresceu de cinco para 21 e, com a finalização dos desenhos de outros 17 projetos, o número final chegou a 38. Através destes projetos,

a arquitetura moderna se tornou simbolicamente associada ao esforço do pós-guerra em encontrar novas e melhores formas de representar o interesse americano internacional.[88]

Para as embaixadas do Rio de Janeiro (1948-1952) e de Havana (1950-1952), King contratou o escritório nova-iorquino Harrison & Abramovitz, que, na época, supervisionava a construção do edifício sede das Nações Unidas – projeto desenvolvido, em 1947, pela equipe de onze arquitetos, dentre os quais destacam-se Oscar Niemeyer e Le Corbusier, liderados pelo norte-americano. A escolha do arquiteto Wallace Kirkman Harrison (1895-1981) para estes projetos das embaixadas não foi aleatória: renomado entre seus pares, Harrison estava profundamente envolvido com a política externa de aproximação cultural adotada pelos Estados Unidos. Além de ter desenvolvido diversos projetos na América Latina – como, por exemplo, o Hotel Avila em Caracas (1941) e a Base Aérea e de Submarinos dos Estados Unidos no Panamá (1942) –, o arquiteto foi, em 1945, nomeado chefe da Divisão de Assuntos Culturais do Office of Inter American Affairs – OCIAA, agência dirigida por Nelson Rockefeller.

A desconfiança de que a escolha de Wallace Harrison para projetar as novas embaixadas norte-americanas em Havana e no Rio de Janeiro se deve à sua relação pessoal com a família Rockefeller – ou seja, ao seu capital social – não é corroborada por Jane Loeffler. Em seu livro *The Architecture of Diplomacy: Building America's Embassies*, a autora afirmou que o comissionamento de Harrison para tais obras não ocorreu por favorecimento, mas por suas habilidades como arquiteto, afinal havia o consenso que seus projetos chamariam a atenção para o programa de construção de embaixadas. No entanto, sem tirar o mérito de sua arquitetura, é possível supor – a partir da análise de Garry Stevens, ancorada nos conceitos de Pierre Bourdieu – que suas relações pessoais também foram importantes para seu êxito profissional no meio arquitetônico.

> Naturalmente, quanto maior o capital concentrado nos membros individuais de uma rede social, mais alto será o valor daquela rede; desse modo, as classes privilegiadas possuem uma vantagem inerente sobre as classes mais baixas, simplesmente porque seu capital social é maior. Além disso, os indivíduos das classes altas possuem mais 'laços superficiais' com as demais pessoas do que os menos privilegiados. Ou seja, possuem redes maiores de conhecidos, de pessoas que não conhecem muito bem, *mas que podem ser de incalculável ajuda nos negócios*.[89]

No trecho acima, Stevens usa o conceito bourdiano de *capital social* para analisar o meio social onde se desenvolve a atividade arquitetônica. A disputa de poder entre artistas e burgueses do século 19, exemplificada por Bourdieu – ou seja, "as relações de forças entre as posições sociais que garantem aos seus ocupantes um *quantum* suficiente de força social – ou de capital – de modo a que estes tenham a possibilidade de entrar nas lutas pelo monopólio do poder"[90] –, aqui se aplica às disputas por comissionamentos de projetos. Os arquitetos com maior capital social, com uma maior rede de conhecidos influentes, se beneficiam com melhores e/ou mais importantes comissões.

Para tornar mais clara a presença de Garry Stevens e Pierre Bourdieu nesta argumentação, é necessário um parêntese. No início dos anos 1930, o escritório de arquitetura nova-iorquino Corbett, Harrison & MacMurray foi convidado para integrar, junto a outros arquitetos, a equipe responsável por desenvolver o Rockefeller Center (1932-1939). A posição de destaque na equipe, tomada por Wallace Harrison, fez com que ele se aproximasse de Nelson Rockefeller – que havia sido incumbido da tarefa de gerenciar tal empreendimento por seu pai, John D. Rockefeller Jr. Segundo o jornal *New York Times*, "este foi o começo de uma longa associação que trouxe ao sr. Harrison comissões, desde casas para a família Rockefeller até gigantescos projetos como o Empire State Plaza, construído durante o mandato de Nelson Rockefeller como governador".[91]

Além do Rockefeller Center – edifício no qual estabeleceu escritório em 1940, logo após ter formado a parceria com Max Abramovitz – e da já citada sede das Nações Unidas, Harrison fez parte também da equipe que projetou a Feira Mundial de Nova York de 1939, cujo tema era *Building the World of Tomorrow* (Construindo o mundo de amanhã). E, junto a J. André Fouilhoux, projetou o Trilon e a Perisfera, estrutura monumental que se tornou símbolo da feira.[92] Ora, fica claro que, sem entrar no mérito da qualidade arquitetônica de suas obras, a relação de Wallace Harrison com Nelson Rockefeller foi crucial para que recebesse grandes comissões, como os projetos para as embaixadas em Havana e no Rio de Janeiro. É importante destacar também que, apesar de serem agências distintas, o Office de Rockefeller e o Departamento de Estado (responsável pelo programa de construção de embaixadas) colaboravam entre si.

Fechado o parêntese e voltando à questão das embaixadas, os anos que se sucederam ao fim da Segunda Guerra Mundial – formalizado com a rendição oficial do Japão em setembro de 1945 – representaram, para os Estados Unidos, um período de fortalecimento das alianças e construção de novas, em uma tentativa de impedir o avanço do comunismo por outras nações. O programa de construção de embaixadas e edifícios consulares sofreu impacto direto da nova situação, que ampliou de forma inusitada a presença de cidadãos e investimentos norte-americanos no exterior:

> O Departamento de Estado aumentou o número e o tamanho de suas embaixadas e consulados, em parte para atender às necessidades dos homens e mulheres do

exército americano, junto a suas famílias, que trabalhavam no exterior – com ampliados escritórios para passaportes, vistos e imigração e operações de serviços de saúde pública, por exemplo – e, também, para providenciar espaço para a administração de novos programas, que iam desde aqueles que ofereciam assistência imediata contra a fome até aqueles que supriam assistência e treinamento econômicos de longo prazo.[93]

No período após o término do conflito, a Europa enfrentou a necessidade de reconstrução massiva em seu território, ao mesmo tempo em que, em suas colônias, surgiram movimentos de independência. Nas duas décadas seguintes, novas nações se formaram e a Organização das Nações Unidas – ONU, fundada em 1945 por 51 países, agregou mais outros 66 até 1965.[94] "Estas novas nações, sedentas por atrair ajuda financeira e técnica para se desenvolverem, tornaram-se férteis campos para competição ideológica entre os rivais da Guerra Fria".[95] A política norte-americana com relação a suas embaixadas mudou e os edifícios alugados foram substituídos por novos, construídos em terrenos comprados pelo país.[96] Como exemplo, em 1954, o político republicano Prince H. Preston Jr. atentou para as condições insatisfatórias da Embaixada de Karachi, capital do Paquistão na época – que funcionava em um escritório alugado no andar superior de uma garagem mecânica – e para a imediata necessidade de se construir um novo edifício no terreno que já havia sido comprado pelos Estados Unidos para tal finalidade.[97] Por fim, os novos edifícios eram projetados prevendo a segurança contra roubo e incêndio,[98] mas ainda não contra ataques terroristas, até então desconhecidos.[99]

Em 1955, quando o congresso dos Estados Unidos aprovou três milhões para serem gastos com embaixadas naquele ano fiscal, metade deste montante foi destinado à "construção de uma majestosa nova chancelaria em Karachi".[100] E, para desenvolver tal tarefa, a FBO contratou o escritório

Neutra & Alexander. Segundo o historiador Thomas Hines, este projeto é um dos três mais importantes da parceria entre Richard Neutra e Robert Alexander, ao lado do Cyclorama Center do Lincoln Memorial Museum, em Gettysburg, e do Los Angeles County Hall of Records.[101] Concluído em 1959, este projeto, diferentemente de tantos outros para as demais embaixadas norte-americanas, foi concebido para atender às demandas de mão-de-obra, materiais disponíveis e, principalmente, do clima locais.[102] Esta embaixada ganha importância neste livro não pelo simples fato de ser uma obra de Neutra, mas por trazer em seu projeto preocupações climáticas que, de alguma forma, remetem à América Latina – conforme será analisado adiante.

É importante perceber, após a análise feita até aqui, que os interesses e as necessidades políticas afetam, em alguma medida, o campo da arte, arquitetura, cinema, música e literatura. Mais especificamente, que as ambições norte-americanas em se tornar uma potência mundial elevam a arquitetura moderna ao patamar de expressão de prosperidade, bem-estar e avanço sociais. A arquitetura moderna latino-americana ganha, nesse processo, visibilidade internacional – com o Pavilhão do Brasil na Feira Internacional de Nova York (1939), a participação de Oscar Niemeyer na equipe responsável pela sede das Nações Unidas (1947) e as exposições *Brazil Builds* (1943) e *Latin American Architecture since 1945* (1955), no MoMA.

Entrando no tema específico deste livro, dentro do escopo geral da política norte-americana para a América Latina, é possível detectar a presença do arquiteto Richard Neutra no desenvolvimento da arquitetura moderna latino-americana. No caso brasileiro, são significativos os ensinamentos do renomado arquiteto para a cultura construtiva brasileira, mas trata-se de uma relação de mão dupla, pois Neutra leva consigo soluções arquitetônicas que viu – e estudou – em suas visitas aos países latino-americanos.

Este contato, motivado pela missão diplomática sob os auspícios do Departamento de Estado, não se restringiu a uma mera burocracia e acabou por se estender para uma relação de interesse mútuo. Mais uma vez, vale destacar que Richard Neutra trouxe possibilidades arquitetônicas para a América Latina; mas, ao encontrar aqui interlocutores para as questões que o interessavam, demonstra curiosidade e interesse genuínos pela arquitetura de seus colegas latino-americanos. Cada obra visitada rendeu fotos, desenhos e estudos minuciosos das soluções, e estas, eventualmente, foram absorvidas em seus próprios projetos.[103]

Construção do personagem

Casa Lovell, Los Angeles EUA. Richard Neutra, 1927. Foto Julius Shulman. Acervo © J. Paul Getty Trust. Getty Research Institute, Los Angeles (2004.R.10)

> *Tantos contatos com governos, serviços públicos e vida de negócios tem amadurecido a personalidade de Neutra e a sua ininterrupta atividade, tanto em projetos quanto em construções, tem contribuído para impedi-lo de se isolar no mundo da teoria pura, afastando-se da vida real. Apesar de todos os grandes problemas teóricos que é constantemente obrigado a resolver, Neutra gosta de fixar sua atenção até no menor detalhe das estruturas que lhe são confiadas, pois, para ele, nenhum deles é tão pequeno que não mereça o melhor de seu interesse. Ele não é apenas o pesquisador de infinita paciência e rigoroso método que experimenta a utilização de algum material novo; é também o sociólogo e psicólogo profundamente interessado pelas exigências intrínsecas e essenciais dos grupos e dos indivíduos para os quais é chamado a construir.*
> Gregori Warchavchik, Introdução. In Richard Neutra, *Arquitetura social em países de clima quente*[104]

Para entender o papel de Richard Neutra na política externa norte-americana é preciso, antes, compreender os fatos relevantes de sua trajetória que o levaram a ser escolhido pela Divisão de Relações Culturais do Departamento de Estado para encabeçar uma missão diplomática na América Latina.[105] Muito influenciado por Adolf Loos (1870-1933) e por seu colega Rudolph Schindler (1887-1953), Neutra formou-se na Technische Hochschule de Viena em 1918, após ter servido no exército imperial austríaco durante a Primeira Guerra e ter sido acometido por malária durante uma missão na fronteira da Albânia.[106] As dificuldades profissionais enfrentadas na época e o incentivo de Schindler o levaram a considerar a emigração.

Em outubro de 1923, ainda jovem, Neutra imigrou para os Estados Unidos à bordo do S.S. Laconia.[107] Após breve período em Nova York, mudou-se para Chicago, onde rapidamente começou a trabalhar na prestigiosa Holabird and Roche. Lá, via contato com o editor Ralph Fletcher Seymor – amigo pessoal de Frank Lloyd Wright (1867-1959) e Schindler –, conheceu e se tornou amigo de Louis Sullivan (1856-1924), que, naquele momento, além de idade avançada e doente, estava praticamente falido e morando em um quarto de um hotel qualquer.[108] Até que, em abril de 1924, no enterro de Sullivan, Richard Neutra teve a oportunidade de conhecer pessoalmente Wright, a quem admirava desde que fora publicado, em Berlim, o *Wasmuth Portfolio* (1910) – uma coleção de litogravuras com perspectivas e plantas das casas e edifícios comerciais projetados por Wright entre 1893 e 1909.[109]

Neutra recebeu então o tão esperado convite para visitar o mestre na Taliesin East, em Wisconsin. Em sua autobiografia, publicada pela primeira vez em 1962, Neutra coloca, em um mesmo parágrafo, o apreço pela obra de Wright e o desejo de se radicar na Califórnia:

> Certa vez, quando eu estava caminhando pela Bahnhofstrasse em Zurique, vi pela janela de uma agência de turismo um prospecto com uma palmeira impressa na capa e as palavras, *Califórnia chama você*. Eu sabia apenas um pouco de inglês na época e não estava muito seguro sobre o que aquilo significava, mas somei dois mais dois e concluí que deveria vir para a Califórnia. Após ter ficado em Nova York, Chicago e Taliesin – mais ou menos como um hóspede do sr. Wright, já que ele não tinha nem trabalho, nem projetos –, comecei a pensar inquietamente sobre a Califórnia. Eu sabia que aquele era o único lugar onde ele teve projetos construídos desde que cheguei à América.[110]

Em junho de 1924, sua esposa Dione Neutra desembarcou em Nova York – ela havia conseguido um visto profissional como musicista, pois tocava violoncelo, mas não fora permitido que seu filho recém-nascido, Frank Lucian

Neutra,[111] viajasse junto, por ele ter nascido na Alemanha, obrigando-a a deixá-lo sob os cuidados de sua mãe, Lilly Niedermann –, mas, por um problema de imigração, ela só pôde sair da Ilha Elis após uma audiência na qual Neutra compareceu e afirmou ser capaz de sustentar sua jovem esposa.[112] Dali, o casal viajou para Spring Green, onde esperavam que Richard Neutra recebesse uma oportunidade de emprego. Dione escreveu sobre suas impressões ao chegar na Taliesin em seu livro *Richard Neutra: Promise and Fulfillment, 1919-1932*:

> É impossível descrever a primeira impressão. Imensa surpresa é primordial. Então, você começa a sentir ansiedade pela ideia de que logo estará na presença de um gênio, que irá conhecê-lo a qualquer momento...[113]

A proposta de emprego viria, no entanto, apenas em setembro de 1924: "Meu querido Richard Neutra, cento e sessenta dólares por mês e sua hospedagem é o que eu tinha em mente. [...] Tentaremos por um tempo e, se você gostar do trabalho e se eu gostar de você e tudo correr bem, discutiremos um contrato".[114] Além de oferecer o trabalho, Wright ajudou o jovem casal a trazer para os Estados Unidos o pequeno Frank Neutra, graças ao contato com um senador em Wisconsin.[115] Neutra trabalhou com Frank Lloyd Wright por um curto período de cinco meses: os poucos projetos e o sonho de se estabelecer como arquiteto na Califórnia levaram os Neutra a se despedirem de Taliesin e partirem rumo a Los Angeles em fevereiro de 1925.[116]

Lá, as figuras de Rudolph Schindler e sua esposa Pauline foram importantíssimas. A família Neutra alugou o apartamento Norte da casa da Kings Road, projetada por Schindler para si mesmo em 1921, prevendo dois apartamentos independentes, com a cozinha única compartilhada.[117] A parceria profissional entre Neutra e Schindler se intensificou apenas em 1926, quando ambos juntaram forças para formar

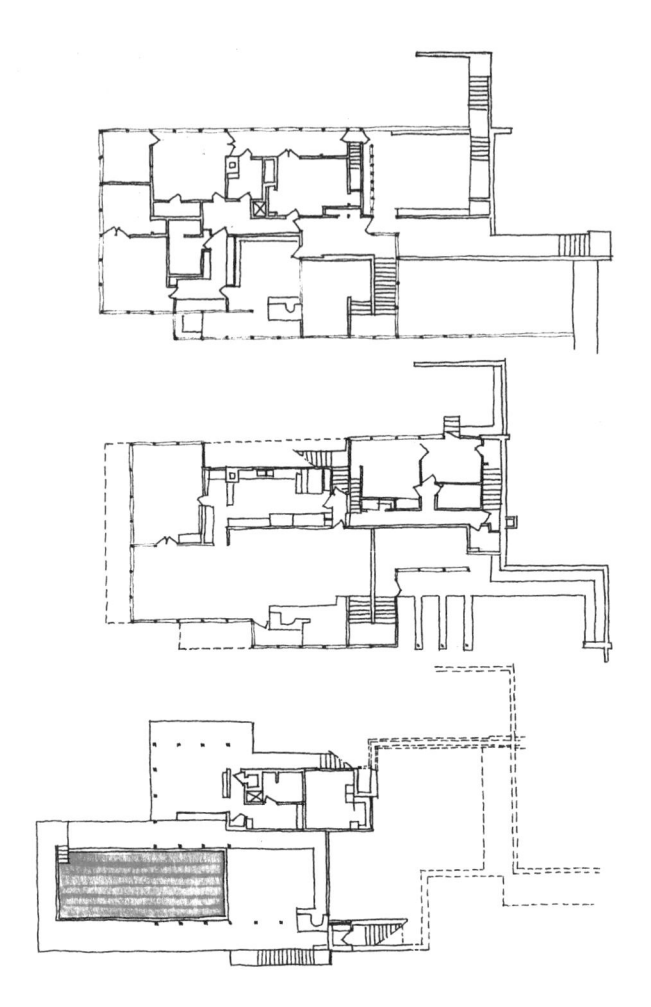

Casa Lovell, plantas pavimentos de acesso, inferior e da piscina, Los Angeles EUA. Richard Neutra, 1927. Croquis Fernanda Critelli

o escritório colaborativo para projetos não residenciais, o Architectural Group for Industry and Commerce – Agic. Até então, Neutra tinha desenvolvido apenas propostas de paisagismo para os projetos das casas How (1925), em Los Angeles, e Lovell (1922-1926), em Newport Beach.[118]

Casa de praia Lovell, Newport Beach
EUA. Rudolph Schindler, 1922-1926.
Foto Julius Shulman. Acervo © J. Paul
Getty Trust. Getty Research Institute,
Los Angeles (2004.R.10)

O campo fértil que encontrou na Califórnia teve grande impacto em sua trajetória futura. Dentro do círculo próximo de relações pessoais e profissionais do casal Schindler estavam: Aline Barnsdall e Harriet Freeman – ambas com suas casas projetadas por Frank Lloyd Wright – e o casal Philip e Leah Lovell – cuja importância na carreira de Richard Neutra vai muito além da oportunidade de construir seu primeiro projeto na América. Médico naturopata, Philip Lovell defendia a prevenção de doenças através de uma alimentação saudável e de banhos diários de sol. Segundo a escritora Lyra Kilston, além do consultório no centro de Los Angeles, o dr. Lovell mantinha uma coluna no jornal *Los Angeles Times*, onde tratava de questões de alimentação, saúde e, até mesmo, de arquitetura, com a contribuição de Rudolph Schindler.[119] A relação cliente-arquiteto entre eles gerou três frutos: uma cabana nas montanhas de Wrighwood, cujo telhado entrou em colapso na primeira nevasca; uma casa no deserto de Fallbrook, que, por um incidente, foi destruída em um incêndio; e a famosa casa de praia em Newport, para a qual Neutra ficou responsável pelo projeto paisagístico.[120]

Do outro lado, Leah Lovell e Pauline Schindler davam aulas em uma progressista e informal escola dirigida por Aline Barnsdall e projetada por Frank Lloyd Wright, como parte do complexo casa, teatro e escola construída na região do East Hollywood. Não é de se estranhar que também aqui, como parte do dia a dia escolar, os ideais de saúde de Philip Lovell tenham sido implementados:

> Uma fotografia de Leah e Pauline mostra a idílica cena em um jardim ensolarado onde elas estão em círculo e de mãos dadas com seus jovens alunos (incluindo os dois filhos do fotógrafo Edward Weston). A maior parte das crianças está descalça e vestindo apenas a roupa íntima. Não surpreendente para a mulher do Dr. Philip, o banho de sol fazia parte do currículo escolar. *Todas as aulas na área externa*, ela contou a Wright.[121]

É grande o impacto que esta onda naturalista corrente na Califórnia provocou em Richard Neutra. Com formação e experiência profissional em países cujo frio intenso obrigava arquiteturas mais fechadas, isoladas, tal contraste de clima e paisagem foi tomado por ele como uma descoberta essencial. Seus projetos passam a se abrir generosamente ao sol, às brisas e à paisagem, tirando proveito deles para melhorar a qualidade ambiental e, em decorrência, a vida dos habitantes, o que se observa já na primeira obra construída por Neutra na América, a casa de Philip e Leah Lovell no Grifith Park. Além de um experimento tecnológico inovador – o esqueleto de estrutura em aço, nunca antes usado em obras residenciais, foi erguido em apenas quarenta horas[122] –, a casa foi também uma oportunidade para Neutra traduzir para a arquitetura as ideias de saúde e bem-estar do médico naturopata. Na época de sua inauguração, segundo descreve Lyra Kilston, Lovell fez um convite público, em sua coluna no jornal, para que todos os leitores fossem visitá-la. A recepção seria coroada pelas visitas diárias guiadas pelo próprio arquiteto.[123]

Desde que se mudou para a Califórnia, Richard Neutra buscava por projetos e/ou trabalhos que o ajudassem a se estabelecer como arquiteto nos Estados Unidos e, principalmente, a sustentar sua família. Entre os empregos em grandes escritórios de arquitetura de Los Angeles e os projetos em parceria com Schindler, Neutra ambicionava dar aula. Foi assim que, para dar cabo a este sonho, fundou a Academy of Modern Art em 1925:

> Quando cheguei pela primeira vez no Sudoeste e busquei por um trabalho, pensei em dar aula. Eu queria ensinar sobre minhas buscas e convicções, mas nenhuma faculdade me aceitou. Então, em 1925, a minúscula Academy of Modern Art foi montada em uma antiga residência vitoriana e eu arranjei quatro ou cinco alunos. Harwell Hamilton Harris – então um jovem escultor – e

Gregory Ain – que havia desistido de seus estudos regulares – estavam entre eles e logo se juntaram ao meu pequeno escritório num esforço de lealdade.

Alunos de faculdades logo começaram a me dar atenção extracurricular, não ortodoxa, mas cordial, como Raphael Soriano de Rhode Island e, com o tempo, outros de lugares diferentes e em um número sempre crescente.[124]

Tal como Frank Lloyd Wright veio a fazer em 1932, quando fundou a Taliesin Fellowship[125] – ao que tudo indica, Wright começou a ensaiar esta ideia em 1929[126] –, Richard Neutra montou sua própria escola onde poderia transmitir aos jovens, muitos deles insatisfeitos com aquilo que era ensinado nos cursos regulares, as suas convicções sobre a arquitetura.[127] Curiosamente, os três maiores historiadores sobre a vida e a obra de Neutra – Esther McCoy, Thomas Hines e Barbara Lamprecht – colocaram a criação da Academy of Modern Art como uma questão secundária em suas narrativas.[128] No entanto, apesar da aparente não importância, o fato de ter montado sua própria escola, onde podia transmitir seus ideais sobre a arquitetura, levou Neutra a criar um círculo de discípulos e, portanto, se tornar capaz de influenciar uma nova geração de arquitetos. Ao mesmo tempo em que se estabelece no novo país, monta sua escola para disseminar seus ideais, torna-se *mestre* e uma referência da arquitetura moderna californiana em um curto período de tempo. Se considerarmos as palavras de Garry Stevens – "o poder simbólico, operando no campo da cultura, é usado pelas classes dominantes da sociedade para manter sua dominação"[129] –, a busca do arquiteto austríaco por um capital cultural simbólico pode ser entendida como um projeto pessoal e familiar de inserção nas esferas mais altas da sociedade norte-americana.

Outro ponto interessante de sua trajetória é o projeto para uma cidade futurista utópica, a Rush City Reformed, que desenvolveu entre os anos 1920 e 1930 – em alguns momentos, com a ajuda de seus jovens aprendizes da Academy of Modern Art. Estas ideias revolucionárias que, segundo Thomas Hines, foram organizadas em um sistema relativamente unificado,[130] colocaram Neutra lado a lado com Antonio Sant'Elia e sua Città Nuova (1914) e Le Corbusier com seu Plan Voisin (1925).

> Rush City Reformed era um crescente conjunto de estudos urbanos, sobre comunidades centrais e suburbanas, habitação e transporte, lazer e educação na figura de um prognóstico estimulante. Profetizou que a renovação urbana abrangente deveria ser levada em consideração; e, mais tarde, eu me tornaria membro e até presidente de nosso Conselho Estadual de Planejamento [...] Eles [os desenhos e ideias] foram ridicularizados por aqueles que os viram, assim como o tempo que me dedicava a seu desenvolvimento. Aproximadamente um quarto de século depois, Lewis Munford, no *The New Yorker*, graciosamente recomendou esses estudos abrangentes em constante desenvolvimento do Rush City Reformed para jovens urbanistas e arquitetos como um inicial, quase esquecido, prelúdio da renovação urbana e eu me senti gratamente recompensado. Meus amigos Harris, Ain, Soriano e muitos e muitos outros [...] assistiram ao meu então solitário esforço de ensinar, ouviram com mentes construtivas e, depois, desenvolveram estes fragmentos. Aos poucos, os pensamentos foram aprimorados e agregados ao panorama da inevitável reforma urbana, mas muito ainda é deixado para o futuro.[131]

Como fica claro na própria fala de Richard Neutra, o fato de ter desenvolvido o projeto de uma cidade futurista utópica representa, mais uma vez, o capital cultural simbólico adquirido. E, a partir do momento em que se tornou referência para seus alunos e, posteriormente, para os demais estudantes, Neutra se tornou figura dominante e capaz de influenciar novas gerações de arquitetos e urbanistas. Suas convicções e seus ideais sobre como deveria ser a arquitetura e a cidade modernas estavam, portanto, disseminados; e continuariam a ser disseminados por muitos mais anos através de palestras e livros publicados ao redor do mundo ao longo de sua trajetória. Nos termos de Harold Bloom, a influência aqui acontece de forma ativa e não deve ser tomada como uma contaminação maléfica, mas como um ato consciente de "apropriação poética".[132]

Após a publicação do livro *Wie baut Amerika?*, em 1927, e a conclusão da obra da Casa Lovell, em 1930, Richard Neutra parte para uma viagem pela Ásia e Europa. Ao aportar no Japão, foi recebido pelo casal de arquitetos Kameki e Nobu Tsuchiura – colegas de estadia e trabalho em Taliesin no ano de 1924 – e proferiu palestras em Tóquio e Osaka. A seguir, passou por Macau, Hong Kong e Singapura, viajou para a Suíça, onde se encontrou com Dione e seus dois filhos, Frank e Dion. As palestras se sucederam por onde passaram: Viena, Zurich, Praga, Hamburgo, Berlim, Colônia, Amsterdã, Roterdã, Frankfurt – onde conhece Alvar Aalto – e Basel. Nesta cidade, Neutra conhece o industrial e entusiasta de arquitetura C. H. Van der Leeuw, que o convida para visitar a Holanda e dar palestras lá; dois anos mais tarde, ele financiaria a construção da casa do arquiteto, a Casa VDL (1932), em Silverlake, Los Angeles. Na palestra em Berlim, além do reencontro com Erich Mendelsohn – com quem trabalhou de outubro de 1921 até outubro de 1923, período imediatamente anterior a seu embarque rumo aos Estados Unidos –, foi convidado por Ludwig Mies van der Rohe para dar aulas na Bauhaus, em Dessau, como professor visitante, onde ficou por cerca de um mês.

Antes de partir para Bruxelas para participar da conferência do Ciam como representante norte-americano, Richard Neutra e Mies van der Rohe discutiram como o sistema proposto pela Bauhaus poderia ser introduzido nos

Estados Unidos e como Neutra parecia ser a pessoa ideal para propagar a ideia.[133] Ao comentar o fato, Thomas Hines cita texto de Mies, publicado em inglês, exaltando a ideia – "Richard J. Neutra, o progressista arquiteto americano que deu aula de Arquitetura tanto na Bauhaus europeia quanto nos Estados Unidos, foi escolhido para desenvolver os planos preliminares de como promover na América a ideia de tal cooperação" –, para logo a seguir mencionar o fracasso da ideia – "apesar do apoio de Mies e dos subsequentes esforços de Neutra em colocar em ação a planejada união, tais desenvolvimentos foram inesperadamente cancelados por conta do aprofundamento da crise econômica na América e na Alemanha e da rápida deterioração da situação política alemã".[134]

Em meio à sua jornada como arquiteto de origem e formação austríaca que buscou compreender o clima e as formas de construção da América,[135] e adaptá-los aos conceitos da arquitetura moderna europeia que trazia consigo, Richard Neutra projetou importantes obras escolares e habitacionais, com as quais ficou nacional e internacionalmente conhecido. São algumas delas: as escolas Corona (1935) e Emerson Junior (1938); e os bairros Avion Village (1941), Hacienda Village (1942), Pueblo del Rio (1942) e Channel Heights (1941-1942). Além da questão social, estes projetos têm em comum a relação entre a arquitetura, o clima e a paisagem.

Neste ponto, é importante esclarecer que duas experiências distintas da trajetória de Richard Neutra fizeram com que ele se tornasse o candidato ideal para a missão diplomática pela América Latina. Em primeiro lugar, as questões relacionadas diretamente com sua arquitetura, ou seja, a constante busca por aprimorar a relação entre a arquitetura, a natureza e os condicionantes locais (ou melhor, a cultura do homem local e suas possibilidades tecnológicas e de materiais construtivos); e seu interesse por projetos de grande escala e de cunho social – como os conjuntos habitacionais e as escolas. E, em segundo lugar, seu envolvimento

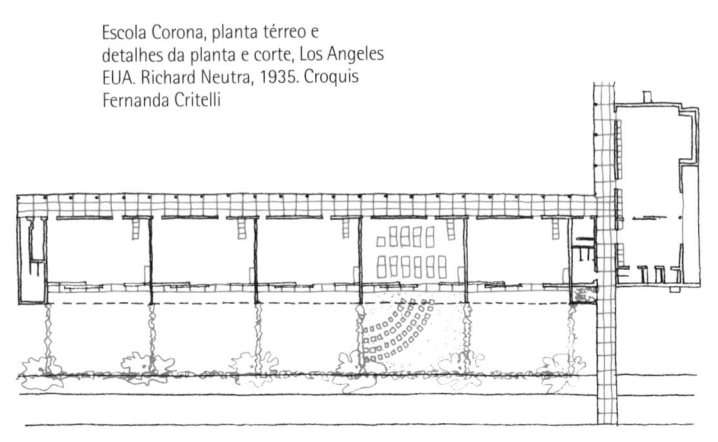

Escola Corona, planta térreo e detalhes da planta e corte, Los Angeles EUA. Richard Neutra, 1935. Croquis Fernanda Critelli

com os agentes promotores da arquitetura: neste caso, as agências federais de planejamento. Neutra trabalhou junto a quatro agências diferentes, para as quais desenvolveu projetos pontuais ou mesmo nas quais chegou a ser contratado. Aqui vale um parêntese: retomando o que foi discutido anteriormente, para superar a grave crise gerada pela queda da Bolsa de Valores de Nova York, Franklin Roosevelt foi eleito presidente em 1933 com a promessa de uma política pública mais atuante na economia. Assim, com o New Deal, o governo buscou intervir de forma a garantir a geração de empregos, o acesso à moradia e a capacitação dos jovens.

Na Works Progess Administration – WPA,[136] Neutra foi contratado em 1935 como administrador assistente, cargo que exerceu por apenas um ano. Depois disso, o arquiteto permaneceu como membro do conselho, trabalhando como empreendedor e consultor nos projetos de habitação social.[137] No mesmo período foi contratado pela National Youth Administration – NYA, onde desenvolveu alguns projetos pontuais até que, entre 1939 e 1940, passou a

99

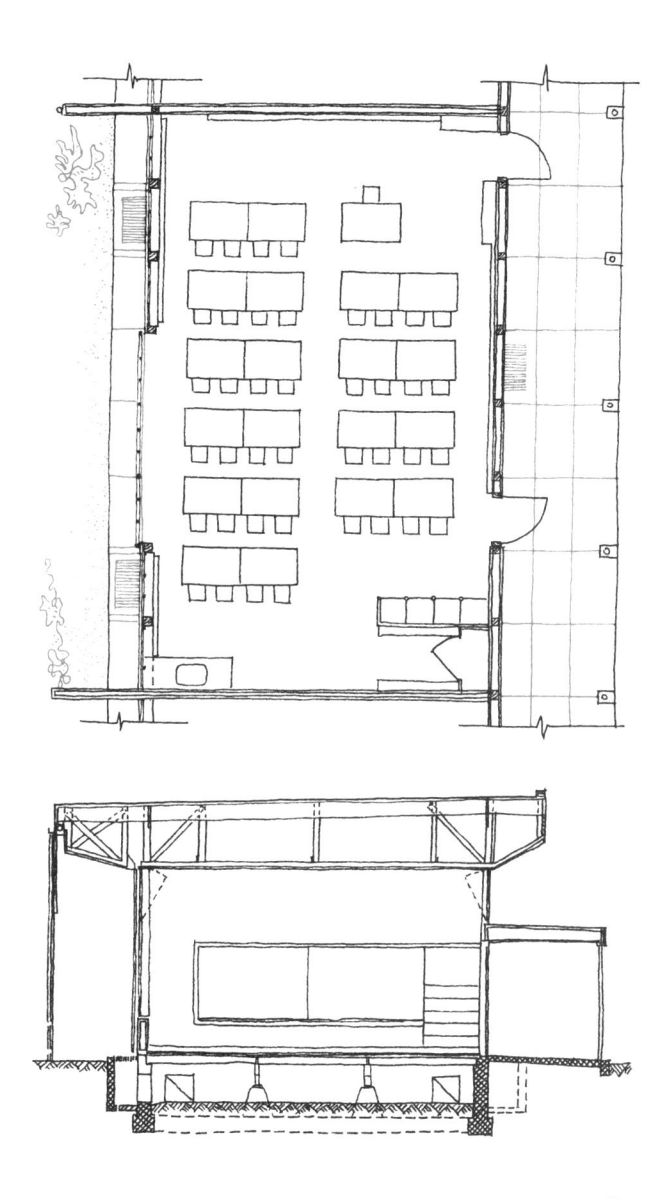

desempenhar o papel de arquiteto consultor responsável por toda a região Oeste do país. Encabeçada por Eleonor Roosevelt, esposa do presidente Roosevelt,[138] esta agência federal "proveu os jovens americanos com trabalhos temporários e treinamento para trabalhos mais permanentes. Neutra projetou diversos centros de atividades e treinamento na Califórnia".[139] Seu envolvimento em tais agências – principalmente dentro da National Youth Administration – e sua busca por garantir a qualidade arquitetônica, mesmo nos projetos temporários ou emergenciais, foram cruciais para que fosse selecionado nos demais projetos governamentais. A começar pela California State Planning Board, tais experiências fizeram de Neutra o candidato ideal para ocupar o corpo de conselheiros e, posteriormente, no período de 1939 a 1941, o cargo de presidente.[140] Richard Neutra desenvolveu também projetos pontuais para a Federal Works Agency – os bairros Avion Village em Grand Praire, no Texas, e Channel Heights em San Pedro, na Califórnia – e para a Los Angeles Housing Authority – os bairros Hacienda Village e Pueblo del Rio, ambos em Los Angeles.[141]

Em 1943, foi contratado como professor visitante na cadeira de projeto no Bennington College, uma escola progressista só para mulheres em Vermont, no Estado de Nova York.[142] E, em fevereiro de 1944, assumiu o cargo de Diretor de Projeto[143] do Comitê de Projeto de Obras Públicas organizado pelo governador de Porto Rico, Rexford Guy Tugwell.[144] Estado livre associado aos Estados Unidos desde a Guerra Hispano-Americana em 1898, Porto Rico sofria com problemas econômicos e sociais, que vinham sendo tratados com total indiferença pelo governo norte-americano[145] – que, aliás, era responsável por nomear o governador. A intensificação da crise gerada pela iminência da Segunda Guerra Mundial fez de Porto Rico um ponto fraco na imagem de *bons vizinhos* que os norte-americanos tentavam passar para a América Latina.

Evidentemente, Porto Rico conotava o fracasso da administração colonial estado-unidense, porém, no momento bélico, era mais importante para a política internacional dirigida à América do Sul que a ilha demonstrasse os benefícios do apoio norte-americano. Deste modo, Porto Rico se convertia em laboratório ou, nas palavras de Tugwell: um bom local de teste para as intenções americanas.[146]

Uma matéria publicada em março de 1945 na revista *Architectural Forum* corrobora a afirmação de Luz Marie Rodríguez López, acima transcrita. Segundo a reportagem, a ilha de Porto Rico está estrategicamente localizada entre os dois hemisférios e, portanto, tornara-se a cobaia latino-americana das experiências políticas, culturais, sociais e econômicas dos Estados Unidos. "O que acontece em Porto Rico pode responder às questões de todos os países latino-americanos em torno do Caribe, assim como das colônias britânicas e holandesas no hemisfério".[147] Assim, em maio de 1943, o governador Tugwell aprovou a lei que estabeleceu a criação do Comitê de Projeto de Obras Públicas. Agência de cunho emergencial, o comitê "recorreria aos processos e técnicas modernos para projetar – na escala das massas – obras funcionalistas que enfatizassem a economia no desenho e nos espaços".[148]

O objetivo inicial desse comitê era criar um sistema tipológico de ideias, produtos e processos arquitetônicos, como um catálogo de modelos a serem desenvolvidos na ilha. A ideia é que ele servisse também como um centro de treinamento para os porto-riquenhos em técnicas modernas de projeto e planejamento de edifícios governamentais; tratam-se de conhecimentos já desenvolvidos e comprovados no exterior e que poderiam ser implantados em Porto Rico sem o caráter experimental. Além disso, o arquiteto que assumisse o cargo de Diretor de Projeto poderia gerar os esquemas preliminares diretamente na ilha ou nos Estados Unidos.[149]

Em setembro de 1943, os membros do comitê discutiram a possibilidade de contratar Richard Neutra para assumir o cargo de Diretor de Projeto, que aconteceria por um prazo de doze meses, dadas suas experiências anteriores com projetos escolares e habitacionais em larga escala.[150] No entanto, em dezembro daquele ano, impasses com a negociação levaram o comitê a cogitar os nomes de Eero Saarinen, Vernon DeMars, Walter Gropius e Eliel Saarinen para o cargo de consultoria em desenho.[151] A contratação oficial de Neutra ocorreu em 18 de fevereiro de 1944, através de carta enviada por Rafael Picó, presidente do Comitê de Obras Públicas de Porto Rico. Luz Marie Rodríguez aponta que as minutas das reuniões do comitê comprovam a presença do arquiteto em Porto Rico em novembro de 1943, de fevereiro a março de 1944 e, depois, de maio a junho do mesmo ano. Segundo ela, a "Junta do Comitê de Desenho decidiu dispensar os serviços de Neutra uma vez que encerrasse seu contrato em fevereiro de 1945",[152] mas seus estudos arquitetônicos continuaram a se difundir, principalmente, através de seu livro *Arquitetura social em países de clima quente* (1948) e do livro *Tropical Architecture* (1956), dos ingleses Maxwell Fry e Jane Drew.

Durante o período em que assumiu o cargo de Diretor de Projeto – mais tarde renomeado para Arquiteto e Consultor –, Richard Neutra desenvolveu diversos projetos de escolas, habitações, centros de saúde e hospitais para áreas rurais e urbanas. No entanto, segundo o relato feito pelo arquiteto para o governador Rexford Tugwell em abril de 1944, ele não encontrou tanta receptividade por parte dos arquitetos quanto dos engenheiros, "o que é, afinal, compreensível se você considerar o trabalho anterior deles e a minha abordagem com os problemas de projeto".[153] Neutra enfrentou também oposição do Colégio de Engenheiros e Arquitetos de Porto Rico, cujos representantes se reuniram com os membros do Comitê de Desenho de Obras Públicas para expor sua posição contraria à contratação de profissionais estrangeiros, afirmando que esta atitude ia contra os objetivos iniciais do comitê de geração de novos empregos para atender à comunidade local.[154] Apesar dos conflitos internos, o historiador Thomas Hines afirma que, ao longo da década de 1940, Neutra manteve contato com seus antigos associados a fim de se inteirar sobre o desenvolvimento dos projetos.

> De fato, apesar das rivalidades internas no seu escritório porto-riquenho, os ocasionais ressentimentos locais por seu status de *forasteiro* e das inevitáveis alterações em seus projetos conforme eles foram sendo construídos nos anos seguintes, Neutra tinha motivos para se alegrar com suas conquistas porto-riquenhas. Ao longo da década de 1940, ele manteve contanto com seus antigos associados sobre o desenvolvimento da ilha.[155]

Dos projetos desenvolvidos por Neutra para Porto Rico – e que posteriormente viriam a compor o livro *Arquitetura social em países de clima quente*, publicado em São Paulo –, pouco se sabe sobre aqueles que viriam realmente a ser construídos. No livro, aparecem fotos da Escola Modelo Sabana Llana, em Rio Piedras, com portas pivotantes horizontais,[156] mesma escola que, no livro de Thomas Hines, aparece em uma foto com o governador Tugwell em primeiro plano e, no fundo, a sala de aula aberta para o pátio, com alunos e professores interagindo.[157] O livro de Barbara Lamprecht, *Richard Neutra: Complete Works*, além desta escola, traz fotos da escola urbana de Paraíso.[158] Em seu relato de viagem "Encontros porto-riquenhos", Raymond Neutra, filho mais novo de Richard e Dione Neutra, classifica assim as obras do pai em Porto Rico: a Escola Urbana na cidade Paraíso e outras obras projetadas por Neutra, mas que sofreram alterações ao longo dos anos; obras projetadas por Neutra e construídas após a publicação do livro *Arquitetura social*; obras não projetadas por Neutra, mas que têm sua influência.[159]

A importância deste trabalho do arquiteto em Porto Rico para a construção da imagem dos Estados Unidos internacionalmente foi, com certeza, crucial para sua escolha como representante/mensageiro da boa vontade. A trajetória de Richard Neutra até aquele momento – e ao longo de toda sua carreira profissional – evidencia um arquiteto preocupado com as questões sociais, econômicas, tecnológicas e ambientais da arquitetura, temas centrais nas discussões políticas da época.

Retomando a análise de Ron Robin, o programa de construção de embaixadas, do qual o então presidente Franklin Roosevelt era o principal mentor, buscava expressar, através da arquitetura, uma sociedade moderna, totalmente à vontade com a tecnologia e atenta ao meio ambiente.[160] Obviamente, este interesse se estendia para todos os esforços da política externa da época: dentre eles, o trabalho como consultor de obras públicas de Porto Rico e a viagem de reconhecimento pela América do Sul, ambos desempenhados por Richard Neutra.

No entanto, o objetivo deste livro é evidenciar que, apesar do mote principal da missão ser ensinar sobre a boa arquitetura e urbanismo modernos, Neutra também aprendeu com as lições latino-americanas. A visão unidirecional – *de lá para cá* – da historiografia canônica geral e sobre o arquiteto não dá espaço para a compreensão da rede de relações mantidas pelo arquiteto com a América Latina. Além disso, a reserva que a academia tem com o termo *influência* prega a noção de que apenas os arquitetos mais fracos, menos originais, se deixam influenciar. Ao contrário deste entendimento, a análise deste livro irá mostrar que, tal como as relações, as influências ocorrem em rede e são um ato consciente de um arquiteto em constante transformação.

Richard Neutra, que como bem disse Barbara Lamprecht, "observou empiricamente por toda sua vida",[161] tinha consciência da necessária transformação do arquiteto, atendendo às demandas econômicas, ambientais e tecnológicas do cliente, do momento histórico e do local onde está construindo. Assim, sua relação com a América Latina, que teve início com a viagem de reconhecimento sob os auspícios do Departamento de Estado, foi muito frutífera para ele e para nós.

Channel Heights, San Pedro EUA. Richard Neutra, 1941-1942. Foto Julius Shulman. Acervo © J. Paul Getty Trust. Getty Research Institute, Los Angeles (2004.R.10)

Arquiteto e mensageiro da boa vontade

Richard e Dione Neutra desembarcando no aeroporto de São Paulo, 1945. Foto Gregori Warchavchik. Acervo Família Warchavchik

> *Sob os auspícios do Departamento de Estado norte-americano e com o convite de diversos governos, associações de urbanistas e arquitetos, e universidades da região, Neutra passou vários meses em estudos, consultorias, discussões, entrevistas e palestras na América Latina. Os temas foram habitação, hospitais e centros de saúde, construções, escolas em áreas urbanas e rurais, o planejamento físico das cidades e regiões.*
> Neutra in Latin America. Raw Material for Editorial Introductory Remarks[162]

Conforme visto anteriormente, a Divisão de Relações Culturais do Departamento de Estado norte-americano era responsável por coordenar os programas a longo prazo voltados para a América Latina. Tais programas, que teriam continuidade no segundo pós-guerra, tinham como objetivo divulgar a imagem dos Estados Unidos como um *bom vizinho* empenhado em promover a solidariedade hemisférica. Dentre eles, faziam parte o intercâmbio de pessoas influentes e as formas de demonstrar o interesse pelo bem-estar do continente como um todo. Foi dentro desta política e deste departamento que Richard Neutra foi convocado para realizar uma viagem de reconhecimento pelas "outras repúblicas americanas". Viajando de avião e, em alguns trechos, de trem, Neutra percorreu a América do Sul entre outubro e novembro de 1945.

Os documentos coletados no acervo *Neutra Collection* da UCLA, o artigo publicado em 1946 na revista *Progressive Architecture*, "Observations on Latin America" e a pesquisa nos principais jornais brasileiros da época indicam os países e algumas das cidades por onde Neutra passou, os locais que visitou, as palestras, conferências e eventos sociais para os quais foi convidado. O objetivo da viagem era demonstrar cooperação com as autoridades e arquitetos locais, auxiliando-os em questões de planejamento urbano e de projetos de habitação social, hospitais e escolas.[163] Consultoria muito semelhante àquela dada ao governo porto-riquenho, mas agora, de forma colaborativa, sem o cargo oficial. O fato histórico do arquiteto austríaco radicado nos Estados Unidos atuar como um agente da boa vontade no segundo pós-guerra é o ponto de partida para o estudo de sua relação com os arquitetos e paisagistas latino-americanos; ele é o motivo inicial, mas não a razão final. Como será visto ao longo deste livro, os laços estabelecidos neste momento se desdobraram de diversas formas nos diferentes países visitados – publicações, visitas futuras, trabalhos em colaboração –, impulsionados pelo interesse e admiração mútuos.

Da mesma forma que Walt Disney havia feito três anos antes, Neutra percorreu os países sul-americanos a bordo de um avião da Pan American Airlines, empresa que, segundo Jenifer Van Vleck, foi a companhia aérea exclusiva dos Estados Unidos em viagens internacionais até 1945.[164] A missão de Disney tinha impacto direto nas questões de defesa norte-americana, uma vez que era focada na propaganda e na aproximação cultural entre os países do continente em meio à guerra. Por isso, foi gerenciada diretamente pelo Escritório do Coordenador de Assuntos Interamericanos, diferentemente da missão de Neutra, que aconteceu sob os auspícios do Departamento de Estado. É importante ter em mente que, da mesma forma que a construção de novas embaixadas era um meio dos norte-americanos se projetarem como potência, a consolidação e expansão de suas linhas aéreas internacionais garantiu o acesso aos mercados estrangeiros e facilitou a influência cultural e as futuras intervenções militares. Conforme afirma Van Vleck:

> O discurso sobre a aviação moldou, então, as políticas, estratégias e ideias que impulsionaram a supremacia dos Estados Unidos como uma potência mundial. [...] Conforme os aviões transportavam o povo e os produtos americanos para lugares agora não mais distantes, a *lógica do ar* tornou-se a lógica óbvia de um tipo de

império americano – um império baseado, essencialmente, não no controle direto de território, mas no acesso a mercados, na influência cultural e ideológica, e nas frequentes intervenções militares em outros países, tudo facilitado pelos aviões. A aviação criou e legitimou uma nova ordem internacional na qual o próprio poder era definido, cada vez mais, em termos extraterritoriais, consistente com os objetivos da política externa dos Estados Unidos.[165]

Segundo Dione Neutra, em entrevista a Lawrence Weschler como parte do Programa de História Oral da Universidade da Califórnia em Los Angeles, o convite para a missão de reconhecimento pela América do Sul foi feito pelo Departamento de Estado a Richard Neutra ainda em 1944,[166] mas não foi possível identificar a data exata. No entanto, documentos encontrados no acervo *Neutra Collection* mostram que, já em junho de 1945, o arquiteto tinha consigo uma lista com nomes e endereços de pessoas com quem se encontraria no Peru, Chile, Rio de Janeiro e em São Paulo. São eles, respectivamente: o peruano Emilio Harth-Terré (1899-1983), arquiteto e urbanista em Lima; os arquitetos chilenos Emilio Duhart (1917-2006) – atuante em Santiago e mestre pela Harvard Graduate School, onde foi aluno de Walter Gropius (1883-1969) – e Sergio Larraín García-Moreno (1905-1999); os arquitetos brasileiros Oscar Niemeyer (1907-2012), Marcelo Roberto (1908-1964), Milton Roberto (1914-1953), Maurício Roberto (1921-1996), Henrique Mindlin (1911-1971) e Rino Levi (1901-1965); e o pintor, escritor e crítico de arte brasileiro, Sérgio Milliet (1898-1966).[167] Em 12 de setembro de 1945, o Consulado do Brasil em Los Angeles expediu o visto para que Neutra pudesse entrar no país.[168]

Tais documentos também revelam um pouco do processo de organização da viagem e das palestras aqui ministradas: em correspondência sem data, o arquiteto uruguaio Eduardo Barañano – que, naquele momento, lecionava na

Universidade de Princeton – informou que já havia entrado em contato com o arquiteto Daniel Rocco, diretor da Faculdade de Arquitetura de Montevidéu, e com a sra. Muller, chefe da Divisão Cultural do Departamento de Instrução, solicitando cartas-convite para que Neutra ministrasse palestras lá;[169] também, em telegrama enviado no dia 15 de agosto de 1945, Ruben Saslavsky informou Neutra que ele receberia em breve uma carta da Escola de Arquitetura da Universidade de Buenos Aires convidando-o para palestra.[170] Além dos convites, em 9 de setembro daquele mesmo ano, Richard Neutra enviou uma carta para Charles W. Collier, representante da Administração de Ajuda e Reabilitação das Nações Unidas (United Nations Relief and Rehabilitation Administration), na qual, ao que tudo indica, solicitou ajuda e dicas para a organização da viagem, com especial foco para a Bolívia.[171]

Collier, que também era arquiteto, havia sido diplomata de Relações Culturais em La Paz e, por isso, tinha conhecimento e as informações necessárias para organização das palestras e do roteiro de viagem na Bolívia. Também colocou Richard Neutra em contato com uma antiga professora de arquitetura na Universidade de La Paz, para que ela lhe passasse os nomes e endereços dos arquitetos com quem deveria se encontrar no país. Na carta, Charles Collier adotou uma postura de crítica severa à arquitetura boliviana:

> Na minha opinião, a arquitetura contemporânea na Bolívia tem muito mais a aprender com você do que você com ela. Francamente, eu não acredito que exista um único arquiteto boliviano de primeira linha, também não vi nenhuma arquitetura contemporânea de qualidade naquele país. Arquitetos que têm o ponto de vista certo não têm habilidade, ou vice-versa. [...] A grande vergonha disto é que a repulsa contra os métodos tradicionais de construção e projeto é tão grande nestes países que eles estão no processo de demolir totalmente

suas arquiteturas históricas, tanto as boas quanto as más, e as estão substituindo por casas modernistas de má qualidade e mal construídas, que nada somam. Sem dúvida, com o passar do tempo, os arquitetos irão evoluir além do estágio em que se encontram e produzirão melhores trabalhos, mas, até lá, a maioria das antigas e bonitas construções estarão arruinadas. Você verá o que eu quero dizer quando chegar em La Paz, um exemplo gritante de destruição com nada substituindo.[172]

Mais à frente, continua a carta sugerindo a Neutra que, em suas palestras na Bolívia, Peru, Equador, repúblicas da América Central e México – mas não no Brasil, Uruguai, Chile ou Argentina –, tratasse sobre a diferença entre arquitetura funcional e *modernista* e sobre o uso de materiais tradicionais na arquitetura moderna.[173] O que fica claro na leitura deste material é que Richard Neutra se preparou ao longo de meses para esta viagem: buscou se informar sobre quais cidades visitar e com quais arquitetos se encontrar; e, também, organizou o maior número possível de palestras e conferências. Mas, principalmente, fica evidente a abrangência e os objetivos da missão diplomática com a qual colaborou: enviar para a América Latina um arquiteto respeitado nos Estados Unidos e que demonstrasse genuíno interesse pelas questões sociais, climáticas e de planejamento urbano, para que se tornasse consultor em projetos de iniciativa pública, compartilhasse seus conhecimentos e reportasse de volta ao Departamento de Estado aquilo que viu e com quem conversou.

Esta não foi, no entanto, a única coisa que Neutra fez. A partir da organização inicial da viagem – feita ainda nos Estados Unidos –, o arquiteto foi ampliando seu leque de contatos conforme encontrou aqui interlocutores para discutir as questões que o interessavam. Este fato ficará ainda mais claro nos próximos capítulos, onde serão destrinchadas as relações estabelecidas na América Latina, mas já é possível perceber neste ponto os *dois Neutras* que para cá vieram: o agente mensageiro da boa vontade em missão diplomática, imbuído de promover a solidariedade hemisférica através das questões sociais e funcionais da arquitetura e do urbanismo; e o arquiteto renomado, experiente e muito interessado no constante aprimoramento da arquitetura em suas relações com a natureza e os condicionantes locais (materiais e tecnologia da construção, clima e costumes da sociedade).

A viagem de reconhecimento pela América do Sul, em 1945, foi a primeira vez em que Neutra trabalhou diretamente com o Departamento de Estado norte-americano. Suas experiências anteriores nas agências federais (Works Progess Administration, National Youth Administration, California State Planning Board e Federal Works Agency) e o trabalho como consultor no Comitê de Projetos de Obras Públicas de Porto Rico – também um programa sob os auspícios do Departamento de Estado – foram cruciais para que fosse selecionado nesta missão diplomática. Dione Neutra, em entrevista a Lawrence Weschler, comentou que a viagem trouxe rapidamente ao casal a percepção de como funcionava a política externa do país em que viviam naquele momento: "Nós percebemos muito cedo que nosso Departamento de Estado estava interessado em apoiar os empresários que estavam lá, os interesses de negócio; mas qualquer movimento onde as pessoas tentassem se erguer sozinhas era considerado comunismo".[174]

Aquela pode ter sido a primeira vez em que Richard Neutra trabalhou diretamente com o Departamento de Estado norte-americano, mas, ao que tudo indica, não foi a primeira vez em que se envolveu com programas organizados pelo governo dos Estados Unidos. Em carta de 9 de dezembro de 1941, Jacob Crane, Coordenador Assistente da Divisão de Coordenação de Habitação de Defesa – dentro do Escritório para Administração Emergencial do Escritório Executivo do Presidente –, informou Neutra que, com a ajuda do Escritório do Coordenador de Assuntos Interamericanos, estava organizando a visita aos Estados Unidos e a Porto Rico de um ou mais representantes de cada uma das "outras repúblicas Americanas", onde participariam de um tour de estudo de habitação. O projeto ainda estava em fase de estruturação, mas, segundo Crane afirmou, Neutra seria avisado quando tudo estivesse organizado.

> Nós estamos tentando organizar a vinda de um ou mais representantes de cada uma das outras repúblicas Americanas para este país e para Porto Rico em abril, numa espécie de Tour de Estudo de Habitações. O Escritório do Coordenador de Assuntos Interamericanos está analisando o projeto e, provavelmente, irá nos ajudar a financiá-lo. Os patrocinadores oficiais para este fim são a Sra. Dorothy Rosenman, Presidente do Comitê Nacional em Habitações Emergenciais, Coleman Woodbury, Diretor Executivo da Associação Nacional de Habitações para Oficiais, e o governador Tugwell de Porto Rico. [...] Os representantes irão, provavelmente, visitar inúmeras cidades no Leste dos Estados Unidos. Eles provavelmente visitarão Porto Rico. Acredito que alguns vão querer fazer tours mais extensivos nos Estados Unidos.[175]

As circunstâncias desta carta são curiosas: no acervo *Neutra Collection* da Biblioteca de Coleções Especiais da Universidade da Califórnia em Los Angeles, ela está catalogada sob a temática do Ciam (Professional Papers, Congres Internationaux d'Architecture Moderne); e, no corpo da carta, Jacob Crane comentou a proposta do governo norte-americano de levar os representantes latino-americanos para Porto Rico em uma viagem de estudos sobre habitação. Apesar do texto da carta citar um congresso, sem especificar exatamente de qual se tratava – portanto, sem dar uma confirmação exata de se tratar ou não de uma correspondência relacionada ao grupo –, sabe-se que Neutra estava listado como representante norte-americano no Ciam desde a sua fundação em La Sarraz, além de ter sido nomeado, em 1943, como presidente da Secção de Nova York de Reabilitação e Planejamento Pós-Guerra – uma tentativa, iniciada por Sigfried Giedion (1888-1968) em 1939, de trazer o Ciam para a América.[176] Também é curioso o fato de Crane, arquiteto responsável pelo projeto urbano de Greendale, Wisconsin,[177] já em 1941, propor Porto Rico como um dos pontos do roteiro deste tour de estudo. Isto porque, segundo a pesquisa desenvolvida por Luz Marie Rodríguez, a Junta de Planejamento – que constituiu o Comitê de Desenho de Obras Públicas em 1944, e que foi responsável pelo surto modernizador e pelos projetos de habitação, escolas e hospitais –, foi criada pelo governador Rexford Guy Tugwell apenas no ano seguinte, em 1942.

Não foi possível estabelecer com clareza as reais circunstâncias desta carta, mas é possível que novos dados sejam encontrados em pesquisas futuras e que possam ajudar a esclarecer este fato. O que se sabe, no entanto, e que talvez possa contribuir no entendimento das circunstâncias da correspondência entre Jacob Crane e Richard Neutra antes mesmo da viagem de reconhecimento pela América do Sul, é que tanto Richard quanto Dione Neutra – possivelmente, da mesma forma que os arquitetos Wallace Harrison[178] e Buckminster Fuller[179] – acreditavam na Política da Boa Vizinhança como uma maneira de fortalecer o continente americano e na importância do papel dos arquitetos neste cenário. Na resposta à pergunta de Lawrence Weschler – "Politicamente, em termos de política nacional, política internacional, qual de vocês foi a pessoa da família que se mantinha atualizado?" –, Dione Neutra deixa claro seu engajamento:

> Ah, já te disse que era sempre eu quem preenchia a cédula de voto dele.[180] E nós estávamos muito entusiasmados com Roosevelt. Eu entrei para a Liga das Mulheres Votantes e fiquei muito interessada, por exemplo,

nas questões da comunidade negra. [...] Eu acho que nós éramos americanos muito entusiasmados.[181]

Posteriormente à viagem de reconhecimento pela América do Sul, o Departamento de Estado norte-americano contratou Richard Neutra para desenvolver outros dois projetos: a Embaixada dos Estados Unidos em Karachi (1955-1959), no Paquistão, e o Centro de Visitantes do Lincoln Memorial Museum (1958-1961), em Gettysburg. No entanto, seu envolvimento com os programas governamentais, em especial aqueles relacionados ao desenvolvimento de habitações de baixo custo e de rápida montagem, não se encerrava aí. Outro documento curioso encontrado no acervo *Neutra Collection* é uma carta, datada de 4 de fevereiro de 1943, de John B. Blandford Jr., administrador da Agência Nacional de Habitação, para R. J. Thomas, presidente da União Internacional (UAW CIO). Nela, Blandford comentou seu interesse em conhecer as experiências de Richard Neutra nas Casas Diatom.

> As sugestões do Sr. Neutra com relação à terra diatomácea são muito interessantes. Nós estamos familiarizados com seu uso como um agregado do concreto, mas não tivemos a experiência com a composição Diatom à qual o Sr. Neutra se refere.[182]

Para entender o conteúdo ao qual esta carta se refere é necessário um parêntese. Da mesma forma que a Rush City Reformed era para Richard Neutra um exercício teórico de planejamento urbano e uma experiência para seus próprios projetos, as Casas Diatom foram experiências teóricas em habitação de baixo custo desenvolvidas ao longo dos anos 1920 e 1930.[183] Conforme afirma a historiadora Barbara Lamprecht, "Neutra veio para o Oeste em busca de novas tecnologias"[184] e, em um período de depressão econômica seguido de guerra, a busca trouxe consigo o objetivo de criar formas rápidas e baratas de construção de habitações de interesse social. Neutra usava uma composição de chapas metálicas dobradas (desde a fundação e estrutura até os fechamentos) e placas de uma argamassa produzida a partir de terra diatomácea – um material similar à argamassa de concreto leve – para o isolamento térmico.[185]

A estrutura das Casas Diatom seguia o modelo daquilo que Richard Neutra descreveu – em seu livro publicado em Viena, em 1930, *Amerika – Die Stilbildung des neuen Bauens in den Vereinigten* [América – o desenvolvimento do estilo da construção moderna nos Estados Unidos] – como a promessa da construção civil norte-americana: a tenda de circo que, segundo ele, "preenchia todas as exigências de leveza em construção".[186]

> O fato de a maior parte dos componentes da construção, tal como cobertura e cabos, aparecerem na sua mera condição de tração e de possuírem por isso cortes transversais mínimos, confere à tenda um exemplo para os nossos tempos ainda num outro sentido, o qual nos preocupa de verdade, que é considerar-se a leveza como um mandamento em construção.[187]

O uso da estrutura em forma de tenda de circo está presente também no trabalho de Richard Buckminster Fuller. O projeto da Dymaxion Deployment Unit – DDU, desenvolvido entre 1941 e 1944, era parte de um projeto humanitário maior idealizado por Fuller – Casa para todos – e fora financiado pelo Exército dos Estados Unidos. O arquiteto norte-americano, que, segundo Roberto Segre, advogava pelo uso da tecnologia e dos avanços científicos como forma de melhorar a qualidade de vida das pessoas,[188] assumiu, durante a Segunda Guerra, o cargo de Assistente Especial do Vice-Diretor da Administração de Economias Estrangeiras. Com seu protótipo de casas DDU, defendia que, além de serem resistentes, desmontáveis e passíveis de serem produzidas em massa, eram à prova de balas e incêndio, isoladas termicamente e econômicas em termos de custo e uso de materiais.[189] Fuller acreditava que as unidades DDU eram de grande valia também nas bases aéreas que os Estados Unidos, naquele momento, vinham construindo em pontos estratégicos do continente americano – caso, por exemplo, da Base Aérea Parnamirim Field, no litoral Nordeste do Brasil.

> É minha opinião que, na construção de nossas bases aéreas, as Dymaxion Houses poderiam ser erguidas no local, economizando assim borracha, gasolina etc. no transporte. Após finalizada a construção, elas podem ser usadas como moradia para os funcionários. [...] Após a guerra, o reuso destas casas pela população desprivilegiada é um importante ganho.[190]

Neutra, da mesma forma que Buckminster Fuller e muitos outros – tais como Charles (1907-1978) e Ray Eames (1912-1988), Eero Saarinen (1910-1961), Julius Ralph Davidson (1889-1977), Rodney Walker (1910-1986) e Ralph Rapson (1914-2008), para citar apenas alguns –, acreditava na pré-fabricação como uma resposta lógica à demanda da arquitetura, principalmente naquele momento de crise econômica e conflito mundial. No caso das placas de terra diatomácea prensada, Neutra defendeu-as até o final da década de 1950 como um sistema estrutural barato e superior ao concreto.[191] O desenvolvimento destes protótipos de casas pré-fabricadas e de baixo custo não se limitou, no entanto, aos programas governamentais. Em 1945, John Entenza (1905-1984), editor da revista californiana *Arts & Architecture*, criou o programa Case Study House, uma série de protótipos modernos e experimentais de habitações de baixo custo.

Lançado pela primeira vez na edição de fevereiro da revista com o projeto não construído de Julius Ralph Davidson, o programa era visto por Entenza como um esforço de "proporcionar ao público e à indústria da construção modelos de baixo custo para habitações segundo o idioma moderno, com base na previsão do crescimento da construção como algo inevitável depois da dramática escassez de casas durante os anos da depressão e da guerra".[192] A participação de Richard Neutra neste programa aconteceu em três momentos distintos: em 1945, com a Case Study House – CSH número 6 Ômega, não construída; em 1946, com a CSH 13 Alpha, também não construída; e em 1947-1948, com a CSH 20, construída em Chautauqua Boulevard, Pacific Palisades.[193]

Voltando às questões sobre a viagem de reconhecimento, com todos os preparativos prontos, Richard Neutra embarca, em outubro de 1945, no voo que o levaria para as repúblicas da América do Sul. A primeira cidade visitada foi Guayaquil, no Equador, onde foi obrigado a dedicar muito pouco tempo, dadas as prioridades estabelecidas para a viagem. Mesmo assim, pôde se encontrar com o sr. Reed,[194] oficial à serviço do Office of the Coordinator of Inter-American Affairs – OCIAA e, com ele, visitou obras do Estádio, Assembleia do Povo e Museu. Em seguida, partiu para o Peru, onde foi recepcionado no aeroporto pelo arquiteto Emilio Harth-Terré – que, na época, atuava como chefe do Departamento de Estudos Urbanos, Ministério do Fomento – e, juntos, visitaram a região metropolitana de Lima, Callao, San Miguel, Madalena, San Isidro, Miraflores e Rimac. Segundo comentário que consta no relatório, Richard Neutra acreditava que as medidas de planejamento adotadas pelos urbanistas peruanos na época não pareciam adequadas ao rápido crescimento metropolitano, em especial com relação à preservação do patrimônio histórico.

Além de jantares e recepções sociais, Neutra proferiu duas palestras para os estudantes da Universidade Nacional de Engenharia e outra, mais formal, realizada no Salão dos Artistas Amadores Afisionados e cujo tema foi "Futuro metropolitano de uma cidade com grande herança histórica"

("*Metropolitan Future of a City with Great Historical Heritage*"). Sobre esta palestra, afirmou:

> Propus a preservação dos verdadeiros monumentos do passado através de todos os meios disponíveis, mas honrá-los mantendo-os protegidos contra as más imitações e vizinhanças falsificadas, que só trariam a sombra da dúvida sobre sua autenticidade e genuinidade.[195]

No Peru, Richard Neutra também visitou as cidades Arequipa – onde se reuniu com os arquitetos e engenheiros da companhia *Southern Peruvian Railroads* e com os representantes do OCIAA – e Cuzco – onde se encontrou com os oficiais do Consejo Nacional de Conservación de Monumentos Historicos y Archeologicos. Dali, viajou de trem até a Bolívia e, na fronteira entre os dois países, foi recepcionado por uma comitiva liderada por Emilio Villanueva, diretor da Faculdade de Arquitetura da Universidade de La Paz, que com ele seguiram viagem até a capital. Lá, proferiu duas palestras para os estudantes e professores de arquitetura, com o tema "Relatório sobre as faculdades de arquitetura norte-americanas" ("Report on U.S. Colleges of Architecture"); e outra destinada ao público em geral, que aconteceu na Biblioteca Municipal, com o tema "Conflitos entre tradição e desenvolvimento moderno" ("Conflicts of Tradition with Modern Development").

Segundo Neutra:

> La Paz, parte devido a suas características fisiográficas particulares de um estreito mas muito pitoresco local, e parte pela especial habilidade de três ou quatro profissionais assessorados por outros também competentes, pode tornar-se um dos mais interessantes casos de planejamento e projeto. Não menos importante, o Departamento de Parques, cujos projetos ambiciosos tomaram um início visível, também deve ser apreciado.[196]

A seguir, começou a parte da viagem mais estimulante, quando pôde encontrar arquitetos mais preparados e obras arquitetônicas mais qualificadas. Da Bolívia, seguiu de avião para a Argentina e, em Buenos Aires, realizou quatro palestras – segundo afirmou, com público significativo, apesar do caráter não-oficial de sua visita, dada a não cooperação política com o governo argentino e pelo fechamento da universidade. A primeira delas aconteceu no escritório da Editora Sur e teve como tema de discussão "Os possíveis valores de um visitante desconhecido" ("The Possible Values of the Strange Visitor"), assunto que causou polêmica em vários jornais. De acordo com o comentário de Richard Neutra, estas críticas construtivas trazidas pelos arquitetos e urbanistas locais muito o inspiraram.

A segunda palestra aconteceu na casa de Victoria Ocampo – escritora e intelectual argentina muito próxima a Jorge Luis Borges – e, ancorado por slides coloridos, Neutra debateu sobre a questão dos possíveis "Clientes dos arquitetos e urbanistas" ("The Clients of the Planner and Architect"), incluindo agências governamentais e suas demandas de habitação social. Uma terceira conferência ocorreu na sede da Sociedade Central dos Arquitetos e teve como tema "Os materiais de hoje e de amanhã" ("The Materials of Today and Tomorrow"). E, por fim, a quarta palestra, que se realizou na Sala de Francia de los Amigos del Arte, discutiu sobre os "Determinantes socioeconômicos do projeto" ("Socio Economic Determinants of Design"). Além destas quatro conferências e das reuniões sociais, Richard Neutra encontrou-se com um grupo de aproximadamente quarenta estudantes com quem conversou sobre a "Iniciativa popular nas questões do planejamento" ("Popular Initiative in Planning Matters"); e com um grupo similar de jovens arquitetos interessados na cooperação internacional dentro do planejamento profissional.

Sobre Buenos Aires, constatou:

Entre as características impressionantes da capital e interior que tive a oportunidade de visitar, estão a quase ausência de favelas, a ordem visível da administração técnica e óbvia cooperação da sociedade na manutenção da cidade e das áreas ao longo das bem conservadas rodovias em toda sua extensão pavimentada. Enumerei bons exemplos de projetos modernos: Hospital da Polícia, Hospital Municipal, Hospital do Ministério da Guerra, Automóvel Clube no centro da cidade e nas dependências da rodovia, projeto de habitação nos subúrbios do Norte para 500 famílias, estrada periférica General Paz, Avenida Costanera Norte, ponte que conecta a zona industrial Sul Avellanedal, projeto para o desenvolvimento da área de inundação a Sudoeste do Bajo de las Flores, do hipódromo e do estádio, escola ao ar livre para crianças doentes, um mercado de layout moderno, belíssimos exemplos de casas e apartamentos, um projeto para a reconstrução da cidade San Juan que fora destruída por um terremoto, o desenvolvimento de recreio do Tigre, parques implantados a cada hora de percurso ao longo da principal rodovia da província de Buenos Aires.[197]

Da capital argentina, Richard Neutra partiu para o Uruguai e, no aeroporto de Montevidéu, foi recebido por Mauricio Gravotto – autor do Plano Diretor de Montevidéu, em 1930, e de Mendoza, na Argentina, em 1941 –, grande nome da arquitetura uruguaia, e pela Sra. De Muller, chefe do Departamento de Arte e Cultura do Ministério de Educação. Reuniu-se com a equipe do Instituto de Urbanismo e com o Departamento de Planejamento Urbano para discutir os problemas da cidade e, para os estudantes e professores da Universidade de Montevidéu, conferiu palestras com os temas "Necessidades contemporâneas e as exigências da tradição" ("Contemporary Needs and Requirements of Tradition") e "Arquitetura e arte para o povo" ("Architecture and Art for the People").

Segundo afirmou em seu relatório, são:

> Especialmente impressionantes as propostas e projetos muito bem gerenciados e atribuídos de habitação social, praias dentro da cidade e ao longo de toda a área a partir de Atlantida até Punta del Vallena e Punta de l'Este, parques públicos, Hotel do Povo e áreas de lazer, parques infantis, as novas estruturas para o Departamentos de Arquitetos e Engenheiros da universidade, a inauguração do Salão da Primavera pelo Presidente da República, o trabalho do Inter-American Cooperative Health Service, e os enormes hospitais modernos.[198]

De Montevidéu, Richard Neutra partiu para São Paulo, fazendo uma escala em Porto Alegre, onde visitou o hospital da cidade projetado por Jorge Machado Moreira. No aeroporto paulistano, foi recebido por um grupo grande – aproximadamente 24 pessoas, segundo relato – de oficiais do governo, arquitetos e urbanistas, conforme pôde-se verificar em fotos do acervo Warchavchik. A primeira grande reunião com os brasileiros aconteceu na casa de Gregori Warchavchik. Reuniu-se também com os arquitetos interessados na cooperação interamericana e proferiu duas palestras: uma junto a Henrique Mindlin e o chileno Enrique Gebhart; e outra na Faculdade de Direito, cujo tema discutido foi "Requisitos públicos e sociais enfrentados pelo designer" ("Communal and Social Requirements Confront the Designer"); além de três coletivas de imprensa.

Sobre São Paulo, comentou:

> Impressionantes projetos e planos: balneários de Guarujá e Santos, com design de primeira linha de Warchavchik para o Resort Conde Crespi; o desenvolvimento

hidroelétrico de São Paulo; o arranha-céu da Biblioteca Municipal; Hospital Universitário, escolas de enfermeiros e um projeto esplêndido de Rino Levi para o Hospital Maternidade; o bairro periférico de Interlagos; a cinematográfica casa Excelsior; vários apartamentos, escritórios e edifícios residenciais projetados por Artigas, Rino Levi, Warchavchik, Rudofsky, Calabi.[199]

Da capital paulista partiu para o Rio de Janeiro, onde foi recebido por arquitetos e estudantes e, após um passeio pela cidade acompanhado do chefe do Departamento de Engenharia – conheceu os parques da Gávea e Tijuca e as cidades de Niterói e Petrópolis –, participou de um jantar na casa do prefeito Filadelfo de Azevedo. Reuniu-se com o Ministro das Relações Exteriores, Pedro Leão Veloso, com o diretor da Fundação para o Desenvolvimento Interno Brasileiro, João Alberto, e com o embaixador norte-americano. Além disso, conversou com os arquitetos interessados no Congresso Internacional de Urbanistas e Arquitetos e proferiu duas palestras: uma na sede do Instituto dos Arquitetos do Brasil – IAB, com o tema "Arquitetura para as pessoas em geral" ("Architecture for the People at Large"); e outra para os professores e alunos da Escola Nacional de Belas Artes, com o tema "A responsabilidade social do arquiteto" ("The Social Responsibility of the Architect").

Do Rio, viajou para Minas Gerais, em uma visita de dois dias para conhecer Belo Horizonte, Pampulha e Ouro Preto, locais onde Richard Neutra encontrou outros brilhantes exemplos da arquitetura moderna brasileira:

> Impressionantes projetos e planos: Hospital de [Jorge Machado] Moreira para Porto Alegre, Ministério da Educação, Edifício Seguradoras, aeroporto, teatro em Belo Horizonte, apartamentos Guinle, Jardim Botânico, duas residências, terraços jardim e projetos paisagísticos de Burle Marx.[200]

Durante sua estada no Brasil, Neutra recebeu um convite de oficiais do governo da Bahia para visitar o estado – possivelmente sua capital Salvador – e conhecer os projetos que lá estavam sendo desenvolvidos. No entanto, por não ter conseguido viabilizar um meio de transporte, foi obrigado a seguir com os planos originais da viagem de volta aos Estados Unidos.

Os jornais brasileiros da época noticiaram a chegada de Richard Neutra, com a seguinte manchete: "Chega 2ª feira um dos mais famosos arquitetos do mundo. Criador de uma escola própria orientada para o sentido humano: o sr. Richard J. Neutra é presidente do Ciam, que representa a consciência internacional da arquitetura contemporânea – no parecer de seu colega Gregori Warchavchik, é o maior arquiteto norte-americano em atividade".[201] É curioso observar que a grande maioria das notícias, divulgadas nos jornais da época, informava que Neutra visitava a América Latina em uma viagem de intercâmbio cultural. Também parecia ser de maior importância a ligação do arquiteto com o Ciam – uma vez que, em 1943, ele foi nomeado presidente da Seção de Nova York –, mas não o fato da viagem ter sido realizada sob os auspícios do Departamento de Estado norte-americano. Apenas duas notícias, em dois jornais distintos, ambos cariocas, deixaram clara esta relação: uma no jornal *A Manhã*, no dia da chegada de Neutra ao Rio, e outra do jornal *Diário Carioca*, informando sobre seu retorno aos Estados Unidos.[202] Também é curioso o fato de Neutra ter permanecido mais tempo do que planejava no Rio de Janeiro: em carta de 7 de novembro de 1945, endereçada à Embaixada dos Estados Unidos na capital carioca, Willian Griffith (representante especial da Fundação Educacional Interamericana, pertencente ao OCIAA) comenta o desencontro das correspondências – pois, de acordo com o itinerário enviado pelo arquiteto, naquela data ele já estaria de volta a Los Angeles – e reitera o convite para Richard Neutra visitar a Guatemala.[203]

Fato muito semelhante aconteceu nas visitas de Walt Disney e Orson Welles ao Brasil. Os jornais da época anunciaram o intercâmbio cultural e os interesses pessoais de ambos nas visitas, mas não reportaram estas fazendo parte de um programa de aproximação cultural em tempos de guerra sob os auspícios do Office de Rockefeller. Em uma entrevista de imprensa anterior à viagem, realizada em Hollywood, Orson Welles disse:

> A minha viagem ao Brasil representa a realização de um desejo que tenho há longo tempo de conhecer esse colosso do Sul, tão falado, mas pouco conhecido. Procurarei, nos dias que estive no Rio de Janeiro, me informar da cultura brasileira, as suas bases históricas: trazer uma documentação do seu popular, isto é, música tipicamente popular, festas, folguedos e danças regionais. Interessa-me ter uma ideia dos tipos rurais do Brasil e quero fazer uma documentação das diferentes fases da vida brasileira.[204]

Ao noticiar sobre a chegada próxima de Walt Disney ao Rio de Janeiro, o jornal *Diário Carioca* transcreveu uma correspondência recebida do Escritório do Coordenador de Assuntos Interamericanos. Aqui, a mensagem era clara: o "embaixador" e "genial criador do Pato Donald" representava a "constituição de um estado de espírito capaz de promover grandes transformações no ambiente de uma nação, de uma geração ou mesmo de uma simples aldeia. E isto não é apenas uma frase, mas uma realidade comprovada".[205] Apesar de não dizer abertamente, ambas falas traziam consigo o discurso do bom vizinho e do interesse genuíno pelas "outras repúblicas americanas".

Ora, é possível que a característica *sedutora*, a qual se refere Antonio Pedro Tota ao estudar as políticas imperialistas norte-americanas frente à América Latina,[206] esteja mais intrinsicamente relacionada aos programas desenvolvidos pelo Office de Rockefeller do que àqueles do Departamento de Estado. Talvez seja pela diferença de caráter dos programas em questão: as viagens de Disney e Welles envolviam questões culturais, de cinema; enquanto que a de Neutra tinha como foco preocupações com habitação social e planejamento urbano. Seja como for, o fato é que a mídia brasileira da época estava muito pautada pela mensagem da boa vizinhança. Em uma mesma edição do jornal *A Noite*, publicada em 30 de janeiro de 1942, três notícias chamam a atenção.

Na primeira delas, logo no topo da primeira página, o discurso de partida do Subsecretário de Estado Sumner Welles:

> Despeço-me do Rio com profunda emoção, levando ao meu país a segurança de que o espírito de solidariedade das Américas deu, na Conferência dos Chanceleres, as mais decisivas e robustas provas de vitalidade e que não nos faltará durante a luta em que estamos empenhados, em defesa da integridade do continente e das liberdades humanas. A gratidão do povo americano jamais esquecerá as demonstrações de simpatia, de confiança e de valor das nações livres que desejam, antes de mais nada, preservar a si mesmas e defender a sua independência. Jamais esqueceremos a cooperação e encorajamento dado aos nossos trabalhos pelo presidente Getúlio Vargas e seu leal colaborador, o chanceler Oswaldo Aranha. Desejo, valendo-me das colunas de *A Noite*, exprimir o meu profundo reconhecimento às manifestações de apreço e aos aplausos com que o povo do Brasil distinguiu, na minha pessoa, os Estados Unidos da América do Norte.[207]

Logo abaixo, uma notícia sobre o aniversário de Franklin D. Roosevelt, o "grande amigo do Brasil e dos brasileiros".[208]

Aqui, o presidente norte-americano foi colocado lado a lado com o presidente Getúlio Vargas:

> É interessante, incidentalmente, observar a simultaneidade da revolução que se iniciou no Brasil, com a ascensão do presidente Getúlio Vargas ao poder, com predestinação igual, com igual missão salvadora. Desde os primeiros dias do seu governo, Roosevelt rompeu com a rotina, inovou, reformou, combateu preconceitos políticos e contrassensos administrativos. Teve a mais viva e a mais cerrada oposição que um presidente já encontrou nos Estados Unidos. Mas soube vencê-la, galhardamente, e adversários de ontem são hoje colaboradores de sua obra, vencidos pela sua sinceridade de propósitos e pela fortaleza de seu patriotismo.[209]

A terceira notícia, publicada na segunda página do jornal, com menos destaque, informava sobre a viagem do Dr. Lutero Vargas, filho médico do presidente do Brasil, aos Estados Unidos e sua recepção na Casa Branca.[210] Ao mesmo tempo em que foi recebido por Roosevelt, Lutero e sua esposa Ingeborg Vargas eram vigiados pelo serviço de inteligência norte-americano a pedido de Rockefeller.[211] Mesmo enfrentando forte oposição do Departamento de Estado por querer "vigiar a nora do presidente de uma nação amiga",[212] Nelson Rockefeller conseguiu que o casal ficasse, ao menos, sob "discreta observação".[213] A desconfiança do magnata não era apenas pelo fato da nacionalidade alemã de Ingeborg, mas, principalmente, pelo comportamento e pelos relacionamentos mantidos por Lutero.

> Enquanto esteve na Costa Leste dos Estados Unidos com a esposa, ele namorou uma corista suspeita de ser espiã a serviço de potências inimigas. Lutero esteve várias vezes embriagado e podia ter passado alguma informação para a moça. Paranoia de agentes prestimosos?[214]

Richard Neutra finaliza o relatório para o Departamento de Estado norte-americano sobre sua visita à América do Sul dizendo considerar que sua experiência na América Latina, reuniões sociais e palestras tiveram êxito no objetivo de divulgar os esforços de cooperação cultural:

> Resumindo minha experiência, acredito que, além das habituais reuniões sociais, consideradas úteis para divulgar a boa vontade, meu procedimento de trazer os problemas específicos das cidades visitadas para as discussões em palestras formais, mesas-redondas e conferências, revelou-se muito satisfatório e foi muito bem recebido. Naturalmente, foi necessário uma maneira rápida de reunir as informações necessárias, mas em muitos casos ela resultou, de acordo com os meus amigos locais, em verdadeiramente construtiva publicidade e valorização dos esforços de cooperação cultural do Departamento de Estado.[215]

O envolvimento do arquiteto na política de aproximação e consolidação da hegemonia norte-americana não ocorreu apenas nos momentos de consultoria de obras públicas em Porto Rico e da viagem de reconhecimento pela América do Sul. Em correspondência datada de maio de 1969 para Richard K. Nobbe, delegado dos Estados Unidos na Unesco, Dione Neutra confirmou a atuação do marido em toda sua carreira profissional como voluntário nessa divulgação:

> Você tão devotadamente auxiliou nosso governo e a nós mesmos que queremos agradecer-lhe cordialmente, enquanto continuamos a oferecer nossos serviços como mensageiros da boa vontade.[216]

Outro ponto interessante a ser destacado é que, a partir dos dados coletados tanto no relatório enviado ao Departamento de Estado norte-americano quanto nos demais documentos encontrados no acervo *Neutra Collection* da UCLA e nos artigos publicados na revista *Progressive Architecture*, é possível delinear o trajeto feito por Neutra em sua viagem. Partindo do princípio de que a reunião com Charles W. Collier em Washington realmente aconteceu – em carta de 14 de setembro de 1945, o representante do *Relief and Rehabilitation Administration* das Nações Unidas convidou Richard Neutra para um jantar antes de sua viagem –, é coerente afirmar que, de lá, Neutra partiu para Miami, na Flórida, de onde sairia o voo para o Equador, fazendo escala em Cuba, Haiti e República Dominicana.[217] Da cidade equatoriana Guayaquil, viajou pelo Peru, Bolívia, Argentina e Uruguai. Dali, fez uma escala em Porto Alegre para chegar em São Paulo, Rio de Janeiro e Belo Horizonte. Com a missão quase finalizada, Neutra sairia do Brasil a partir da cidade de Belém, no Pará. Assim, de Belo Horizonte, retornou ao Rio de Janeiro[218] e seguiu de avião até Barreiras, na Bahia, depois de trem até Belém,[219] passando por Carolina, no Maranhão[220] – mais uma vez seguindo o conselho de Charles Collier sobre visitar a Floresta Amazônica.[221]

Quando ainda estava em Lima, Richard Neutra recebeu do governo norte-americano a incumbência de consultoria em projetos para escolas rurais e urbanas na Guatemala,[222] que foi aceita com entusiasmo por Willian J. Griffith, representante especial da Fundação Educacional Interamericana, sob os auspícios do Office of Inter-American Affairs:

> Estou muito interessado na possibilidade de sua vinda para a Guatemala para consultoria de projetos. Eu não estou inteiramente ciente sobre os preparativos administrativos que Washington tinha em mente quando escreveu a você em Lima, mas, como vou viajar para os Estados Unidos dentro de uma semana, terei a oportunidade de explorar o assunto cuidadosamente com o Escritório Central. Quando os caminhos e os meios forem discutidos, volto a lhe escrever.[223]

Além da Guatemala, Neutra fez uma segunda escala em San Juan, capital de Porto Rico, onde se encontrou com o governador Tugwell e com ele discutiu sobre os projetos dos hospitais que estavam praticamente concluídos e sobre as diversas escolas construídas.[224] A partir daí, não foi possível definir com exatidão o percurso e o ponto de entrada nos Estados Unidos. Frank McCann Jr., em seu livro sobre a relação Brasil-Estados Unidos, afirma que os voos entre estes dois países, operados por empresas como a Pan American e a Panagra, tinham suas rotas saindo "de Miami para Belém, perto da foz do Rio Amazonas, seguindo depois para o Rio de Janeiro via as cidades costeiras de Natal, Recife e Salvador; do Rio o avião viaja para Porto Alegre, ao sul do Brasil, e depois para Buenos Aires".[225] Em contrapartida, em seu artigo escrito sobre o avanço da Pan American Arilines no Brasil, Gianfranco Beting afirma que, a partir de 1945, a empresa havia criado uma rota que saía de Nova York para San Juan, em Porto Rico, e Porto de Espanha, em Trinidad, até chegar em Belém, no Pará, e dali partia para o Rio de Janeiro.[226]

A análise dos fatos e motivos apresentados até aqui exemplifica as várias camadas da política externa dos Estados Unidos naquele momento de guerra: o esforço de aproximação e colaboração como forma de garantir a integridade do continente contra o avanço das potências inimigas, acompanhado da vigilância cerrada e uso da mídia e do cinema como formas sedutoras de imperialismo. Os anos iniciais da Guerra Fria, no entanto, trouxeram obstáculos dentro e fora do país. Segundo o historiador Justin Hart, naquele período, "aqueles que formulavam as políticas foram duramente criticados por seus métodos, administração e mensagens, conforme lutavam com colegas céticos para estabelecer sua legitimidade".[227] Na tentativa de resolver esta crise, o presidente Eisenhower criou, em 1953, a Agência de Informação dos Estados Unidos (United States Information Agency – USIA), que ficou responsável por controlar todos os programas culturais e de propaganda que eram desenvolvidos no estrangeiro. "Apesar da diplomacia pública ter perdurado e continuado a crescer, a criação do USIA marcou a conclusão de sua primeira fase".[228]

Não obstante as intenções do governo norte-americano com os esforços de aproximação e solidariedade hemisférica e, também, das mudanças no cenário mundial pós-Segunda Guerra, o fato é que este jogo político abriu as portas para o contato pessoal e profissional de Richard Neutra com a América Latina. A reciprocidade do diálogo aqui estabelecido – em termos de arquitetura, urbanismo e paisagismo – beneficiou tanto a arquitetura latino-americana, graças à presença de Neutra, como o arquiteto austríaco, ao incorporar ideias e soluções locais no desenvolvimento de sua obra.

Notas

1. SAID, Edward W. *Cultura e imperialismo*, p. 25.
2. MOURA, Gerson. *Tio Sam chega ao Brasil: a penetração cultural americana*; MOURA, Gerson. *Brazilian Foreign Relations 1939-1950: The Changing Nature of Brazil-United States Relations During and After the Second World War*.
3. TOTA, Antonio Pedro. *O imperialismo sedutor: a americanização do Brasil na época da Segunda Guerra*; TOTA, Antonio Pedro. *O amigo americano: Nelson Rockefeller e o Brasil*.
4. BANDEIRA, Luiz Alberto Moniz. *Presença dos Estados Unidos no Brasil*.
5. ATIQUE, Fernando. *Arquitetando a "Boa Vizinhança": arquitetura, cidade e cultura nas relações Brasil-Estados Unidos 1876-1945*.
6. CAVALCANTI, Lauro. *Moderno e brasileiro: a história de uma nova linguagem na arquitetura (1930-60)*.
7. MINCHILLO, Carlos Cortez. *Erico Verissimo, escritor do mundo: circulação literária, cosmopolitismo e relações interamericanas*.
8. LIERNUR, Jorge Francisco. Latin America: The Places of the "Other". In KOSHALEK, Richard; SMITH, Elizabeth A. T.; ZEYNEP, Celik. *At the End of the Century: One Hundred Years of Architecture*; LIERNUR, Jorge Francisco. 'The South American Way'. O milagre brasileiro, os Estados Unidos e a Segunda Guerra Mundial – 1939-1943. In GUERRA, Abilio (Org.). *Textos fundamentais sobre história da arquitetura moderna brasileira – parte 2*.
9. GLINKIN, Anaioly. *Inter-American Relations: From Bolívar to the Present*.

10. BLUMENTHAL, Michael D. *The Economic Good Neighbor Aspects of United States Economic Policy Toward Latin America in the Early 1940s as Revealed by the Activities of the Office of Inter-American Affairs*.
11. DEL REAL, Patricio. *Building a Continent: The Idea of Latin American Architecture in the Early Postwar*.
12. LEONARD, Thomas M. *United States-Latin American Relations, 1850-1903*.
13. HART, Justin. *Empire of Ideas. The Origins of Public Diplomacy and the Transformation of U.S. Foreign Policy*.
14. VLECK, Jenifer Van. *Empire of the Air: Aviation and the American Ascendancy*.
15. CRAMER, Gisela; PRUTSCH, Ursula. *¡Américas Unidas! Nelson A. Rockefeller's Office of Inter-American Affairs (1940-46)*.
16. HINES, Thomas S.; DREXLER, Arthur. *The Architecture of Richard Neutra: From International Style to California Modern*, p. 20.
17. *J. L. Sert: A Nomadic Dream* <http://www.jlsertfilm.com/about/>
18. COSTA, Alcilia Afonso de Albuquerque. As contribuições arquitetônicas habitacionais propostas na Cidade dos Motores (1945-46). Town Plannings Associates. Xerém, RJ.
19. Idem, ibidem.
20. ROVIRA, Josep M. *José Luis Sert: 1901-1983*, p. 113.
21. Um dos principais rios da América do Norte, o Rio Grande, nasce no Centro-Sul do estado do Colorado, nos Estados Unidos, cortando o continente até chegar no Golfo do México. Neste percurso, ele conforma parte da fronteira entre México e Estados Unidos.
22. ROVIRA, Josep M. Op. cit., p. 114.
23. LEONARD, Thomas M. *United States-Latin American relations, 1850-1903* (op. cit.), p. 2. Sobre o tema do monopólio dos Estados Unidos frente aos latino-americanos, sugiro a leitura do interessante debate trazido pelo pesquisador russo Anaioly Glinkin em sua tese de doutorado: GLINKIN, Anaioly. *Inter-American Relations: From Bolivar to the Present* (op. cit.).
24. TOTA, Antonio Pedro. *O amigo americano* (op. cit.), p. 82.
25. Alan Brinkley expõe com detalhes o que foi de fato a política do New Deal em seu livro *Franklin Delano Roosevelt: o presidente que tirou os Estados Unidos do buraco*.
26. BRINKLEY, Alan. *Franklin Delano Roosevelt: o presidente que tirou os Estados Unidos do buraco*, p. 77.
27. McCANN JR., Frank D. *The Brazilian-American Alliance, 1937-1945*, p. 7.
28. MOURA, Gerson. *Brazilian Foreign Relations 1939-1950* (op. cit.), p. 53.
29. HART, Justin. Op. cit.
30. No início do século 20, em continuidade à Doutrina Monroe, o Presidente Theodore Roosevelt adotou uma política mais assertiva de aproximação dos Estados Unidos com a América Latina e Caribe, usando de força militar para garantir a estabilidade dos países da região e, assim, evitar

a influência e presença europeia na América.
31. Como ficou conhecida a política externa norte-americana entre 1909 e 1913, adotada pelo Presidente William Howard Taft e seu Secretário de Estado Philander C. Knox, tinha como objetivo promover os interesses comerciais do país, melhorando as oportunidades financeiras e usando capital privado para aumentar os interesses dos Estados Unidos no exterior.
32. LÜBKEN, Uwe. Playing the Cultural Game: The United States and the Nazi Threat to Latin America. In CRAMER, Gisela; PRUTSCH, Ursula. *¡Américas Unidas!* (op. cit.), p. 63.
33. HART, Justin. Op. cit.
34. ATIQUE, Fernando. Op. cit., p. 25-26.
35. ROWLAND, Donald W. (Org.). *History of the Office of the Coordinator of Inter-American Affairs: Historical Reports on War Administration.*
36. ATIQUE, Fernando. Op. cit., p. 26-27.
37. Cf. ROWLAND, Donald W. (Org.). Op. cit., p. 4; MOURA, Gerson. *Brazilian Foreign Relations 1939-1950* (op. cit.), p. 53-59.
38. PAQUETTE, Catha. Soft Power: The Art of Diplomacy in US-Mexican Relations, 1940-1946. In CRAMER, Gisela; PRUTSCH, Ursula. *¡Américas Unidas!* (op. cit.), p. 145.
39. McCANN JR, Frank D. Op. cit., p. 7.
40. Idem, ibidem, p. 213.
41. ROWLAND, Donald W. (Org.). Op. cit., p. 5.
42. CRAMER, Gisela; PRUTSCH, Ursula. Nelson A. Rockefeller's Office of Inter-American Affairs and the Quest for Pan-American Union: An Introductory Essay. In CRAMER, Gisela; PRUTSCH, Ursula. *¡Américas Unidas!* (op. cit.), p. 15.
43. MOURA, Gerson. *Brazilian Foreign Relations 1939-1950: The Changing Nature of Brazil-United States relations During and After the Second World War* (op. cit.), p. 68.
44. BANDEIRA, Luiz Alberto Moniz. *Presença dos Estados Unidos no Brasil* (op. cit.), p. 250-251.
45. TOTA, Antonio Pedro. *O amigo americano* (op. cit.), p. 79.
46. McCANN JR, Frank D. Op. cit., p. 8.
47. Donald W. (Org.). Op. cit., p. 3; MOURA, Gerson. *Brazilian Foreign Relations 1939-1950* (op. cit.), p. 53-54.
48. Cf. ROWLAND, Donald W. (Org.). Op. cit., p. 7-8; LÜBKEN, Uwe. Op. cit., p. 63-67.
49. A agência recebeu as seguintes denominações ao longo de sua existência: Escritório para Coordenação das Relações Comerciais e Culturais entre as Repúblicas Americanas (Office for Coordination of Commercial and Cultural Relations between the American Republics) entre 16 de agosto de 1940 e 30 de julho de 1941; Escritório do Coordenador de Assuntos Interamericanos (Office of the Coordinator of Inter-American Affairs) de 30 de julho de 1941 à 23 de março de 1945; e Escritório de Assuntos Interamericanos (Office of Inter-American Affairs) de 23 de março de 1945 até sua extinção, em 20 de maio de 1946.

50. U.S. National Archives and Records Center. *Records of the Office of Inter-American Affairs. Washington*, 1973. Apud MOURA, Gerson. *Brazilian Foreign Relations 1939-1950* (op. cit.), p. 79.
51. TOTA, Antonio Pedro. *O amigo americano* (op. cit.), p. 25.
52. ROWLAND, Donald W. (Org.). Op. cit., p. 6; TOTA, Antonio Pedro. *O imperialismo sedutor* (op. cit.), p. 45.
53. ROWLAND, Donald W. (Org.). Op. cit., p. 6.
54. Cf. TOTA, Antonio Pedro. *O amigo americano* (op. cit.), p. 64-72.
55. TOTA, Antonio Pedro. *O imperialismo sedutor* (op. cit.), p. 46.
56. TOTA, Antonio Pedro. *O amigo americano* (op. cit.), p. 68.
57. ROWLAND, Donald W. (Org.). Op. cit., p. 8.
58. Idem, ibidem, p. 7-8.
59. Idem, ibidem.
60. Idem, ibidem, p. 181 (nota 3).
61. Franklin D. Roosevelt to Nelson A. Rockefeller, April 22, 1941. Apud ROWLAND, Donald W. (Org.). Op. cit., p. 183. Na digitalização disponibilizada online pelo governo dos Estados Unidos, algumas palavras aparecem total ou parcialmente cortadas; neste trecho selecionado aparece uma delas, marcada como "[ilegível]".
62. Minutes of Executive (or Policy) Committee Meeting, December 9. Apud ROWLAND, Donald W. (Org.). Op. cit., p. 92.
63. Cf. Minutes of Executive (or Policy) Committee Meeting, December 9. Apud ROWLAND, Donald W. (Org.). Op. cit.
64. Cf. Idem, ibidem.
65. Statement on the Division of Responsibility between the Division of Cultural Relations of the Department of State and the Division of Science and Education of the CIAA (no date). Apud ROWLAND, Donald W. (Org.). Op. cit., p. 198. Vale destacar que as questões de relação cultural ficaram à cargo da Divisão de Ciência e Educação do Office.
66. Cf. HART, Justin. Op. cit.
67. Certamente, Veríssimo não foi o único escritor latino-americano a participar deste trânsito cultural criado pela política da boa vizinhança; mas, como afirmou Kátia Baggio, professora de história das Américas da Universidade Federal de Minas Gerais, ele "exerceu – principalmente no caso dos Estados Unidos, mas também em relação à América hispânica – um papel de mediador cultural entre o Brasil e a maioria dos países do continente". BAGGIO, Kátia Gerab. Prefácio. In MINCHILLO, Carlos Cortez. *Erico Verissimo, escritor do mundo* (op. cit.), p. 12.
68. Cf. ROWLAND, Donald W. (Org.). Op. cit., p. 271.
69. Idem, ibidem, p. 275-276.
70. HART, Justin. Op. cit.
71. Idem, ibidem.
72. DEL REAL, Patrício. *Building a Continent* (op. cit.), p. 14-15.
73. Idem, ibidem, p. 11-12.
74. Sobre a exposição, ver: ROCHA, Ricardo. Resenhar Brazil Builds.
75. DEL REAL, Patrício. Op. cit., p. 141.
76. Idem, ibidem, p. 24.
77. Idem, ibidem, p. 5-6. Curador assistente de arquitetura e design do MoMA, Patricio del Real é responsável, ao lado de

Barry Bergdoll, curador-chefe, pela exposição *Latin American in Construction: Architecture 1955-1980*, curadorias regionais de Carlos Eduardo Comas (Brasil) e Jorge Francisco Liernur (países hispânicos). Museu de Arte Moderna de Nova York – MoMA, de 29 de março a 19 de julho de 2015. Mais de setenta anos após a mítica exposição *Brazil Builds* e exato meio século depois da exposição *Latin American Architecture since 1945*, ambas realizadas pelo MoMA, a instituição ainda se sente responsável pela aproximação entre os países do continente e pela divulgação da arquitetura latino-americana qualificada para o cidadão norte-americano. GNOATO, Luis Salvador. *O Brasil novamente no MoMA de Nova York. Latin American in Construction: Architecture 1955-1980*.
78. ROBIN, Ron. *Enclaves of America: The Rhetoric of American Political Architecture Abroad, 1900-1965*, p. 5.
79. Idem, ibidem, p. 4.
80. Idem, ibidem, p. 92-93.
81. LOEFFLER, Jane C. *The Architecture of Diplomacy: Building America's Embassies*, p. 3.
82. ROBIN, Ron. Op. cit., p. 102.
83. Aprovado em 7 de maio de 1926, o Foreign Service Buildings Act tinha o poder de supervisionar a compra e construção de edifícios ao redor do mundo para uso diplomático e consular. E, para tal tarefa, recebeu um fundo inicial de $10 milhões para ser gasto em 5 anos. LOEFFLER, Jane C. Op. cit., p. 19.
84. Idem, ibidem, p. 37-38.
85. Idem, ibidem, p. 49.
86. Cf. Idem, ibidem, p. 37.
87. Cf. Idem, ibidem, p. 57.
88. Idem, ibidem, p. 58.
89. STEVENS, Garry. *O círculo privilegiado: fundamentos sociais da distinção arquitetônica*, p. 76-77. Grifo da autora.
90. BOURDIEU, Pierre. *O poder simbólico*, p. 28-29.
91. GOLDBERGER, Paul. Wallace Harrison Dead at 86; Rockefeller Center Architect.
92. WILSON, Richard Guy. Reflections on Modernism and World's Fairs. In RYDELL, Robert W.; SCHIAVO, Laura Burd. *Designing Tomorrow: America's World's Fairs of the 1930s*, p. 198.
93. LOEFFLER, Jane C. Op. cit., p. 79.
94. United Nations Member States <www.un.org/en/members>. Apud BELGAUMI, Arif. Legacy of the Cold War: Richard Neutra Neutra in Pakistan, p. 83.
95. BELGAUMI, Arif. Op. cit., p. 83.
96. LOEFFLER, Jane C. Op. cit., p. 41.
97. House Appropriations Subcommittee, Department of State, Justice, and Commerce Appropriations for 1955, 29 January 1954, p. 326. Apud LOEFFLER, Jane C. Op. cit., p. 41.
98. Em 1952, um incêndio destruiu parte do edifício para a Embaixada dos Estados Unidos no Rio de Janeiro, que ainda estava em construção, forçando uma discussão entre os agentes da Federal Building Operations – FBO sobre medidas de prevenção de incêndio nos novos projetos. LOEFFLER, Jane C. Op. cit., p. 61.
99. O primeiro ataque terrorista contra embaixadas norte-americanas aconteceu em Saigon, Vietnã, em 1965, incidente que marcou o aumento do

sentimento e ameaças antiamericanas. A necessidade de mudança e aprimoramento das medidas de segurança teve consequência direta na arquitetura das embaixadas: elas passaram de proeminentes e acessíveis edifícios públicos projetados para serem vistos, visitados e admirados para edifícios fechados e pouco acessíveis, com grades, muros e vidros à prova de balas. Cf. Idem, ibidem, p. 236-259.

100. Idem, ibidem, p. 41.
101. HINES, Thomas S. *Richard Neutra and the Search for Modern Architecture*, p. 266.
102. Cf. LAMPRECHT, Barbara Mac. The Obsolescence of Optimism? Neutra and Alexander's U.S. Embassy, Karachi, Pakistan; LOEFFLER, Jane C. Op. cit., p. 174.
103. CRITELLI, Fernanda. *Richard Neutra e o Brasil*, p. 105-110.
104. WARCHAVCHIK, Gregori. Introdução. In NEUTRA, Richard Joseph. *Arquitetura social em países de clima quente*, p. 16.
105. Serão discutidas aqui apenas algumas questões da trajetória de Richard Neutra. Para uma visão mais ampla de sua biografia, ver: HINES, Thomas S. *Richard Neutra and the Search for Modern Architecture* (op. cit.); HINES, Thomas S; DREXLER, Arthur. *The Architecture of Richard Neutra* (op. cit.); McCOY, Esther. *Richard Neutra*; LAMPRECHT, Barbara Mac. *Richard Neutra: Complete Works*; CRITELLI, Fernanda. *Richard Neutra e o Brasil* (op. cit.).
106. NEUTRA, Richard Joseph. *Life and Shape*, p. 128.
107. HINES, Thomas S. *Richard Neutra and the Search for Modern Architecture* (op. cit.), p. 59.
108. Idem, ibidem, p. 70.
109. NEUTRA, Raymond Richard. *Cheap and Thin: Neutra and Frank Lloyd Wright*.
110. NEUTRA, Richard Joseph. *Life and Shape* (op. cit.), p. 209.
111. O nome do primeiro filho do casal fora dado em homenagem a Frank Lloyd Wright. HINES, Thomas S. *Richard Neutra and the Search for Modern Architecture* (op. cit.), p. 66.
112. NEUTRA, Raymond Richard. *Cheap and Thin* (op. cit.).
113. NEUTRA, Dione. *Richard Neutra: Promise and Fulfillment, 1919-1932*, p. 125-128; NEUTRA, Raymond Richard. *Cheap and Thin* (op. cit.).
114. NEUTRA, Dione. *Richard Neutra: Promise and Fulfillment, 1919-1932* (op. cit.), p. 129; NEUTRA, Raymond Richard. *Cheap and Thin* (op. cit.).
115. NEUTRA, Dione. *To Tell the Truth: Interviewed by Lawrence Weschler*, p. 100-101.
116. HINES, Thomas S. *Richard Neutra and the Search for Modern Architecture* (op. cit.), p. 75; NEUTRA, Richard Joseph. *Life and Shape* (op. cit.), p. 207; NEUTRA, Raymond Richard. *Cheap and Thin* (op. cit.).
117. A relação profissional, de amizade e de co-moradia entre Neutra e Schindler é tema presente em diversas discussões sobre os arquitetos e, até mesmo, sobre o status quo da arquitetura moderna na Califórnia. Para citar apenas alguns exemplos: LAPUERTA, José María. Casas de maestros / House of Masters; KILSTON, Lyra.

Sun Seekers. The Cure of California; HINES, Thomas S. *Richard Neutra and the Search for Modern Architecture* (op. cit.); SHEINE, Judith. *R. M. Schindler*.

118. HINES, Thomas S. *Richard Neutra and the Search for Modern Architecture* (op. cit.), p. 78.
119. KILSTON, Lyra. *Sun Seekers. The Cure of California* (op. cit.), p. 76-78; 87-88.
120. SHEINE, Judith. Op. cit., p. 66-67; KILSTON, Lyra. Op. cit., p. 88.
121. KILSTON, Lyra. Op. cit., p. 80.
122. BOESIGER, Willy. *Buildings and Projects: Richard Neutra, 1927-1950*, p. 18.
123. KILSTON, Lyra. Op. cit., p. 93.
124. NEUTRA, Richard Joseph. *Life and Shape* (op. cit.), p. 218.
125. The Fellows Logo & The Frank Lloyd Wright Foundation <https://bit.ly/3tsNRHa>.
126. Frank Lloyd Wright to Richard and Dione Neutra, August 1929. In NEUTRA, Dione. *Richard Neutra: Promise and Fulfillment, 1919-1932* (op. cit.), p. 179; NEUTRA, Raymond Richard. *Cheap and Thin* (op. cit.).
127. McCOY, Esther. Op. cit., p. 24.
128. No volume sobre Richard Neutra na coletânea "Masters of the World Architecture", Esther McCoy dedica apenas um parágrafo sobre o assunto, quando comenta sobre o projeto para a cidade utópica Rush City Reformed, dando a entender que a escola funcionou apenas entre 1928 e 1929. Thomas Hines cita a escola em duas ocasiões: na legenda de uma foto que mostra Neutra e seus alunos vistoriando a obra da Lovell House em 1928 e, mais a frente, ao identificar Harwell Harris e Gregory Ain como alunos da "short-lived Los Angeles Academy of Modern Art". McCoy, Esther. Op. cit., p. 24; HINES, Thomas S. *Richard Neutra and the Search for Modern Architecture* (op. cit.), p. 104 e 122. Barbara Lamprecht não cita a escola em seus livros sobre Neutra.
129. STEVENS, Garry. Op. cit., p. 76.
130. HINES, Thomas S. *Richard Neutra and the Search for Modern Architecture* (op. cit.), p. 82.
131. NEUTRA, Richard Joseph. *Life and Shape* (op. cit.), p. 219-220.
132. BLOOM, Harold. *A angústia da influência: uma teoria da poesia*, p. 24.
133. HINES, Thomas S. *Richard Neutra and the Search for Modern Architecture* (op. cit.), p. 113-117.
134. Idem, ibidem. p. 117.
135. Em 1927, Richard Neutra publica o livro *Wie baut Amerika?* ("Como a América constrói?", em tradução literal) em Stuttgart, Alemanha.
136. Segundo Alan Brinkley, a WPA "construiu hospitais, escolas, aeroportos, teatros, estradas, hotéis em parques nacionais, monumentos, agências dos correios e outros prédios federais por todo o país". Seu esforço para criar o maior número possível de empregos e injetar fundos na economia, "aumentou ainda as expectativas da população sobre o governo e ajudou a dar legitimidade à ideia de assistência pública aos pobres". BRINKLEY, Alan. *Franklin Delano Roosevelt: o presidente que tirou os Estados Unidos do buraco* (op. cit.), p. 65.

137. HINES, Thomas S. *Richard Neutra and the Search for Modern Architecture* (op. cit.), p. 188.
138. NEUTRA, Raymond Richard. Encontros porto-riquenhos.
139. HINES, Thomas S. *Richard Neutra and the Search for Modern Architecture* (op. cit.), p. 191-192.
140. Idem, ibidem, p. 193.
141. LAMPRECHT, Barbara Mac. *Richard Neutra: Complete Works* (op. cit.), p. 160-176.
142. HINES, Thomas S. *Richard Neutra and the Search for Modern Architecture* (op. cit.), p. 212.
143. Segundo a pesquisa desenvolvida por Luz Marie Rodríguez, em junho de 1944, decidiu-se por eliminar o cargo de Diretor de Projeto, passando a instaurar o de Arquiteto e Consultor. RODRÍGUEZ LÓPEZ, Luz Marie. *¡Vuelo al porvenir! Henry Klumb y Toro-Ferrer: proyecto moderno y arquitectura como vitrina de la democracia – Puerto Rico, 1944-1958*, p. 210.
144. Último governador porto-riquenho designado pelo presidente dos Estados Unidos, Tugwell assumiu o governo da ilha de 1941 a 1946. Antes disso, fora um dos assessores de Roosevelt no comitê Brain Trust, Subsecretário de Agricultura e diretor da Administração de Reassentamento, responsável pela construção das cidades Greenbelt. RODRÍGUEZ LÓPEZ, Luz Marie. Op. cit., p. 200. Neste livro, serão tratados apenas alguns aspectos sobre o Comitê de Projeto de Obras Públicas de Porto Rico e o trabalho de Richard Neutra como seu consultor. Para informações mais detalhadas sobre o assunto, ver: RABELL, Leonardo Santana. *Planificación y política durante la administración de Luis Muñoz Marin: un análisis crítico*; RODRÍGUEZ LÓPEZ, Luz Marie. Op. cit.; NEUTRA, Raymond Richard. Encontros porto-riquenhos (op. cit.); CRITELLI, Fernanda. *Richard Neutra e o Brasil* (op. cit.).
145. TUGWELL, Rexford Guy. *The Stricken Land: The Story of Puerto Rico*. Nova York, Doubleday & Co., 1947, p. 71-71. Apud RODRÍGUEZ LÓPEZ, Luz Marie. Op. cit., p. 205.
146. Idem, ibidem, p. 206.
147. Puerto Rico. *Architectural Forum*, n. 82, mar. 1945, p.119-120. Apud HINES, Thomas S. *Richard Neutra and the Search for Modern Architecture* (op. cit.), p. 212.
148. RODRÍGUEZ LÓPEZ, Luz Marie. Op. cit., p. 207.
149. Idem, ibidem, p. 209-210.
150. Além de Neutra, outros quatro arquitetos foram contratados: Henry Klumb, Isadore Rosenfield, Simon Brienes e Joseph Blumenkranz. IGLESIAS FILHO, Santiago. *Futurama de Puerto Rico. Planificando alrededor del mundo*, p. 60. Apud RODRÍGUEZ LÓPEZ, Luz Marie. Op. cit., p. 210.
151. RODRÍGUEZ LÓPEZ, Luz Marie. Op. cit., p. 210 (nota 19).
152. Idem, ibidem, p. 218.
153. Carta de Richard Neutra a Rexford Tugwell (3 de abril de 1944), Coleção Henry Klumb, caixa 3.1, AACUPR. Apud RODRÍGUEZ LÓPEZ, Luz Marie. Op. cit., p. 216.
154. RODRÍGUEZ LÓPEZ, Luz Marie. Op. cit., p. 215.
155. HINES, Thomas S. *Richard Neutra and the Search for Modern Architecture* (op. cit.), p. 214.

156. NEUTRA, Richard Joseph. *Arquitetura social em países de clima quente* (op. cit.), p. 51; Escuéla modelo de Sabana Llana está operando, 08/10/1944. Folder 29. Box 1419. Office Records, Publicity. Neutra Collection, UCLA Library Special Collections.
157. HINES, Thomas S. *Richard Neutra and the Search for Modern Architecture* (op. cit.), p. 214.
158. LAMPRECHT, Barbara. *Richard Neutra: Complete Works* (op. cit.), p. 178.
159. NEUTRA, Raymond Richard. Encontros porto-riquenhos (op. cit.).
160. ROBIN, Ron. Op. cit., p. 92, 93 e 145.
161. LAMPRECHT, Barbara Mac. The Obsolescence of Optimism? Neutra and Alexander's U.S. Embassy, Karachi, Pakistan (op. cit.).
162. Neutra in Latin America. Raw Material for Editorial Introductory Remarks. Folder 8. Box 167. Professional Papers, Ideas. Neutra Collection. UCLA Library of Special Collections.
163. NEUTRA, Richard Joseph. Observations on Latin America, p. 67.
164. VLECK, Jenifer Van. *Empire of the Air: Aviation and the American Ascendancy*.
165. Idem, ibidem.
166. NEUTRA, Dione. *To Tell the Truth: Interviewed by Lawrence Weschler* (op. cit.), p. 282.
167. Latin America. Folder 8. Box 1429. Office Records, Correspondence. Neutra Collection. UCLA Library of Special Collections.
168. Segundo dados da Ficha Consular de Qualificação disponibilizada na internet por Dion Neutra.
169. Carta de Eduardo Barañano para Richard Neutra. Folder 8. Box 1429. Office Records, Correspondence. Neutra Collection. UCLA Library of Special Collections.
170. Telegrama de Ruben Saslavsky para Richard Neutra, 15 ago. 1945. Folder 29. Box 1419. Office Records, Publicity. Neutra Collection. UCLA Library of Special Collections.
171. Digo *provavelmente*, pois não foram encontrados registros desta carta, apenas a resposta de Collier, enviada cinco dias depois. Carta de Charles W. Collier para Richard Neutra, 14 set. 1945. Folder 8. Box 1429. Office Records, Correspondence. Neutra Collection. UCLA Library of Special Collections.
172. Idem, ibidem.
173. Idem, ibidem.
174. NEUTRA, Dione. *To Tell the Truth: Interviewed by Lawrence Weschler* (op. cit.), p. 282.
175. Carta de Jacob Crane para Richard Neutra. Folder 1. Box 233. Professional Papers, Ciam. Neutra Collection. UCLA Library of Special Collections.
176. MUNFORD, Eric. *The CIAM Discourse on Urbanism*, 1928-1959, p. 80, 234 e 154, respectivamente.
177. Idem, ibidem, p. 195.
178. Wallace K. Harrison serviu como Vice Coordenador do para Assuntos Interamericanos no Office de Rockefeller. Idem, ibidem, p. 195.
179. Richard Buckminster Fuller, entre 1941 e 1944, assumiu o cargo de Assistente Especial do Vice-Diretor da Administração de Economias Estrangeiras em Washington. WONG, Yunn Chii. Fuller's DDU Project

(1941-1944): Instrument, Art or Architecture? (Heroic Design versus ad hoc Pragmatism), p. 59.
180. Em meio à entrevista, Dione Neutra comenta com seu entrevistador que Richard Neutra era apolítico e que, desde o período em que morou na Alemanha, desconfiava de todos os políticos e de todos os jornais. Por isso, nos dias de votação, era Dione Neutra quem preenchia a cédula com a escolha do candidato. NEUTRA, Dione. *To Tell the Truth: Interviewed by Lawrence Weschler* (op. cit.), p. 159.
181. Idem, ibidem, p. 238-239.
182. Carta de John B. Blandford Jr. para R. J. Thomas. Folder 7. Box 1985. Office Records, Correspondence. Neutra Collection. UCLA Library of Special Collections.
183. LAMPRECHT, Barbara Mac. *Richard Neutra: Complete Works* (op. cit.), p. 28.
184. Idem, ibidem, p. 26.
185. LAMPRECHT, Barbara Mac. *Richard Neutra 1892-1970: formas criadoras para uma vida melhor*, p. 17.
186. Idem, ibidem.
187. NEUTRA. Richard Joseph. *Amerika. Die Stilbildung des neuen Bauens in den Vereinigten*. Viena, Verlag Anton Schroll, 1930, p. 76. Apud LAMPRECHT, Barbara Mac. *Richard Neutra 1892-1970* (op. cit.), p. 17.
188. SEGRE, Roberto. Ideias e invenções de Buckminster Fuller são analisadas por Roberto Segre.
189. WONG, Yunn Chii. Fuller's DDU Project (1941-1944) (op. cit.), p. 62.
190. Idem, ibidem.
191. No entanto, este material acabou por se provar muito mole e pouco competitivo, em questão de valores, ao concreto. LAMPRECHT, Barbara Mac. *Richard Neutra: Complete Works* (op. cit.), p. 28.
192. SMITH, Elizabeth A. T. *Case Study Houses*, p. 6.
193. Idem, ibidem, p. 19, 35 e 43, respectivamente.
194. Não foram encontradas maiores referências sobre o sr. Reed.
195. Report on Visit South American Republics, by Richard Neutra, architect and President, U.S. Chapter of Congres Internationeaux d'Architecture Moderne. 1946. Folder 8. Box 1429. Office Records, Correspondence. Neutra Collection. UCLA Library Special Collections, p. 2.
196. Idem, ibidem, p. 3.
197. Idem, ibidem, p. 4-5.
198. Idem, ibidem, p. 5.
199. Idem, ibidem, p. 6.
200. Idem, ibidem, p. 7.
201. Chega 2a- feira um dos mais famosos arquitetos do mundo. *Diário da Noite*, São Paulo, 10 nov. 1945. Folder 29. Box 1419. Office Records, Publicity. Neutra Collection. UCLA Library of Special Collections.
202. Visita o Rio destacado arquiteto norte-americano. *A Manhã*, Rio de Janeiro, 18 nov. 1945, p. 7; Sociais. *Diário Carioca*, 30 nov. 1945, p. 8.
203. Carta de Willian Griffith para Richard Neutra, 07 nov. 1945. Folder 8. Box 1429. Office Records, Correspondence. Neutra Collection. UCLA Library of Special Collections.

204. ORGOLINI, Dante. O interesse de Orson Welles pelo Brasil. *A Noite*, Rio de Janeiro, 30 jan. 1942, p. 2.
205. As fábulas do Brasil nos desenhos animados de Walt Disney. *Diário Carioca*, Rio de Janeiro, 17 ago. 1941, p. 5.
206. Cf. TOTA, Antonio Pedro. *O imperialismo sedutor* (op. cit.).
207. Sumner Welles despede-se do povo brasileiro por intermédio de A Noite. *A Noite*, Rio de Janeiro, 30 jan. 1942, p. 1.
208. Um grande amigo do Brasil e dos brasileiros: o aniversário do presidente Roosevelt. *A Noite*, Rio de Janeiro, 30 jan. 1942, p. 1.
209. Idem, ibidem, p. 3.
210. Recebido pelo presidente Roosevelt: o Dr. Lutero Vargas em viagem de estudos nos Estados Unidos. *A Noite*, Rio de Janeiro, 30 jan. 1942, p. 2.
211. TOTA, Antonio Pedro. *O amigo americano* (op. cit.), p. 152.
212. Idem, ibidem, p. 153.
213. Idem, ibidem.
214. Idem, ibidem.
215. Report on Visit South American Republics, by Richard Neutra, architect and President, U.S. Chapter of Congres Internationeaux d'Architecture Moderne (op. cit.), p. 7.
216. Carta. Dione Neutra para Richard K. Nobbe. 12 mai.1969. Folder 19. Box 230. Office Records, Correspondence. Neutra Collection. UCLA Library Special Collections.
217. NEUTRA, Richard J. Observations on Latin America, p. 67.
218. Conferências. *Correio da Manhã*, 28 nov. 1945. Acervo Digital, Biblioteca Nacional.
219. Carta. Richard Neutra para Mario Leal Ferreira. 18 fev. 1946. Folder 8. Box 1429. Office Records, Correspondence. Neutra Collection. UCLA Library Special Collections.
220. Carolina, Maranhão. nov. 1945. Folder 13. Box 1. Professional Papers, Travel Sketches. Neutra Collection. UCLA Library Special Collections.
221. Carta. Charles W. Collier para Richard Neutra. 14 set. 1945. Folder 8. Box 1429. Office Records, Correspondence. Neutra Collection. UCLA Library Special Collections, p. 3.
222. Carta. Richard Neutra para Willian J. Griffith. 05 out. 1945. Folder 8. Box 1429. Office Records, Correspondence. Neutra Collection. UCLA Library Special Collections.
223. Carta. William J. Griffith para Richard Neutra. 02/11/1945. Folder 8. Box 1429. Office Records, Correspondence. Neutra Collection. UCLA Library Special Collections.
224. Carta. Richard e Dione Neutra para Henrique e Helena Mindlin. 18 dez.1945. Folder 8. Box 1985. Office Records, Correspondence. Neutra Collection. UCLA Library Special Collections.
225. McCANN Jr., Frank D. *The Brazilian-American Alliance, 1937-1945* (op. cit.), p. 214.
226. BETING, Gianfranco. Pan Am: a pioneira mundial no Brasil.
227. HART, Justin. Op. cit.
228. Idem, ibidem.

Conexões brasileiras e latino-americanas

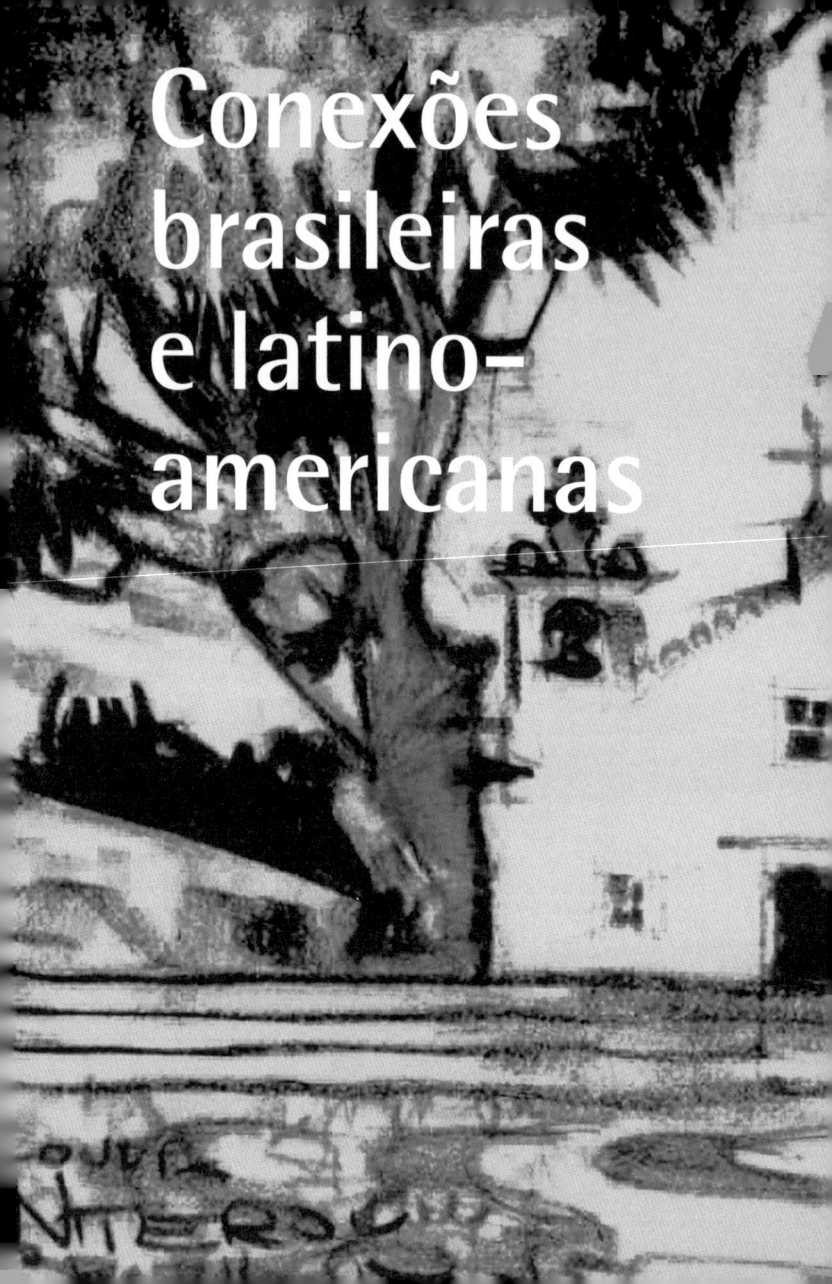

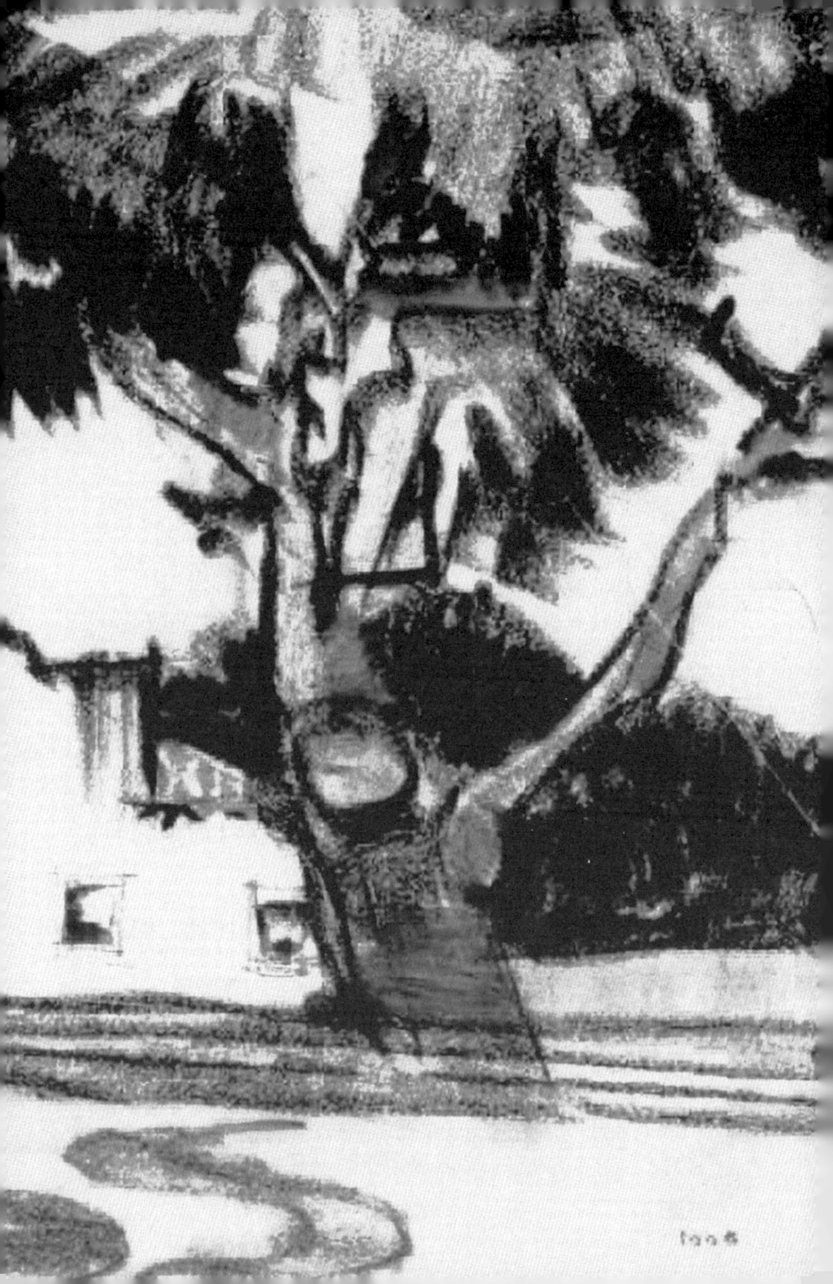
1908

Preâmbulo

Os mesmos fatos – os documentos – se vistos de outros ângulos, podem dar lugar a outras premissas e a distintas consequências. Que finalmente talvez possam chegar a ter certo potencial para minar, nem que seja em parte, o que já parece estar bem sentado e estabelecido. E talvez por isso mesmo essas interpretações, nascidas da reflexão sobre a documentação, têm dificuldade em se tornar críveis: não porque não sejam plausíveis, mas porque estão sob a sombra ocultadora das construções teóricas prévias, que sem nos darmos muita conta disso, estão empatando o campo.
Ruth Verde Zein, Quando documentar não é o suficiente. *Leituras críticas*[1]

O processo de se compreender o personagem Richard Neutra (formação, mudança para os Estados Unidos, obras e, em especial, a relação com a América Latina) e o panorama histórico da época (relações políticas, econômicas e culturais entre Estados Unidos e América Latina e o conflito na Europa) – ou seja, a articulação entre a micro e a macro-história – dá a base necessária para um novo olhar sobre as obras do arquiteto. A partir da identificação do "estranho" na fala dos principais historiadores – a começar por Thomas Hines, passando por Barbara Lamprecht até chegar nos mais recentes José Vela Castillo e Catherine Ettinger –, serão propostas novas conexões e novos entendimentos dessas obras, na tentativa de explicá-las através de uma perspectiva inversa, da periferia para o centro, familiar à pluralidade da América Latina.

Apesar da menção aos termos "centro" e "periferia", será adotado aqui o discurso de Marina Waisman sobre a necessidade de se substituir a "ideia (totalitária) de uma cultura superior" – "centro" – pelo "*pluralismo cultural*" – "região".[2] Segundo a autora, esse deslocamento do ponto de vista permitiu um novo olhar à história e o entendimento da especificidade – consequentemente, das respostas da arquitetura – de cada região.

> A substituição dos conceitos de periferia ou de margem pelo de região, o deslocamento radical do ponto de vista – quase uma revolução copernicana – permitiu que arquitetos, críticos, historiadores dirigissem um novo olhar, mais construtivo e original, à própria história, ressituando episódios na nova historiografia, assim como também à práxis arquitetônica, assentando as bases de uma teoria.[3]

Tal como Marina Waisman propõe, o objetivo aqui é ressituar "episódios na nova historiografia". Para isso, o primeiro passo é definir o conceito de "estranho" que será usado:

> O termo alemão *unheimlich* é, sem dúvida, o antônimo de *heimlich* e de *heimisch* (íntimo, secreto e familiar, caseiro, doméstico), impondo em consequência a dedução de que o estranho causa espanto precisamente por *não* ser conhecido, familiar. Mas, naturalmente, nem tudo aquilo que é novo e incomum é por si espantoso, de modo que tal relação *não* é reversível. O que se pode

afirmar é que a novidade se torna facilmente espantosa e estranha; mas somente algumas novidades são espantosas; de modo algum o são todas. É necessário que ao novo e desacostumado se agregue algo para convertê-lo em estranho.[4]

A definição elaborada por Sigmund Freud, ao estudar casos de psicanálise através da literatura, pode ser adaptada à análise dos discursos dos historiadores ao tratarem sobre determinadas obras de Neutra. Aquilo de "novo" proposto por ele em alguns projetos trouxe em si "algo" que o convertia, na visão desses historiadores, em "estranho" ou "não familiar". Este "algo", como será visto à frente, tem a ver com a relação de Richard Neutra com a América Latina. Tal manifestação causou incômodo e estranhamento por não se encaixar nos moldes daquilo que era entendido como a obra excepcional do arquiteto. Novamente segundo Freud, "*Unheimlich é tudo aquilo que devia ter permanecido oculto, secreto, mas se manifestou*".[5]

Antes de dar continuidade à análise, é importante deixar claro aqui que a intenção não é apontar uma simples influência e/ou mimetização dos projetos latino-americanos na obra de Neutra. Desde sua primeira viagem, em 1945, Richard Neutra já era um arquiteto consagrado internacionalmente, com obra consolidada. O objetivo aqui é identificar, através da arquitetura, os pontos de convergência entre ele e os colegas latino-americanos; e, também, identificar os elementos da arquitetura latino-americana estudados por Neutra e incorporados à sua própria maneira na obra posterior.

Segundo Harold Bloom,

> *a influência poética – quando envolve dois poetas fortes, autênticos – sempre se dá por uma leitura distorcida do poeta anterior, um ato de correção criativa que é na verdade e necessariamente uma interpretação distorcida.*[6]

O conceito de "apropriação poética", desenvolvido por Bloom, pode ser facilmente aplicado no contexto da relação entre os arquitetos e, especificamente no caso aqui estudado, da relação entre Richard Neutra e os arquitetos latino-americanos. Sua formação já consolidada na época da viagem de 1945 faz de Neutra um "poeta forte" e, como tal, observou atentamente as soluções encontradas na América Latina para controle do calor e luz solar, bem como as aplicações plásticas dadas ao concreto armado, e trabalhou-as à sua própria maneira. Ou seja, fez uma "leitura distorcida do poeta anterior", resultando em uma "interpretação distorcida". O próprio fato de *observar*, *ler* e *interpretar* dá a Neutra a posição de agente da ação que escolhe, conscientemente, a influência que mais condiz com as suas necessidades no momento.[7] E é justamente esta resposta expressa em sua arquitetura – o "algo", descrito por Freud –, que gera o estranhamento presente nos discursos dos historiadores.

Esta mudança na escala da análise do geral para o mais específico – da macro para a micro-história – revelará fatos que a visão mais panorâmica da historiografia existente sobre Richard Neutra não se preocupou em observar. Além de desmistificar questões ideológicas que se disseminaram nas narrativas de forma automática, o entendimento de fatos aparentemente específicos e sem importância podem ser úteis na compreensão de um fenômeno mais geral.[8] De acordo com o historiador italiano Giovanni Levi, "a redução da escala [...] presume que as delineações do contexto e sua coerência são aparentes, e revela aquelas contradições que só aparecem quando a escala da referência é alterada".[9]

De Porto Rico a São Paulo

Sala de aula típica, corte, planta e
detalhe da porta pivotante, Porto Rico.
Richard Neutra, 1943-1945. Croquis
Fernanda Critelli

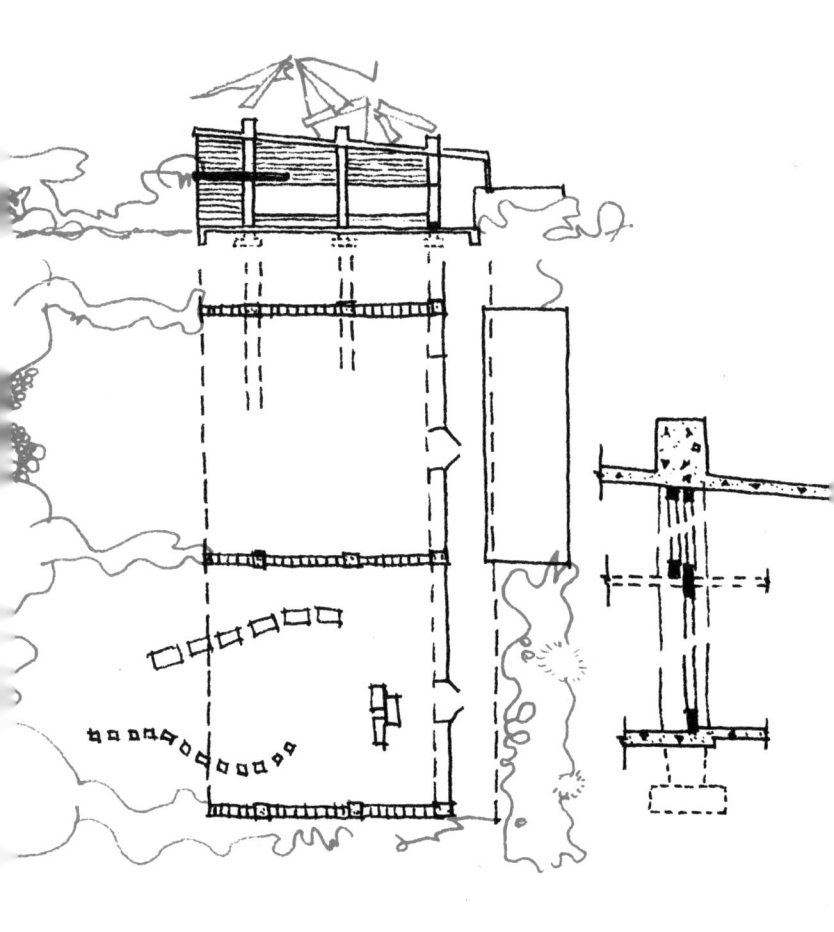

Para os países, assim como para os homens, estimular e ser estimulado pode significar uma muito necessária criativa e pacífica colaboração.
Richard Neutra, carta para Gerth Todtman[10]

Que Richard Neutra visitou o Brasil pela primeira vez em novembro de 1945 e que, nesta viagem, sob os auspícios do Departamento de Estado norte-americano, desempenhou o papel de mensageiro da boa vontade – com a missão de proferir palestras, prestar consultorias em obras públicas, encontrar-se com autoridades e arquitetos locais e aprender sobre a arquitetura moderna latino-americana – já é fato consolidado. Não que a este fato não possam ser incorporadas novas evidências – o que é muito provável que ocorra com o surgimento de novas pesquisas. No entanto, para cumprir o objetivo deste livro, de entendimento das conexões criadas na América Latina, em especial no Brasil, o foco será dado à sucessão de eventos que se inicia com a contratação de Neutra como consultor do Comitê de Obras Públicas de Porto Rico.

Conforme já foi estudado anteriormente,[11] a nomeação de Neutra para o cargo não foi um acaso. Sua experiência anterior – projeto e construção das escolas Emerson Júnior e Corona e dos conjuntos habitacionais Avion Village e Channel Heights; consultor do programa governamental National Youth Administration, criado pelo presidente Franklin Roosevelt e coordenado pela primeira-dama;[12] pesquisa sobre a adaptação da arquitetura aos condicionantes locais – fez de Neutra a escolha apropriada. A experiência e o conhecimento agregados neste período de pouco mais de um ano (1943-1945) desenvolvendo projetos-modelo para hospitais, centros de saúde, moradia para os médicos e escolas no território latino-americano dos Estados Unidos, mais uma vez, fizeram de Neutra a escolha apropriada para a nova missão dada pelo Departamento de Estado: a viagem de reconhecimento pelos países da América do Sul (1945).

Durante os dois meses de viagem, era esperado de Richard Neutra o contato com autoridades locais, a apresentação de palestras e conferências sobre a arquitetura moderna e a relação desta com as preexistências e condicionantes locais, e a consultoria nos projetos públicos de cada governo. Foi também solicitado ao arquiteto que conhecesse as obras modernas produzidas pelos brasileiros, argentinos e uruguaios.[13] Mas, para além de cumprir sua missão e a etiqueta social, Neutra – que acreditava na mútua estimulação criativa através da colaboração, do contato entre pessoas/arquitetos[14] – se interessou pela arquitetura que viu e estabeleceu vínculos de relação pessoal e profissional com os colegas latino-americanos.

Neutra buscou compreender as características culturais e de paisagem de cada local e suas respectivas arquiteturas. Tirou fotografias, fez desenhos e anotações daquilo que lhe interessava. E este material acabou por ser usado em dois artigos publicados nas edições de maio e outubro de 1946 da revista norte-americana *Progressive Architecture*. "Observations on Latin America" e "Sun Control Devices" são relatos de sua experiência entre os latino-americanos, com preocupações voltadas à paisagem e clima locais, à herança histórica destes países, a seus problemas de planejamento urbano e a seus acertos em termos de soluções arquitetônicas. No primeiro artigo, a narrativa acontece em dois eixos: um principal, onde Neutra expõe comentários gerais sobre a América Latina; e outro, apoiado por seus desenhos, em que descreve suas impressões de cada país.

Partindo da ideia inicial de que, em certos períodos históricos, as arquiteturas internacionais, quando importadas, ignoravam as diferenças locais,[15] Neutra buscou compreender questões como a herança cultural indígena dos povos e a sua ascensão ao poder político:

> Milhões de descendentes de americanos nativos [no Peru], representantes das últimas grandes culturas,

tornaram-se agora eleitores e uma força política. Cada vez mais eles vão se tornar consumidores de nossa civilização tecnológica. Eles precisam de escolas, centros de saúde, hospitais, habitação; eles apresentam problemas urgentes para planejadores, designers e arquitetos.[16]

A questão da preservação do patrimônio arquitetônico no processo de modernização é abordada também:

> Muitos países latino-americanos, desde Santo Domingo até o Peru, têm um rico patrimônio arquitetônico. Em alguns casos, os urbanistas ficam em dúvida sobre como preservar estes monumentos sem prejudicar o crescimento desejável de suas comunidades. Havana Velha, por exemplo, está implantada diretamente entre as mais importantes instalações portuárias da República Cubana e uma rodovia de 800 milhas de extensão de um cada vez mais ativo interior subdesenvolvido.[17]

Sobre os desafios do planejamento urbano de São Paulo, enfrentados pelo poder público, arquitetos e engenheiros, Richard Neutra comentou:

> O prefeito do mandato anterior, Prestes Maia, era um engenheiro com forte instinto de planejamento. Sua administração produziu um anel de avenidas arteriais, regulamentações hídricas, pontes e túneis. Mas São Paulo, a capital de um estado com imenso futuro, ainda carece de um departamento de planejamento, ainda não tem leis de zoneamento. Por seus esforços para corrigir essas limitações, é necessário parabenizar organizações cívicas ainda incipientes, como a Comissão de Habitação e o Instituto dos Arquitetos do Brasil, que conta com Eduardo Kneese de Mello como presidente e Gregori Warchavchik, o pioneiro da arquitetura contemporânea

no Brasil, Rino Levi, e muitos outros profissionais e estudiosos capazes como membros ativos.[18]

E sobre a questão da industrialização, em específico sobre seu subdesenvolvimento e como os arquitetos agiam para driblar este problema, constatou:

> À medida em que as populações e o poder de compra continuarão a crescer nas próximas décadas, estes países se tornarão um grande mercado para os itens produzidos em massa para a construção e equipamento de edifícios. A atual falta de certos materiais e equipamentos fez a manufatura mexicana, argentina e brasileira inventiva; seus arquitetos de *vanguarda*, experimentais; seus engenheiros, ousados; e seus construtores (em alguns casos), muito criativos. Muito tem sido adquirido; sua indústria aumenta consideravelmente a diversidade da produção mundial.[19]

Já no caso do artigo *Sun Control Devices*, Richard Neutra se dedica ao estudo das soluções adotadas pelos arquitetos latino-americanos para resolver o controle da luz do sol e do calor típicos de uma região tropical. Ancorado por fotografias tiradas em sua maioria durante a viagem pela América do Sul – vale destacar que algumas das fotografias utilizadas neste artigo são de autoria de Kidder Smith, originalmente tiradas para ilustrar a exposição e catálogo *Brazil Builds* do MoMA, em 1943 –, Neutra apresenta ao público dos Estados Unidos os beirais com aberturas ventiladas, como aqueles desenvolvidos junto ao Comitê de Obras Públicas de Porto Rico; as varandas servindo como circulação periférica, como é o caso de uma escola na Bahia e do Hotel Excelsior projetado por Rino Levi em São Paulo; os pergolados, com exemplos de projetos do norte-americano Raphael Soriano e de Gregori Warchavchik; as venezianas usadas por Álvaro Vital Brazil para o Edifício Esther em São Paulo, e por Gregori

Warchavchik, para sua residência no Guarujá; os cobogós usados por Lúcio Costa e Oscar Niemeyer no Pavilhão do Brasil, na Feira Internacional de Nova York, em 1939; o brise-soleil do Ministério da Educação e Saúde, no Rio de Janeiro; os brises móveis dos edifícios Leonidas Moreira de Eduardo Kneese de Mello, Estação de Hidroaviões de Atílio Corrêa Lima e de um edifício de apartamentos em Buenos Aires;[20] e as janelas e portas pivotantes na fachada de edifício não identificado.

Segundo Neutra, "nenhuma outra característica da arquitetura sul-americana tem chamado tanta atenção quanto os meios visíveis de controlar a luz solar que caracterizam os edifícios".[21] E diz também ter encontrado tamanha diversidade e riqueza cultural e arquitetônica que se espantava de não ter sido publicado um livro que mostrasse ao mundo a produção destes países.[22]

Retomando os passos da viagem pela América do Sul, Richard Neutra esteve no Guarujá, onde ficou hospedado na casa de Gregori Warchavchik e foi ciceroneado por um grupo grande de arquitetos brasileiros. É provável que, nessa ocasião, tenham se iniciado as tratativas para a organização do livro *Arquitetura social em países de clima quente*. É grande a participação da família Warchavchik na edição, com a tradução para o português a cargo de Minna Klabin-Warchavchik, esposa de Gregori, e Carmen de Almeida; com o papel utilizado na impressão do livro fornecido pela Klabin Irmãos & Cia. Uma nova evidência fortalece tal hipótese: a carta, de 1946 – sem data marcada, mas muito provavelmente do início de janeiro –, de Richard Neutra para Walter Hylton Scott, editor da revista argentina *Nuestra Arquitectura*. Na correspondência, Neutra comunica a edição do livro *Arquitetura social* e oferece a possibilidade de uma edição espanhola – edição esta que nunca aconteceu.

> Nós retornamos em segurança a Los Angeles após um período muito interessante em São Paulo e no Rio.

Tendo em mente seu interesse pelos meus projetos em Porto Rico, achei que gostaria de saber que o Sr. Gregori Warchavchik, rua Barão de Itapetininga 120, São Paulo, pretende publicar, em forma de livro, alguns dos meus trabalhos, especialmente aqueles de arquitetura não metropolitana para regiões de clima quente. Provavelmente, ele estaria interessado em cooperar com você para uma edição em espanhol, caso queira entrar em contato com ele.[23]

O cruzamento das relações se estende também para a escolha da editora responsável pela publicação do livro. A Todtmann & Cia. Ltda. tinha como sócios na época Gerth Todtmann – de quem a empresa recebe o nome –, Renato Cintra Pimentel, Alexandre Pelosi, Gabriel Pelosi e Duilio Marone.[24] Engenheiro formado pela Escola Politécnica da Universidade de São Paulo em 1936, Marone foi sócio de Vilanova Artigas, entre 1937 e 1944, na construtora Artigas & Marone Engenheiros.[25] Em junho de 1946, Artigas foi premiado com uma bolsa da John Simon Guggenheim Memorial Foundation para estudar arquitetura moderna norte-americana por doze meses, a começar de outubro daquele ano.[26] Nesta viagem, Artigas envia uma carta para Richard Neutra, em 5 de março de 1947, informando que chegaria em Los Angeles dentro de cinco dias e que gostaria de visitá-lo: "Pretendo estar em Los Angeles no dia dez, e espero poder visitá-lo; tenho uma lista das suas casas que suspeito estar incompleta, e gostaria de passar o maior tempo possível estudando de perto sua obra".[27] Encontro este que Adriana Irigoyen confirma ter acontecido, segundo informações encontradas por ela em carta de Artigas para Charles Wagley.[28] É possível que não haja uma implicação direta de Duilio Marone – ex-sócio de Artigas e sócio da Editora Todtmann – no encontro entre Vilanova Artigas e Richard Neutra, mas é sintomático que os mesmos personagens apareçam enredados na mesma trama narrativa.

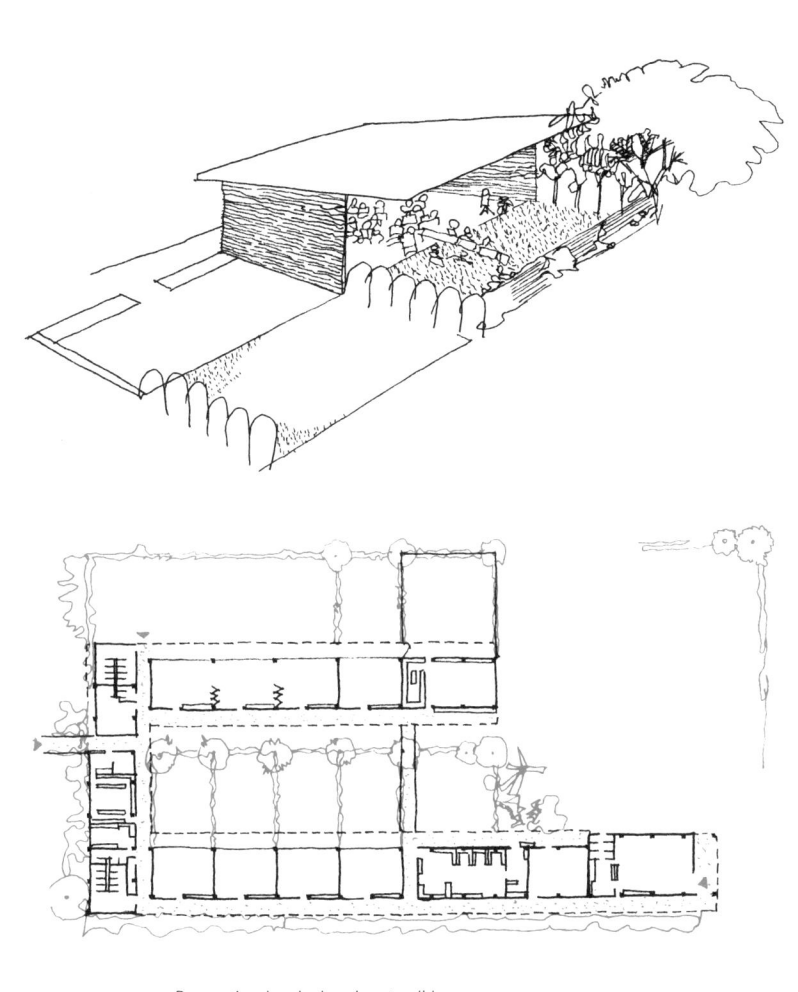

Perspectiva da sala de aula extendida para o pátio e planta de uma escola com oito salas de aula, Porto Rico. Richard Neutra, 1943-1945. Croquis Fernanda Critelli

Ao que tudo indica, a edição e publicação do livro *Arquitetura social em países de clima quente* não foi uma exigência do Departamento de Estado – apesar de, obviamente, o programa de aproximação cultural e ajuda continental ter se beneficiado com isso –, pois não há qualquer menção a ele no relatório entregue por Neutra à Divisão de Cooperação Cultural. Seja como for, as correspondências trocadas com o editor Gerth Todtmann deixam nítido o esforço do arquiteto para que o livro fosse publicado com a melhor qualidade possível e para que ele chegasse nas livrarias de todos os países, nas mãos dos editores das principais revistas de arquitetura e, também, do então presidente Harry Truman. É claro que o espírito de mensageiro da boa vontade, que traz o esforço norte-americano de cooperação continental, está presente no discurso do arquiteto: "Os leitores e oficiais do governo brasileiro estão felizes de reconhecer a estimulação construtiva que chega a eles através dos Estados Unidos".[29] Mas esta *missão* incorporada por Neutra vai além das vontades políticas de seu país; ela evidencia seu desejo de estimular e ser estimulado criativamente.[30]

Neste ponto, é oportuno trazer a discussão sobre a influência colocada por Michael Baxandall. Se invertermos o olhar e colocarmos em foco aquele que recebe a influência, ao invés da influência em si, é possível atribuir a ele diversas ações: alinhar-se com; contrapor-se a; ser estimulado criativamente etc. Ou seja, tal inversão nos permite compreender que o agente da ação, "Y", a faz conscientemente. Escolhe a influência, "X", dentre um leque de opções a quem se alinhar, se opor, interpretar etc. E os papéis de "X" e "Y" podem ser trocados, dependendo da situação: o agente que opta por determinada influência pode também ser escolhido como estímulo pelo outrora "X" e mesmo por outro agente.[31] Richard Neutra, ao dizer que, para os homens/arquitetos, "estimular e ser estimulado pode significar uma muito necessária criativa e pacífica colaboração", tinha consciência desse vai e vem entre influência e agente da ação que a escolhe.

E, apesar dos interesses políticos dos Estados Unidos por trás de sua relação com a América Latina, o arquiteto não demonstrava querer impor sua arquitetura como uma verdade única e esmagadora, mas sim que seu interesse maior estava na troca e contato com os colegas.

É de se imaginar que, para alguém como Neutra, que lutava para deixar seu legado para as gerações futuras – conforme comenta Robert Alexander, Richard e Dione Neutra estavam sempre envolvidos na publicação de um novo livro[32] –, o êxito de *Arquitetura social* era muito importante. Vem daí a insistência para que o editor Gerth Todtmann enviasse cópias do livro para o presidente Truman e para os editores das revistas de arquitetura internacionais.

Uma composição com dezesseis fotografias, assinadas pelos fotógrafos Julius Shulman e Arthur Luckhaus, de obras "pronunciadamente não-metropolitanas"[33] de Richard Neutra, abre a discussão do livro, que tem por objetivo tratar dos aspectos sociais e dos métodos e processos de fabricação de uma arquitetura voltada, em especial, às áreas não urbanizadas: "preferimos, neste volume e na revista condensada das atividades de Neutra durante três décadas, apontar sobretudo o aspecto social de sua obra, fértil e altamente instrutiva para uma geração destinada a agir no amplo cenário mundial".[34]

Assim, usando como base os projetos desenvolvidos junto ao Comitê de Obras Públicas de Porto Rico, Neutra discute a necessidade de atuação do arquiteto nas áreas rurais e dá ao leitor diversas formas de lidar com o problema. O livro, portanto, se apresenta quase como um manual de apoio aos jovens profissionais – com plantas, cortes, perspectivas e detalhes de mobiliários possíveis para o desenho de escolas, hospitais e centros de saúde, rurais e urbanos, com diferentes capacidades. Tudo isso com uma arquitetura que respeitasse as condições climáticas e as possibilidades tecnológicas de cada local:

Durante as minhas viagens e durante os meus períodos de trabalho em países da América Latina, pude verificar as afinidades existentes entre estes e a Califórnia, o que não acontece com outras regiões dos Estados Unidos. Urge modificar o conceito largamente difundido, e a meu ver errôneo, de que a fria Europa e a fria América do Norte devem servir de exemplo para todos os empreendimentos em planejamento. Eis uma mentalidade colonial, que não tem mais razão de ser nos dias atuais.[35]

A introdução do livro ficou a cargo de Gregori Warchavchik e, nela, o arquiteto dá destaque ao empenho de Neutra na busca por materiais e métodos mais eficientes e adequados às especificidades de cada local. Ou seja, sua busca por uma arquitetura funcional destinada a suprir as necessidades humanas.[36] Warchavchik comenta o processo de formação de Richard Neutra como arquiteto e sua carreira profissional após ter migrado para os Estados Unidos em 1923. E finaliza dizendo que "em todos os seus trabalhos demonstra dedicação realmente escrupulosa, desde a elaboração do programa e dos preliminares até o mobiliário e o estudo de conservação e do funcionamento do edifício".[37]

Em meio à turbulência dos preparativos para a publicação do livro, em dezembro de 1948, Neutra recebe uma carta de Pietro Maria Bardi, diretor do recém-inaugurado Masp, convidando-o para expor suas obras no museu.

> Recebi de Roma a notícia de que você deveria ter entrado em contato com os meus amigos do Studio D'Arte Palma, do qual sou dono; parece que o escritório de ordem pública da Itália estava interessado nesta recepção. Mas você foi forçado a voltar para casa e, infelizmente, não conseguiu se encontrar com meus amigos. Sou diretor do novo museu de artes de São Paulo. Você conhece esta cidade, em parte porque um de seus livros está sendo publicado aqui. Por outro lado, na

> sua área, seu nome é bem popular. Eu escrevo para pedir
> para realizar uma exposição completa de suas obras em
> nosso museu. Desse modo, ficaríamos muito felizes em
> apresentar seu trabalho no Brasil.[38]

Não está clara a origem deste convite, mas é evidente que a relação de Bardi e de Assis Chateaubriand com Nelson Rockefeller é um fato determinante para que ele ocorresse. É certo que Neutra aceitou o convite pela possibilidade de expor mais obras suas no Brasil; mas, também, porque viu nele uma oportunidade para divulgar o livro *Arquitetura social* e alavancar sua venda.[39] A primeira edição do catálogo *Neutra: Residências/Residences* foi publicado em 1950 coincidentemente – ou não – pela Editora Todtmann & Cia. Ltda.; e a exposição, apesar de anunciada nos jornais, em janeiro de 1949,[40] e aos editores das revistas estrangeiras *The Architectural Forum*,[41] *L'Architecture d'Aujourd'Hui*[42] e *Progressive Architecture*[43] em julho do mesmo ano, foi adiada diversas vezes por falta de espaço no Museu de Arte de São Paulo. Finalmente, no dia 07 de maio de 1951, a exposição *Neutra: Residências/Residences* foi inaugurada na sede de São Paulo do Instituto dos Arquitetos do Brasil.

> O Museu não pôde realizar a exposição em suas próprias
> salas neste ano. Isto aconteceu devido à reconstrução
> e ampliação para outro andar. Nós queremos, portanto,
> realizá-la em colaboração com o Instituto dos Arquitetos
> de São Paulo. O que, no entanto, causará algum atraso.
> Em breve lhe informaremos as datas definitivas, que nos
> serão passadas pelo Instituto de Arquitetos.[44]

No dia 29 de novembro de 1952, chegou ao escritório de Neutra uma carta enviada por Francisco Matarazzo Sobrinho – datada do dia 10 daquele mesmo mês – informando sobre a 2ª Mostra Internacional de Arquitetura, programação esta que fazia parte da 2ª Bienal do Museu de Arte Moderna de

São Paulo. Matarazzo comenta que a abertura da exposição marcaria o início das comemorações do 4° Centenário de São Paulo, em dezembro de 1953, e diz que Sigfried Giedion – presidente do júri na 1ª Mostra Internacional de Arquitetura – havia sugerido convidar Neutra para participar.

> Foi precisamente o professor Giedion que nos deu o ótimo conselho de solicitar sua valorosa colaboração como forma de obtermos imediata e lucrativa divulgação entre os Arquitetos, Estudantes e também através de ampla publicação em jornais especializados com referência a materiais e normas relativas à nossa iniciativa, que pode apenas ser realizada sucedidamente com sua indispensável ajuda.[45]

Neutra parece ter ficado interessado no convite, pois, no dia 2 de janeiro de 1953, sua secretária Régula Thorston respondeu à carta solicitando mais informações sobre o Prêmio São Paulo, uma competição internacional de arquitetura que pagaria CR$ 300.000,00 ao vencedor.[46] Também, nas diversas cartas trocadas com Lucjan Korngold neste período – as quais ainda não foram inteiramente traduzidas –, compreende-se que um dos assuntos discutidos é a 2ª Bienal de São Paulo.[47]

No entanto, parece ter havido alguma confusão. Em carta não datada para Pietro Maria Bardi – que, pelo seu conteúdo, supõe-se ser de julho de 1953 –, Dione Neutra envia os formulários de inscrição de três projetos para a Exposição Internacional. Segundo ela, estes formulários haviam chegado em suas mãos no início daquele ano, mas Richard Neutra teria ficado repentinamente muito doente e por isso não puderam enviar os dados antes. Naquela época, MAM e Masp dividiam o mesmo endereço, na rua 7 de Abril, e Pietro Bardi, em resposta datada de 24 de julho de 1953, explica o mal-entendido e assegura que o material, quando recebido, seria encaminhado ao diretor da 2ª Bienal.

> Acredito que você saiba, a 2ª Bienal é organizada pelo Museu de Arte Moderna de São Paulo, que é uma instituição totalmente diferente da nossa: de qualquer forma, não fique ansiosa sobre o material, eu pedirei que seja tratado com o máximo de cuidado.[48]

Poucos dias antes, Arturo Porfili, secretário da II Bienal, escreveu para Dione dizendo que Pietro Bardi o havia informado sobre a confusão com o endereço e que recebera uma visita de Lucjan Korngold para tratar do mesmo assunto. Outra preocupação do casal Neutra era de um possível atraso na chegada do material a ser exposto em São Paulo, apesar do correio norte-americano ter dado como prazo até o dia 15 de agosto de 1953.[49] E, sobre esta questão, Porfili afirmou que os organizadores da mostra estariam dispostos a abrir uma exceção, pois acreditavam que a participação de Richard Neutra seria de grande valia para a 2ª Bienal.

> Nós gostaríamos de lhe informar que mesmo que os formulários e material a ser exposto cheguem com um pequeno atraso – não mais do que uma ou duas semanas conforme você mencionou – a participação do arquiteto Neutra significaria um elemento tão interessante para a Mostra Internacional de Arquitetura que acreditamos ser justificada a exceção que estamos preparados a oferecer neste caso.[50]

Dione enviou para o MAM-SP cinco ampliações de fotografias tiradas dos dois mais importantes projetos de Richard Neutra: três da casa Warren Tremaine e outras duas da casa Edgar Kaufman,[51] estas recebidas no dia 10 de agosto.[52] O restante do material – aquele enviado erroneamente aos cuidados de Pietro Bardi –, no entanto, parecia ainda não ter chegado ao seu destino final. Preocupada com o excessivo atraso da remessa, Dione recorreu ao Consulado Brasileiro em Los Angeles para que eles a interceptassem e garantissem que seguiria viagem ao destino final.⁵³ E enviou também uma carta para Lucjan Korngold, datada de 13 de novembro, pedindo ajuda para solucionar este problema e comenta não ter contado nada do que estava acontecendo para Richard Neutra, pois sua saúde estava muito debilitada e o assunto só o deixaria pior.⁵⁴

A incessante busca pela remessa perdida continuou até que, no dia 10 de maio de 1954, Wolfgang Pfeiffer, diretor do Museu de Arte Moderna de São Paulo, informou que o material havia sido entregue por engano no Masp e, com Pietro Bardi viajando, o encaminhamento para o destino correto demorou, chegando apenas quando a exposição da 2ª Bienal já tinha sido encerrada. Pfeiffer, no entanto, sugeriu a organização de uma nova exposição com este material.

> Nós gostaríamos de usá-lo de qualquer forma e exibi-lo em nosso museu num período que tivermos espaço disponível e alguma outra exposição que combine com a sua arquitetura. Ficaríamos gratos de receber uma notícia sua se concordar com nosso plano.⁵⁵

Muito insatisfeita com o ocorrido, Dione Neutra escreveu para Bardi, em 15 de maio de 1954, dizendo não entender como o Masp manteve consigo um material que não estavam esperando, mesmo sabendo que o museu ao lado estava organizando uma exposição internacional: "Não teria um simples telefonema, perguntando se eles estavam esperando algum material do sr. Neutra, resolvido o problema?"⁵⁶ E, para Wolfgang Pfeiffer, Dione pediu que, se a possível exposição sugerida não se concretizasse, o material fosse devolvido, pois se tratavam de fotografias e desenhos dos três maiores projetos de Richard Neutra.⁵⁷ No entanto, em 7 de junho de 1954, Pfeiffer informou ao casal Neutra que a exposição de suas obras no MAM-SP realmente ocorreria em julho seguinte e que, portanto, o material seria devolvido logo após.[58] Exposição esta que fora anunciada pelo jornal *O Estado de S. Paulo*.[59]

Segundo Pfeiffer, em carta datada de 30 de agosto de 1954, os projetos de Neutra foram alvo de grande atenção dentre os visitantes do museu.[60] E Dante Paglia, da editora Edições Americanas de Arte e Arquitetura – Ediam, responsável pela publicação do catálogo da Bienal, mostrou-se interessado em incluir tais projetos em seu próximo livro sobre a mostra internacional. De acordo com Paglia, este catálogo, que seria editado em português, inglês e francês e distribuído no mundo todo, seria uma compilação dos mais expressivos trabalhos expostos na 2ª Mostra Internacional de Arquitetura.

> Dentre os nomes que nos honraram com seus trabalhos, na 2ª Bienal, o seu goza de um lugar especial. Seu projeto Casa para Warren Tremaine, de 1949, tem sido objeto de extensiva divulgação em publicações técnicas e, por isso, gostaríamos de lhe oferecer algo especial, inserindo em nossa publicação alguns de seus projetos não publicados.[61]

Estes não foram os únicos desdobramentos imediatos da relação de Richard Neutra com a América Latina, nem foi São Paulo a única cidade em que eles ocorreram. A revista argentina *Nuestra Arquitectura*, por exemplo, publicou inúmeros projetos do arquiteto em suas edições. No caso do Brasil, em 1946, Neutra enviou aos alunos da Escola Nacional de Belas Artes material sobre algumas de suas obras e um pequeno texto para serem publicados na revista organizada por eles.[62] O mesmo foi feito para os alunos do Mackenzie: atendendo uma solicitação de Jorge Wilheim em 1949, Neutra enviou material para ser publicado na revista *Pilotis*.[63] O recorte estipulado neste livro, no entanto, procura evidenciar a conexão direta entre dois trabalhos, desenvolvidos sob os auspícios do Departamento de Estado norte-americano – os projetos em Porto Rico e a viagem de reconhecimento pela América do

Sul – e a publicação de um livro que serviu como guia para inúmeras gerações posteriores de arquitetos.

A relação de Richard Neutra com a América Latina se estendeu para além destes frutos iniciais. Em 1957, três anos após a publicação original em inglês, o Fundo de Cultura Econômica do México publicou a primeira edição traduzida para o espanhol de *Survival Through Design*.[64] No prefácio, escrito especialmente para essa edição, Neutra deixa gravado seu trânsito pelos países latino-americanos (através das conferências e palestras), sua familiaridade com a língua e cultura espanhola e sua ideia a respeito da influência cultural.

> Há pouco tempo, quando fui convidado a dar uma conferência na Cidade do México, uma pessoa muito generosa me chamou para ir a Acapulco, para passar uns dias em sua casa de frente ao mar. Culturalmente, me sentia muito familiarizado com essas pessoas que pensavam em castelhano, tal como me senti quando estive na Argentina e no Peru, talvez porque, evidentemente, em outro tempo sua história havia sido dirigida e modelada pela atitude espanhola perante a vida, assim como na minha pátria, Viena, durante o pós-renascimento. [...]
>
> Esta tarde eu deixei Acapulco, só que em direção oposta. Tinha que dar conferências em Harvard e um avião me levou diretamente a Boston. Dois dias depois, obrigações profissionais me detiveram em meu atual domicílio urbano, o qual, por mais controvertido que seja – dada a poderosa razão de suas origens –, conservará sempre seu nome e herança espanhola: Los Angeles. E logo, [...] Cheguei na Universidade de Manila, depois de um período de vários dias na Ilha de Guam, onde inspecionei as obras que ali estão realizando, muito semelhantes às escolas tropicais que eu construí em Porto Rico.[65]

No ano seguinte, em 1958, o Editorial Nueva Visión, sediado em Buenos Aires, publicou *Realismo biológico – un nuevo renacimiento humanístico en arquitectura*. Editado somente em espanhol, este livro é resultado da tradução da fala de Neutra em conferência dada durante o congresso organizado pela Associação de Arquitetos de Alberta, no Canadá.[66] No prefácio, o editor comenta sobre o relativo isolamento do arquiteto e sua opinião sobre considerá-lo além da já comum rotulação de representante do estilo internacional.

> Mas, durante muito tempo, Neutra foi uma figura isolada no hemisfério ocidental, desde Montreal até Buenos Aires. Para perceber esta solidão, basta dar uma olhada nas revistas de arquitetura de 1920 a 1930. A casa de Los Angeles se apresentava como um trabalho original de síntese das forças configuradoras da nova arquitetura; muitas vezes foi dito, bastante superficialmente, que representava o ponto de interseção do 'International Style' europeu com a obra de Frank Lloyd Wright, a qual por si só constituía a síntese genial e confusa das pradarias e Extremo Oriente. Mas encontro não era de modo algum um meio termo nem um feliz compromisso: a atitude fisiológica integral lhe conferia um selo distinto, superando a mera exibição estilística que usa empréstimos daqui e dali. Consideradas retrospectivamente e em conjunto, suas obras mostram um selo inconfundível; revelam a vigorosa personalidade de seu criador.[67]

Em 1972, dois anos após sua morte, mais um livro publicado na Argentina, desta vez pelo Editorial Marymar: *Vida y forma*, uma tradução da autobiografia de Richard Neutra publicada, originalmente, em 1962. No prólogo para a edição espanhola, Dion Neutra comenta sobre a relação de seu pai com a América Latina e Espanha:

> Recordo o quão orgulhoso e contente meu pai se sentiu quando tivemos o privilégio de realizar nosso primeiro trabalho em solo de língua espanhola: uma residência em Havana (Cuba), cuja obra finalizou em 1956. Um contrato para a construção de moradias em uma base aérea espanhola nos levou, a mim e a meu pai, a Madri durante um mês no início de 1955. Nesta oportunidade, ganhamos muitos bons amigos.[68]

Para além dos livros, duas obras marcam a continuidade de sua relação com a América Latina: a Casa Schulthess (1956), em Havana, e a Casa Gorrondona (1958-1965), em Caracas. Ambas construídas para personagens influentes em um período em que os Estados Unidos mantinham *boas relações* com os governos destes países; elas trazem, em si, toda a trajetória do envolvimento de Richard Neutra com os colegas latino-americanos. Coincidência – ou não –, elas são deixadas totalmente de lado pelos principais livros sobre a obra do arquiteto: aqueles de Thomas Hines e Barbara Lamprecht. Em *Richard Neutra and the Search for Modern Architecture*, o único momento em que são citadas é para exemplificar aquilo que o historiador entende como ruim (a Casa Schulthess) e bom (a Casa Gorrondona) nos projetos residenciais de grande porte do arquiteto.[69] Já na primeira edição do compêndio de obras organizado por Lamprecht, o pouquíssimo destaque dado às casas é coroado por uma confusão nas imagens: no lugar do que deveria ser uma foto da Casa Gorrondona, foi publicada uma foto da Casa Schulthess.[70]

Ambas casas serão apresentadas a partir do ponto de vista historiográfico – ou de sua exclusão da historiografia, melhor dizendo –, juntamente com cinco outras obras do arquiteto, quatro em solo norte-americano (Los Angeles Hall of Records e as casas VDL 2, Kaufmann e Tremaine) e uma no Paquistão (Embaixada dos Estados Unidos em Karachi). O objetivo aqui é propor novas leituras e interpretações sobre elas a partir do ponto de vista da relação de Richard Neutra com a América Latina.

Casa Alfred De Schulthess, Havana, Cuba. Richard Neutra, 1956. Foto André Marques

Outras três viagens ao Brasil

Casa Tremaine, Santa Barbara EUA. Richard Neutra, 1948. Foto Julius Shulman.

Acervo © J. Paul Getty Trust. Getty Research Institute, Los Angeles (2004.R.10)

> *Embora Neutra tenha projetado para muitos países e muitos climas, sua arquitetura é uma eterna busca pelo Sul, berço da civilização. O homem 'adora imigrar para o Sul ou conquistá-lo', escreveu ele. 'Como todos os bárbaros nórdicos, queremos ir para a ensolarada Hellas, ou para a terra onde os limoeiros florescem e nenhuma tempestade de gelo nos perturba.*
> Esther McCoy, *Richard* Neutra[71]

Após 1945, Richard Neutra visita o Brasil outras três vezes: em 1957, 1958 e 1959. Neste último ano, veio para participar do Congresso Internacional de Críticos de Arte, organizado pela Seção Brasileira da Associação Internacional de Críticos de Arte – ABCA-Aica[72] – assunto que será discutido mais adiante. Mas, para compreendermos os motivos e circunstâncias das duas viagens anteriores, será necessário um parêntese. Ou seja, será preciso primeiro estudar o envolvimento de Neutra com o grupo do Ciam e com a constituição das Nações Unidas.

Criado na Suíça, em 1928, o Ciam representava um grupo de arquitetos preocupados em criar um senso unificado daquilo que acreditavam ser uma nova possibilidade arquitetônica – e que hoje é conhecida como o movimento moderno na arquitetura.[73] Inicialmente, vincularam-se apenas às iniciativas habitacionais da Europa e seus membros tinham, portanto, pouco envolvimento na América do Norte.[74] O primeiro esforço em promover uma discussão sobre o urbanismo nos Estados Unidos foi através da publicação do livro *Can Our Cities Survive? An ABC of Urban Problems, Their Analyses, Their Solutions: Based on the Proposals Formulated by Ciam*, escrito por José Luis Sert em 1942.

Uma vez que o livro finalmente apareceu, a Universidade de Harvard informou Sert que as vendas estavam boas. Cópias foram distribuídas para os membros do Conselho de Planejamento Nacional, da Administração Federal de Habitação, da Agência Nacional de Habitação e para alguns oficiais do governo, incluindo Wallace K. Harrison, que então atuava como Vice-Coordenador para Assuntos Interamericanos.[75]

Após a publicação do livro de Sert, o Ciam focou suas atividades e interesses nos esforços de reconstrução pós-guerra na Europa e, para isso, criou, em 1943, a Seção de Nova York para Assistência e Planejamento Pós-Guerra (*New York Chapter for Relief and Postwar Planning*).[76] Sendo seus membros escolhidos: Richard Neutra como presidente; Longberg-Holm, José Luis Sert e Paul Nelson como vice-presidentes; e Harwell Hamilton Harris como secretário-tesoureiro.[77] Neste momento, a real preocupação do grupo, segundo afirma Eric Munford, parece ter sido conseguir comissionamentos para seus membros. "Como Gropius colocou, a intenção deles era talvez mais direcionada aos efeitos práticos do que em criar um novo movimento filosófico".[78]

A busca por um envolvimento mais efetivo do Ciam na reconstrução pós-guerra levou o grupo a buscar participação, por exemplo, em órgãos como as Nações Unidas. Assim, em 1945, o comitê executivo do Ciam decidiu que Richard Neutra deveria participar, como representante do grupo, da Conferência de São Francisco – que viria a determinar a consolidação das Nações Unidas. Coube a Stamo Papadaki – arquiteto que também estabeleceria fortes vínculos com o Brasil ao participar do júri do concurso de Brasília e ao escrever um livro sobre Oscar Niemeyer – comunicar a Neutra a decisão:

> O Comitê Executivo nova-iorquino da Seção do Ciam para Assistência e Planejamento Pós-Guerra confiou a

mim a tarefa de lhe informar o seguinte: que eles lhe transmitem a decisão de que você irá representar a Seção na Conferência de São Francisco, e que expressam a você os agradecimentos por seus esforços em assumir tal responsabilidade.[79]

A relação de Neutra com o Ciam, no entanto, parece ter se distanciado ao longo do tempo. E o historiador Eric Munford – em depoimento dado por e-mail a esta autora, em dezembro de 2014 – aponta alguns possíveis motivos. Em primeiro lugar, a relação aparentemente distante com Walter Gropius, influente membro do grupo. Em segundo lugar, por seu escritório e prática projetual estarem em Los Angeles em um período em que as viagens de negócios, nos Estados Unidos, eram feitas quase inteiramente de trem. Ou seja, sua localização era, para a época, remota. E, por fim, o passado socialista do Ciam podia afetar negativamente a carreira dos arquitetos norte-americanos no pós-guerra. Motivo este que também poderia justificar o não envolvimento de arquitetos como George Howe, Wallace Harrison e Eero Saarinen, que, segundo Munford, foram por várias vezes convidados a fazer parte do grupo, mas preferiram manter-se distantes.

Minha conclusão, a partir do estudo de diversos documentos relevantes, é que Sigfried Giedion, então nos Estados Unidos, era o principal organizador da Seção de Nova York, continuando o papel que desempenhou no Ciam desde 1929. Até onde eu saiba, o objetivo do grupo era influenciar as propostas de planejamento pós-guerra na Europa e seu principal fruto parece ter sido a criação da Sociedade Americana de Arquitetos e Urbanistas (Aspa) – sobre o qual escrevi no meu livro *Defining Urban Design* –, que então convidou Le Corbusier para apresentar seu *projeto Saint Die*, de reconstrução da França (e, por extensão, para a reconstrução mundial), em Nova York, logo após o término da guerra. Dada a localização remota de Neutra (para a época) e pela necessidade de grandes projetos para planejamento de áreas suburbanas, ele não era visto no Ciam como uma figura tão importante, em questões de desenho urbano, quanto Le Corbusier.

Tendo o Ciam americano permanecido viável, Neutra continuou como o seu líder – foi também convidado pelo então presidente do Ciam, José Luis Sert, para uma palestra na Primeira Conferência de Design Urbano de Harvard, em 1956. Mas os líderes do Ciam nos Estados Unidos (Gropius, Sert, Giedion), no final da década de 1940, concluíram que o país não era uma ambiente muito receptivo para o Ciam, talvez baseados em partes pelas experiências profissionais de Gropius e também pelo receio de envolvimento com o grupo por parte de arquitetos norte-americanos como George Howe, Wallace Harrison e Eero Saarinen, que foram por várias vezes convidados a fazer parte do Ciam, mas preferiram manter alguma distância, assim como Mies van der Rohe (no entanto, Mies continuou a pagar os tributos do Ciam até por volta de 1956). Esta questão pode muito bem ter ocorrido devido ao consenso de que o passado socialista do Ciam poderia afetar negativamente a carreira destes arquitetos no cenário pós-guerra dos Estados Unidos, o que de fato aconteceu com muitas personalidades no campo das artes quando o McCarthismo iniciou, no final da década de 1940, a tentativa de eliminar o comunismo do Departamento de Estado, dos militares, de Hollywood etc.[80]

Por outro lado, apesar deste aparente esfriamento das relações de Richard Neutra com o Ciam, aquelas estabelecidas com o grupo das Nações Unidas parecem ter perdurado. Foram encontradas, no acervo *Neutra Collection* da UCLA, cartas que comprovam o contato com representantes deste grupo desde a Conferência de São Francisco, em 1945, até poucos meses antes de seu falecimento. E é a partir destes dados que se baseia a suposição – considerada plausível pelo historiador Thomas Hines, em entrevista dada à autora em dezembro de 2014 – para a justificativa das viagens consecutivas nos anos de 1957 e 1958.

A leitura do livro, publicado pelo Departamento de Informação das Nações Unidas em 1961 – *The United Nations and Latin America: A Collection of Basic Information Material about the Work of the United Nations and the Related Agencies in Latin America* –, permite compreender o interesse do grupo das Nações Unidas e das agências aliadas, como a Economic Commission for Latin America – Ecla (Comissão Econômica para a América Latina – Cepal) –, em questões de desenvolvimento e urbanização dos países latino-americanos.

> Cepal estudou os problemas de urbanização, particularmente aqueles associados aos movimentos migratórios em larga escala de áreas rurais para urbanas que está afetando gravemente a maioria das grandes cidades da América Latina.[81]

Neste contexto, foram organizadas diversas conferências e reuniões, que aconteceram em países da América Latina, para discutir questões como, por exemplo: a questão do financiamento para habitações sociais, ocorrida em 1957;[82] e sobre os problemas da arquitetura e do urbanismo nas novas cidades (*New towns: Problems of Urbanism and Architecture*), ocorrida em 1958 no Rio de Janeiro e em Brasília.[83] Assim, dado o interesse de Richard Neutra nestes assuntos, acredito ser plausível afirmar que tais encontros foram os motivos que o trouxeram de volta ao Brasil nestes anos consecutivos.

Tais visitas foram divulgadas nos jornais cariocas *Diário de Notícias* e *Correio da Manhã*. No primeiro caso, a notícia se referia a uma visita de, aproximadamente, seis dias no

Rio de Janeiro – entre 15 e 21 de junho de 1957 –, quando proferiu palestras na Escola Nacional de Belas Artes.[84] Já no segundo caso, a reportagem dizia respeito a uma carta escrita por Neutra e enviada ao presidente Juscelino Kubitschek – "Neutra à JK: Brasília, maravilhosa obra de Niemeyer" –, em julho de 1958, e onde também comenta, além da visita à nova capital ainda em construção, sua passagem pelo Rio de Janeiro.

O entusiasmo de Richard Neutra com as obras de Oscar Niemeyer e com a construção de Brasília fica muito claramente expresso na carta enviada a Juscelino e, por isso, acredita-se ser de grande valia sua reprodução integral:

> Meu caro senhor presidente,
> De volta a Washington, tenho sempre relembrado, em minhas conversas, a profunda impressão que tive da nova Capital do Brasil e da maravilhosa obra planejada por Oscar Niemeyer e Lúcio Costa. Espero que o palácio presidencial esteja concluído, na sua beleza e esplendor, a demonstrar a liderança do Brasil nos projetos arquitetônicos do mundo contemporâneo, ao qual devem os arquitetos de muitos países que visitei, em todos os continentes.
>
> Permita-me agradecer-lhe, novamente, o encontro que me proporcionou, quando de meu regresso de Brasília. Estou muito interessado no livro que vossa excelência mencionou, que contém estudo histórico de uma dúzia de capitais fundadas e executadas pelo homem, através dos tempos. Vossa excelência estava, como disse, lendo esse livro por ocasião de nossa visita, e gostaria de saber o seu título.
>
> Permita-me reiterar-lhe que tive imenso prazer em encontrar Niemeyer, cujo gênio admiro desde que visitei Belo Horizonte, há mais de doze anos. Oscar Niemeyer produziu uma obra-prima, estimulado por um cliente de fascinante visão como é vossa excelência. Desejo

que esse admirável trabalho de Brasília, sob a liderança cívica e artística de vossa excelência, continue vitorioso e atinja a um término feliz.

Como estamos no momento construindo a embaixada americana em Karachi, no Paquistão, tive ocasião de visitar, no nosso Departamento de Estado, Mr. Hughes, chefe da Divisão de Construção, e pude verificar com satisfação que ele é igualmente entusiasta do Brasil.
Cordialmente,
Richard Neutra.[85]

No ano seguinte, em setembro de 1959, Richard Neutra voltou ao Brasil, acompanhado de figuras importantes como Giulio Carlo Argan, Bruno Zevi, Eero Saarinen e Jean Prouvé, dentre outros, para participar do Congresso Internacional Extraordinário de Críticos de Arte em Brasília, São Paulo e Rio de Janeiro. Estruturado pela Associação Internacional de Críticos de Arte – Aica – uma organização não-governamental criada entre 1949 e 1950 e com algumas semelhanças, no que diz respeito a seu foco cultural, com a Unesco (*United Nations Educational, Scientific and Cultural Organization*)[86] –, o tema central deste congresso, A Cidade Nova-Síntese das Artes, baseou-se na discussão da construção de Brasília[87] e de seu lugar na arquitetura e urbanismo da época.[88]

Henry Meyric Hughes, presidente honorário da Aica e chefe da Divisão de Construção do Departamento de Estado norte-americano (citado por Neutra em sua carta para Juscelino), afirmou que Brasília representava os esforços progressista em prol do desenvolvimento econômico do país.

Para muitos europeus cansados da guerra, os países subdesenvolvidos da América Latina, como a Argentina e a Venezuela, assim como o Brasil, ofereciam a esperança da regeneração econômica e novas ideias, enquanto para os norte-americanos existia a atração adicional de uma última fronteira, associada aos seus próprios mitos fundadores. Assim, a construção de Brasília, numa escala ainda mais extensa e ambiciosa do que em outras novas capitais, tais como Camberra e Chandigard, foi vista por todos os envolvidos como um gesto de grande força simbólica.[89]

Não é o objetivo deste trabalho aprofundar o tema das críticas e defesas da construção de Brasília geradas nos debates do congresso, mas sim evidenciar a participação de Richard Neutra e seu entusiasmo com a nova capital brasileira. As conferências aconteceram em Brasília, entre os dias 17 e 19 de setembro; em São Paulo, nos dias 21 e 22, coincidindo com a abertura da 5ª Bienal – agora em sua nova casa, o Palácio das Indústrias projetado por Oscar Niemeyer –; e no Rio de Janeiro, entre 23 e 25. De acordo com as atas, publicadas pelo Docomomo do Rio em 2009, Richard Neutra participou da Segunda Sessão de Urbanismo ocorrida na tarde do dia 18 de setembro de 1959, no Palácio de Justiça em Brasília. Acompanhado de Giulio Carlo Argan, Mário Pedrosa, Bruno Zevi e Eero Saarinen, dentre outros, Neutra discutiu sobre o esforço de impulsionar o desenvolvimento sem perder de vista as necessidades do indivíduo.

> Estamos vivendo numa era de realizações em massa, e o presidente Kubitschek podia fazer isso. [...] No meio de todas essas realizações de massa, Oscar Niemeyer e Lúcio Costa não se perderam, e souberam dar valor ao indivíduo. Talvez seja esta a impressão mais importante que se leva de Brasília. E tem sido assim durante todo este tempo de trabalho em três turnos, ininterrupto, em Brasília – cinquenta mil pessoas trabalhando ao mesmo tempo.[90]

Os jornais brasileiros da época acompanharam os preparativos e o congresso em si, divulgando as atividades e opiniões dos congressistas em relação a Brasília.[91] Na edição de 25 de setembro de 1959, o jornal carioca *Correio da Manhã* publicou sobre o almoço organizado para os críticos, que aconteceu no dia anterior, no restaurante Esquilos na Floresta da Tijuca. E, nas fotos, é possível reconhecer Richard Neutra sentado ao lado de Niomar Moniz Sodré, Diretora Executiva do Museu de Arte Moderna do Rio de Janeiro, com quem estava conversando no momento da foto.[92] Ainda no mesmo jornal, a edição do dia 26 comentou sobre o jantar de encerramento do Congresso Internacional de Críticos de Arte, que aconteceu nos jardins do MAM-RJ – e cujos desenhos são de Roberto Burle Marx – e no qual o presidente Juscelino Kubitschek também estava presente.[93]

As duas visitas a Brasília, em 1958 e 1959, parecem ter realmente impressionado Richard Neutra. Foram encontradas, no acervo *Neutra Collection* da UCLA, diversas cópias, em inglês e português, de um artigo escrito por ele sobre a capital brasileira – e, aparentemente, sem indícios de que chegou a ser publicado: "Brasília: um ponto culminante de iniciativa novamente visitado". Em honra de seus idealizadores, mostra o entusiasmo do arquiteto em relação ao esforço e concretização desta nova cidade.

> As cidades não são composições no plano e no papel. Elas são tridimensionais e operam no espaço e *no tempo*. Brasília especialmente é um fenômeno no tempo. Ela muda e completa sua forma enquanto você observa. O solo vermelho de óxido de ferro mostra onde o sulco do progresso foi arado pelas máquinas milagrosas de nosso tempo.
>
> Enormes e semelhantes a torres, as estruturas projetam suas sombras sobre as estradas, construídas desde que admirei este gigantesco esforço no ano passado. Estou satisfeito de ter negligenciado todas as minhas obrigações como um arquiteto, e que meus clientes nos vários continentes tenham-me deixado em liberdade para rever Brasília, o que significa muito mais, em nosso

convulsionado e populoso globo, do que os próprios
brasileiros possam crer.

Naturalmente eles sabem o que ela significa para
sua política e economia correntes. É muito mais difícil
para os que estão mais perto julgar sua futura significação quando estradas e rotas aéreas, cheias de caminhões
e veículos em todas as direções, tiverem feito esta extraordinária cidade, sobre seu lago artificial, um ponto de
junção cosmopolita, com aviões-foguete alcançando-a
em curtas horas, de muitas partes da cena planetária.[94]

A leitura de todas as correspondências, artigos e recortes
de jornais que compõem a narrativa deste capítulo levam
à conclusão de que as medidas adotadas pela política de
relações interamericanas dos Estados Unidos foram essenciais para a aproximação de Richard Neutra com a América
Latina, mas foi seu interesse pessoal por estes países e suas
arquiteturas que levou a tantos desdobramentos – contatos, palestras, artigos escritos e publicados tanto entre os
norte-americanos quanto entre os latino-americanos. No
caso específico da relação com os brasileiros, foco principal
deste livro, a atenção dada aos estudantes da Escola Nacional
de Belas Artes e da Faculdade de Arquitetura da Universidade Mackenzie, bem como o interessem em publicar um
livro sobre suas experiências de Porto Rico no Brasil – que
contou com a colaboração dos brasileiros para a organização
e tradução – e em participar de exposições no país – casos
do Masp e Bienal de São Paulo – evidenciam uma mistura
entre o papel desempenhado como mensageiro à serviço do
governo dos Estados Unidos e o interesse real e pessoal por
nossa arquitetura e pelo cenário moderno brasileiro.

Casa Kaufmann, detalhe do sistema de abertura e fechamento dos brises, Palm Springs EUA. Richard Neutra, 1946-1947. Foto Julius Shulman. Acervo © J. Paul Getty Trust. Getty Research Institute, Los Angeles (2004.R.10)

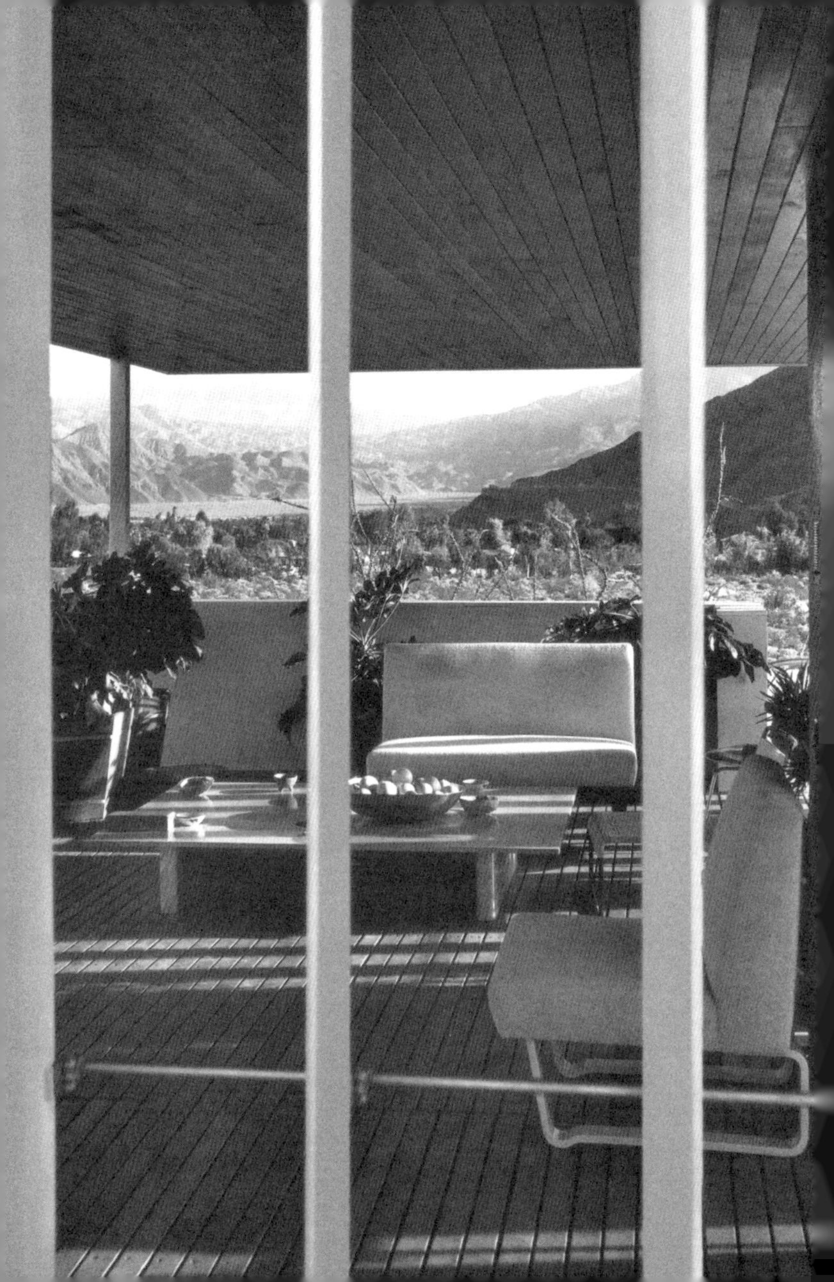

Os projetos com Burle Marx

Amalgamated Clothing Workers of America, Los Angeles EUA. Richard Neutra, 1956. Foto Julius Shulman.

Acervo © J. Paul Getty Trust. Getty Research Institute, Los Angeles (2004.R.10)

> *Roberto Burle Marx, o brasileiro que o mundo conhece, tem um grande admirador na Califórnia. Richard Neutra acredita profundamente que os sentimentos de Roberto pela natureza viva e florescente dos jardins precisa se tornar um exemplo visível na Califórnia, nos Estados Unidos.*
>
> *Neutra recentemente ganhou um prêmio nacional pelo projeto do 'Templo do Trabalho' em Los Angeles; Roberto Burle Marx foi convidado a proporcionar a beleza viva – e os californianos se alegrarão de vê-la.*
> Richard Neutra, Roberto Burle Marx[95]

O primeiro documento referente a Roberto Burle Marx, localizado no acervo *Neutra Collection* da UCLA, foi uma montagem do artigo *Aspen Conference on Design*, publicado pela revista *Fortune* em setembro de 1952. Dentre os recortes selecionados deste artigo estão um desenho feito por Neutra, durante uma reunião, da tenda-anfiteatro projetada por Eero Saarinen; e duas fotografias: uma de Richard Neutra junto com Buckminster Fuller e Herbert Bayer – arquiteto austríaco, formado na Bauhaus e também radicado nos Estados Unidos – e outra com Neutra sentado, desenhando, junto a seu filho Raymond (com 14 anos na época). Aparentemente, tal documento não tem qualquer relação com o paisagista brasileiro. No entanto, em depoimento por email dado à pesquisadora, Raymond Neutra afirma se recordar de um piquenique com Burle Marx durante os encontros do congresso. E, no filme *International Design Conference in Aspen: The First Decade*, lançado em 1960 e que hoje é parte do acervo online do *Chicago Film Archive*,[96] confirma a participação do brasileiro.

Richard Neutra e Roberto Burle Marx se conheceram pessoalmente durante a visita do austríaco ao Brasil, em novembro de 1945. Alguns anos depois, entre 1954 – logo após o jornal *Correio da Manhã* publicar sobre o êxito do

Amalgamated Clothing Workers of America, Los Angeles EUA. Richard Neutra, 1956. Foto Julius Shulman.

Acervo © J. Paul Getty Trust. Getty Research Institute, Los Angeles (2004.R.10)

paisagista entre os norte-americanos[97] – e 1956, ocorreu uma extensa troca de correspondências entre os dois. A leitura destes documentos mostrou não apenas os laços de amizade entre eles, mas principalmente um esforço por parte de Richard Neutra em estabelecer parcerias com Burle Marx, conforme podemos perceber na carta escrita pelo brasileiro:

> Foi uma ótima experiência estar com você, as conversas que tivemos e os dias que passamos juntos serão ricos e férteis como lições para mim, ouvindo suas maravilhosas e lúcidas ideias. Espero um dia ser capaz de fazer jus à confiança que depositou em mim.[98]

A pesquisa, no entanto, não foi capaz de definir com exatidão a que encontro Roberto Burle Marx se refere na carta para Richard Neutra. Cronologicamente, esta carta do dia 18 de agosto de 1954 é a primeira correspondência trocada entre eles que foi identificada no acervo *Neutra Collection*. Mas seria plausível afirmar que este encontro ocorrera durante a Conferência de Design em Aspen, em 1952. Vale lembrar que, em 21 de março de 1963, a casa de Neutra, a VDL Research House 1, sofreu um incêndio, momento no qual vários documentos foram perdidos. Trata-se apenas de uma possibilidade, mas, talvez, correspondências anteriores – e até posteriores a 1956 – tenham se perdido no incidente.

Aparentemente, o primeiro projeto oferecido a Roberto Burle Marx foi o mural para a sede do Amalgamated Clothing Workers of America, em Los Angeles. Na carta do dia 18 de agosto de 1954, Burle Marx aceita com grande entusiasmo a proposta.[99] Neutra, além do painel, havia sugerido aos clientes que o paisagismo também ficasse a cargo do brasileiro, mas, por falta de verba, esta possibilidade ficou incerta durante alguns meses.[100] Até que, no dia 11 de maio de 1955, Neutra escreveu ao amigo dizendo talvez haver uma possibilidade dos clientes aceitarem os dois projetos.

Quanto ao Templo do Trabalho [Amalgamated Clothing Workers of America], iniciamos a construção, mas eles ainda estão em um processo desesperado de tentativa de corte de gastos. Várias listas de reduções foram feitas e nós continuamos tentando reduzir as despesas, pois esse pessoal não é agraciado com amplos fundos e começaram com mais entusiasmo do que dinheiro. Irei, certamente, lhe informando sobre o assunto. Você consideraria a quantia de US$ 250 pelo projeto do pequeno jardim e do mural? Não tenho ideia de como poderei abordá-los para pedir mais dinheiro. No entanto, eles escutaram com razoável interesse minhas muitas histórias sobre a importância de sua contribuição.[101]

Em fevereiro de 1955, Richard Neutra comentou estar trabalhando no projeto de uma grande residência em Havana, Cuba, e diz ter recomendado veementemente ao cliente que encomendasse a Roberto Burle Marx o projeto de paisagismo.[102] Poucos meses depois, surgem na conversa outros dois projetos nos quais Neutra tentava viabilizar a parceria com Burle Marx: a casa Hammerman (1954) e a casa Brown (1955). No primeiro caso, tratava-se de um painel com dimensões 7,6m x 1,5m x 0,25m (25 feet x 5 feet x 10 inches); e, no segundo, de um projeto paisagístico.[103]

Burle Marx deu início aos desenhos destes dois novos projetos, mas, na carta enviada por Neutra em maio de 1955, o arquiteto pede que os trabalhos sejam suspensos. No caso da residência Brown, a família ainda não havia se decidido sobre a contratação do brasileiro e, por isso, sugere que Burle Marx envie o projeto no estágio em que se encontrava, pois este material seria usado como argumento por Neutra. Segundo ele, "este tem sido um trabalho muito prazeroso e os donos têm cooperado muito".[104] Já no caso da residência Hammerman, a situação parecia estar um pouco mais complicada. Os recursos financeiros do cliente haviam se esgotado e o projeto seguia muito devagar. Neutra sugere que não sejam despendidos mais esforços para este trabalho, mas afirma que "eles estão consideravelmente receptivos a ideias sobre o paisagismo ou qualquer outro conselho que possa dar, que será de grande valor para eles".[105]

Amalgamated Clothing Workers of America, Los Angeles EUA. Richard Neutra, 1956. Foto Julius Shulman.

Acervo © J. Paul Getty Trust. Getty Research Institute, Los Angeles (2004.R.10)

Em suas cartas, Richard Neutra mostrava-se muito entusiasmado com a possibilidade de trabalhar em parceria com Burle Marx e empenhado em convencer seus clientes da importância da contratação do paisagista brasileiro. No entanto, questões diversas – em geral, financeiras – atrapalhavam estas tentativas.

> Posso dizer que continuo muito entusiasmado em vê-lo envolvido com um outro trabalho que estamos fazendo e considero isto uma porta aberta para futuras possibilidades, conforme já discutimos. Às vezes fico triste de não poder apresentar ofertas melhores para começarmos [a colaboração].[106]

Assim, os únicos projetos que efetivamente consolidaram a parceria entre Richard Neutra e Roberto Burle Marx foram a residência Schulthess e a sede do Amalgamated Clothing Workers of America. No entanto, Barbara Lamprecht, em seu livro sobre as obras de Neutra, afirma que Burle Marx fez sugestões para o paisagismo da casa Brown, "incluindo um ritmo, mas com massas de diferentes alturas e cores, escreveu ele para Neutra em 14 de julho de 1955".[107] Infelizmente, a pesquisa não encontrou no acervo Neutra Collection essa carta citada pela historiadora.

Independente do número de trabalhos concretizados, Burle Marx parece realmente ter chamado a atenção do arquiteto austríaco. Em carta datada de 16 de fevereiro de 1955, Neutra enviou ao brasileiro uma lista de fotografias e plantas – não há especificação clara sobre qual projeto Richard Neutra se referia, pois os desenhos e imagens não foram localizados, mas acredita-se que se trate do edifício sede do Amalgamated Clothing Workers of America –, junto ao texto sobre Roberto Burle Marx escrito por Neutra.[108] Possivelmente, este material tenha sido enviado para uma publicação no Brasil.

Notas

1. ZEIN, Ruth Verde. Quando documentar não é o suficiente. Obras, datas, reflexões e construções teóricas. *Leituras críticas*, p. 116-117.
2. WAISMAN, Marina. *O interior da história: historiografia arquitetônica para uso de latino-americanos*, p. 96.
3. Idem, ibidem, p. 97.
4. FREUD, Sigmund (1919). Lo siniestro, p. 2484.
5. Idem, ibidem, p. 2487. Grifo original.
6. BLOOM, Harold. *A angústia da influência: uma teoria da poesia*, p. 80. Grifo original.
7. Cf. BAXANDALL, Michael. *Patterns of Intention. On the Historical Explanation of Pictures*.
8. LEVI, Giovanni. Sobre a micro-história, p. 158.
9. Idem, ibidem, p. 155.
10. Carta, Richard Neutra para Gerth Todtmann, 29 nov. 1948. Folder 5, Box 186. Professional Papers, Correspondence. Neutra Collection, UCLA Library of Special Collections.
11. Para citar apenas alguns: CRITELLI, Fernanda. *Richard Neutra e o Brasil*; CRITELLI, Fernanda. *Richard Neutra: conexões latino-americanas*; RODRÍGUEZ LÓPEZ, Luz Marie. *¡Vuelo al porvenir! Henry Klumb y Toro-Ferrer: proyecto moderno y arquitectura como vitrina de la democracia – Puerto Rico, 1944-1958*; RABELL, Leonardo Santana. *Planificación y política durante la administración de Luis Muñoz Marin: un análisis crítico*; ETTINGER, Catherine R. *Richard Neutra en América Latina: Una Mirada desde el Sur*.
12. NEUTRA, Raymond Richard. Encontros porto-riquenhos.
13. Carta de Charles W. Collier para Richard Neutra, 14 set. 1945. Folder 8. Box 1429. Office Records, Correspondence. Neutra Collection. UCLA Library of Special Collections.
14. Carta, Richard Neutra para Gerth Todtmann, 29 nov. 1948. Folder 5, Box 186. Professional Papers, Correspondence. Neutra Collection, UCLA Library of Special Collections.
15. NEUTRA, Richard Joseph. Observations on Latin America, p. 68.
16. Idem, ibidem, p. 67.
17. Idem, ibidem, p. 70.
18. Idem, ibidem, p. 69.
19. Idem, ibidem, p. 72.
20. Em depoimento à pesquisadora, Raymond Neutra afirma que os brises móveis estudados por Richard Neutra, nos edifícios latino americanos, foram incorporados à sua arquitetura já em 1946 com a casa Kauffman e, também, no projeto de reconstrução de sua própria casa, VDL 2, em 1965.
21. NEUTRA, Richard Joseph. Sun Control Devices, p. 88.
22. NEUTRA, Richard Joseph. Observations on Latin America (op. cit.), p. 71.
23. Carta, Richard Neutra para Walter Hylton Scott, 1946. Folder 8, Box 1429. Office Records, Correspondence. Neutra Collection, UCLA Library of Special Collections.
24. Carta, Editora Todtmann & Cia Ltda. para Richard Neutra, 15 jul. 1949. Folder 5, Box 186. Professional Papers,

25. IRIGOYEN TOUCEDA, Adriana Marta. *Wright e Artigas: duas viagens*, p. 128.
26. Idem, ibidem, p. 147. As informações mais específicas de datas, período e valor da bolsa estão na nota 60.
27. Carta, João Vilanova Artigas para Richard Neutra, 5 mar. 1947. Folder 8, Box 1429. Office Records, Correspondence. Neutra Collection, UCLA Library of Special Collections.
28. Carta de Artigas a Wagley (24.3.47). Apud IRIGOYEN TOUCEDA, Adriana Marta. *Wright e Artigas: duas viagens* (op. cit.), p. 156.
29. Carta, Richard Neutra para Gerth Todtmann, 29 nov. 1948 (op. cit.).
30. Carta, Richard Neutra para Gerth Todtmann, 29 nov. 1948 (op. cit.). Trecho destacado na epígrafe do texto.
31. BAXANDALL, Michael. *Patterns of Intention. On the Historical Explanation of Pictures*, p. 58-62.
32. ALEXANDER, Robert E. Unpublished Memoirs. Alexander Papers, Cornell University. Apud HINES, Thomas S. *Richard Neutra and the Search for Modern Architecture*, p. 268.
33. NEUTRA, Richard Joseph. *Arquitetura social em países de clima quente*, p. 8.
34. TODTMANN, Gerth. Prefácio do Editor. In NEUTRA, Richard Joseph. Op. cit., p. 6.
35. Idem, ibidem, p. 40.
36. WARCHAVCHIK, Gregori. *Introdução*. In Idem, ibidem, p. 10.
37. Idem, ibidem, p. 16.
38. Carta, Pietro Maria Bardi para Richard Neutra, 7 dez. 1948. Pasta "Richard Neutra". Biblioteca de Documentos Históricos do Masp.
39. Carta, Richard Neutra para Gerth Todtmann, 4 fev. 1949. Folder 5, Box 186. Professional Papers, Correspondence. Neutra Collection, UCLA Library of Special Collections.
40. O Museu de Arte de São Paulo. *Correio da Manhã*, 19 jan. 1949. Fundação Biblioteca Nacional (acervo digital).
41. Carta, Pietro Maria Bardi aos editores da revista *The Architectural Forum*. Pasta "Richard Neutra". Biblioteca de Documentos Históricos, Masp.
42. Carta, Pietro Maria Bardi aos editores da revista *L'Architecture d'Aujourd'hui*. Pasta "Richard Neutra". Biblioteca de Documentos Históricos, Masp.
43. Carta, Pietro Maria Bardi aos editores da revista *Progressive Architecture*. Pasta "Richard Neutra". Biblioteca de Documentos Históricos, Masp.
44. Carta, Pietro Maria Bardi para Dione Neutra. Pasta "Richard Neutra". Biblioteca de Documentos Históricos, Masp.
45. Carta, Francisco Matarazzo Sobrinho para Richard Neutra. Folder 7. Box 187. Personal Papers, Public Relation Material. Neutra Collection. UCLA Library Special Collections.
46. Carta, Régula Thorston para Francisco Matarazzo Sobrinho. Folder 7. Box 187. Personal Papers, Public Relation Material. Neutra Collection. UCLA Library Special Collections.

47. Carta, Dione Neutra para Lucian Konrgold. Folder 23. Box 1972. Office Records, Correspondence. Neutra Collection. UCLA Library Special Collections.
48. Carta, Pietro Maria Bardi para Dione Neutra. Folder 7. Box 187. Personal Papers, Public Relation Material. Neutra Collection. UCLA Library Special Collections.
49. Carta, Dione Neutra para Pietro Maria Bardi. Folder 7. Box 187. Personal Papers, Public Relation Material. Neutra Collection. UCLA Library Special Collections.
50. Carta, Arturo Porfili para Dione Neutra. Folder 7. Box 187. Personal Papers, Public Relation Material. Neutra Collection. UCLA Library Special Collections.
51. Carta, Dione Neutra para Arturo Porfili. Folder 7. Box 187. Personal Papers, Public Relation Material. Neutra Collection. UCLA Library Special Collections.
52. Carta, Arturo Porfili para Dione Neutra. Folder 7. Box 187. Personal Papers, Public Relation Material. Neutra Collection. UCLA Library Special Collections.
53. Carta, Dione Neutra para Brazilian Consulate. Folder 7. Box 187. Personal Papers, Public Relation Material. Neutra Collection. UCLA Library Special Collections.
54. Carta, Dione Neutra para Lucjan Korngold. Folder 7. Box 187. Personal Papers, Public Relation Material. Neutra Collection. UCLA Library Special Collections.
55. Carta, Wolfgang Pfeiffer para Richard Neutra. Folder 8. Box 187. Personal Papers, Public Relation Material. Neutra Collection. UCLA Library Special Collections.
56. Carta, Dione Neutra para Pietro Maria Bardi. Folder 8. Box 187. Personal Papers, Public Relation Material. Neutra Collection. UCLA Library Special Collections.
57. Carta, Dione Neutra para Wolfgang Pfeiffer. Folder 8. Box 187. Personal Papers, Public Relation Material. Neutra Collection. UCLA Library Special Collections.
58. Carta, Wolfgang Pfeiffer para Dione Neutra. Folder 8. Box 187. Personal Papers, Public Relation Material. Neutra Collection. UCLA Library Special Collections.
59. Museu de Arte Moderna. *O Estado de S. Paulo*. 07 jul. 1954 e 22 jul. 1954. Acervo Estadão (acervo digital).
60. Carta, Wolfgang Pfeiffer para Dione Neutra. Folder 8. Box 187. Personal Papers, Public Relation Material. Neutra Collection. UCLA Library Special Collections.
61. Carta, Dante Paglia para Richard Neutra. Folder 8. Box 187. Personal Papers, Public Relation Material. Neutra Collection. UCLA Library Special Collections.
62. Carta, Richard Neutra para Diretório Acadêmico da Escola Nacional de Belas Artes, 28 jan. 1946. Folder 8, Box 1429. Office Records, Correspondence. Neutra Collection, UCLA Library of Special Collections.

63. Carta, Jorge Wilheim para Richard Neutra, 10 nov. 1949. Pasta Richard Neutra. Biblioteca de Documentos Históricos do Masp; NEUTRA, Richard Joseph. Uma casa inédita de Neutra; CRITELLI, Fernanda. *Richard Neutra e o Brasil* (op. cit.), p. 190-192. Em sua dissertação de mestrado sobre a obra de Salvador Candia, Eduardo Ferroni comenta sobre o episódio da publicação do número 4 da revista *Pilotis* e o impacto que teve o livro *Arquitetura social* nos estudantes que a organizavam. Ver: FERRONI, Eduardo Rocha. *Aproximações sobre a obra de Salvador Candia*, p. 29-37.
64. NEUTRA, Richard Joseph. *Planificar para sobrevivir*.
65. Idem, ibidem, p. 9-10.
66. NEUTRA, Richard Joseph. *Realismo Biológico. Un Nuevo Renacimiento Humanístico en Arquitectura*, p. 12.
67. Idem, ibidem, p. 8.
68. NEUTRA, Dion. Prólogo para la Edición em Español. In NEUTRA, Richard Joseph. *Vida y Forma*, p. 5.
69. HINES, Thomas S. *Richard Neutra and the Search for Modern Architecture* (op. cit.), p. 303.
70. LAMPRECHT, Barbara Mac. *Richard Neutra: Complete Works*, p. 415.
71. NEUTRA, Richard Joseph. Unpublished Autobiography. Apud McCOY, Esther. *Richard Neutra*, p. 7-8.
72. HUGHES, Henry Meyric. A crítica de arte amadurece: Brasília, AICA e o Congresso Extraordinário de 1959. In *Congresso Internacional Extraordinário de Críticos de Arte. Cidade nova: síntese das artes*, p. 6.
73. MUNFORD, Eric. *The CIAM discourse on urbanism, 1928-1960*, p. 1.
74. Idem, ibidem.
75. Idem, ibidem, p. 134.
76. Idem, ibidem, p. 142.
77. Idem, ibidem, p. 147.
78. Gropius to Sert, February 21, 1944 (JLS). Apud MUNFORD, Eric. *The CIAM discourse on urbanism, 1928-1960*, p. 145.
79. Carta, Stamo Papadaki para Richard Neutra. Folder 2. Box 233. Professional Papers, CIAM. Neutra Collection. UCLA Library Special Collections.
80. Entrevista por email de Eric Munford para Fernanda Critelli, 08 dez. 2014.
81. UNITED NATIONS. *The United Nations and Latin America: A Collection of Basic Information Material about the Work of the United Nations and the Related Agencies in Latin America*, p. 19-20.
82. Idem, ibidem.
83. Idem, ibidem, p. 163.
84. Notas e comentários. *Diário de Notícias*, 22 jun. 1957. Fundação Biblioteca Nacional (acervo digital).
85. Neutra à JK: Brasília, maravilhosa obra de Niemeyer. *Correio da Manhã*, 31 jul. 1958. Fundação Biblioteca Nacional (acervo digital).
86. HUGHES, Henry Meyric. Op. cit., p. 7.
87. Idem, ibidem, p. 6.
88. SEGRE, Roberto. A espiral da história: 1959-2009. In *Congresso Internacional Extraordinário de Críticos de Arte. Cidade nova: síntese das artes* (op. cit.), p. 12.

89. HUGHES, Henry Meyric. Op. cit., p. 6.
90. *Congresso Internacional Extraordinário de Críticos de Arte. Cidade nova: síntese das artes* (op. cit.), p. 40.
91. Opiniões sobre Brasília por membros da Associação de Críticos de Arte, no Congresso Internacional Extraordinário de Críticos de Arte. *Correio da Manhã*, 27 set. 1959. Fundação Biblioteca Nacional (acervo digital).
92. Almoço. *Correio da Manhã*, 25 set. 1959. Fundação Biblioteca Nacional (acervo digital).
93. JK confraternizou com a crítica, estrelas, arquitetos e artistas internacionais. *Correio da Manhã*, 26 set. 1959. Fundação Biblioteca Nacional (acervo digital).
94. Brasília: um ponto culminante de iniciativa novamente visitado. Em honra de seus idealizadores. Folder 30. Box 161. Professional Papers, Articles. Neutra Collection. UCLA Library Special Collections.
95. Roberto Burle Marx. Folder 12. Box 132. Office Records, Correspondence. Neutra Collection. UCLA Library Special Collections.
96. International Design Conference in Aspen: The First Decade <https://bit.ly/3xPBq9M>.
97. Aspen Conference on Design. Folder 55. Box 1399. Office Records, Publicity. Neutra Collection. UCLA Library Special Collections.
98. Carta, Roberto Burle Marx para Richard Neutra. Folder 12. Box 132. Office Records, Correspondence. Neutra Collection. UCLA Library Special Collections.
99. Idem, ibidem.
100. Carta, Richard Neutra para Roberto Burle Marx. Folder 12. Box 132. Office Records, Correspondence. Neutra Collection. UCLA Library Special Collections.
101. Carta, Richard Neutra para Roberto Burle Marx. Folder 12. Box 132. Office Records, Correspondence. Neutra Collection. UCLA Library Special Collections, p. 1.
102. Carta, Richard Neutra para Roberto Burle Marx. Folder 12. Box 132. Office Records, Correspondence. Neutra Collection. UCLA Library Special Collections.
103. Carta, Roberto Burle Marx para Richard Neutra. Folder 12. Box 132. Office Records, Correspondence. Neutra Collection. UCLA Library Special Collections, p. 2.
104. Carta, Richard Neutra para Roberto Burle Marx. Folder 12. Box 132. Office Records, Correspondence. Neutra Collection. UCLA Library Special Collections, p. 1.
105. Idem, ibidem.
106. Carta, Richard Neutra para Roberto Burle Marx. Folder 12. Box 132. Office Records, Correspondence. Neutra Collection. UCLA Library Special Collections, p. 2.
107. LAMPRECHT, Barbara. *Richard Neutra: Complete Works* (op. cit.), p. 280.
108. Roberto Burle Marx. Folder 12. Box 132. Office Records, Correspondence (op. cit.).

O "estranho" na obra de Richard Neutra

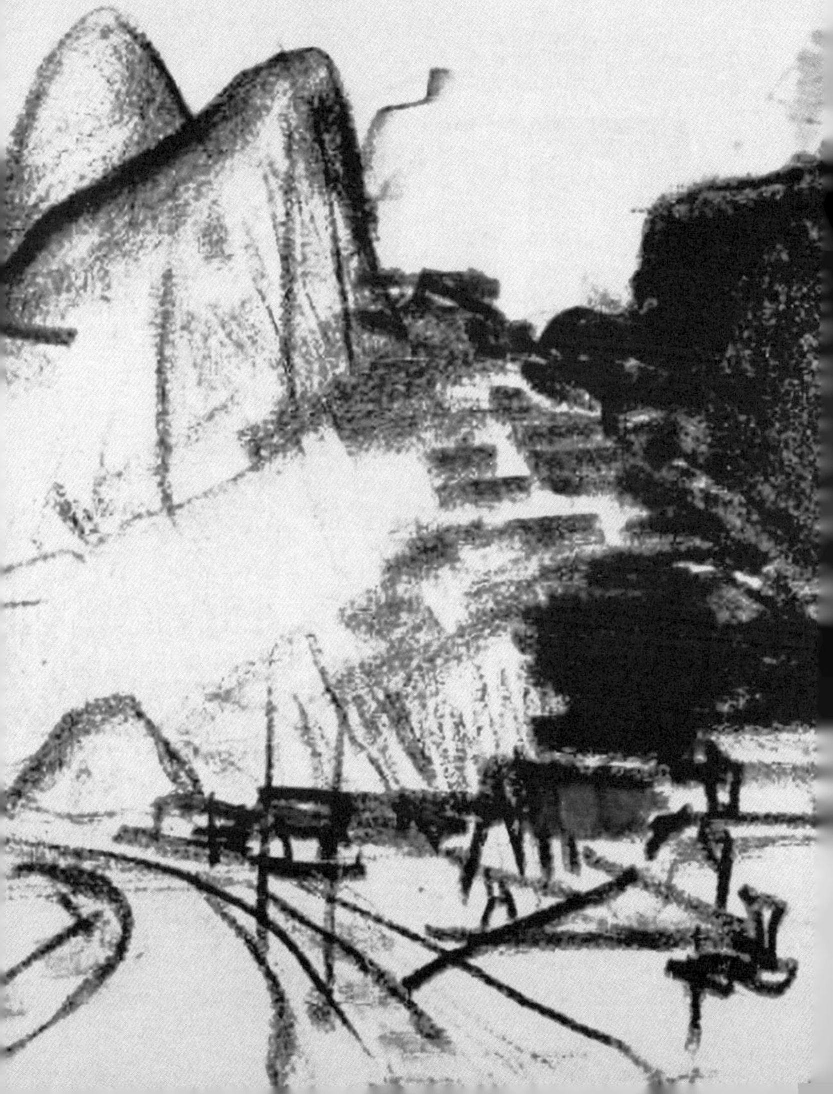

Primeiras sedimentações

Artigo "Sun Control Devices", publicado na revista *Progressive Architecture* em outubro de 1946

North (sunny) facade of the projected University Maternity Hospital for Sao Paulo, Brasil (Rino Levy, architect) is essentially a composition of various sun control devices. These include minimum openings, deep porches and balconies, and a grillwork of vertical louvers, utilized in accord with the needs of interior space for sun and light penetration.

Richard J. Neutra

SUN CONTROL DEVICES

A presentation based primarily on examples collected in South America by RICHARD J. NEUTRA.

EDITOR'S NOTE: The earliest modern attempts at architectural integration of sun control devices to come to our attention were Le Corbusier's, exemplified in his apartment house for Algiers. Since then the architects of much of the literate world have continued to formalize devices which have grown up informally in regions where the sun is strong. Lighting engineers, in experiments in Texas, Massachusetts, and our Middle West, have investigated the scientific control of natural light in order to offset its ill effects. Manufacturers have brought products for the purpose to our attention: a patented, adjustable exterior Venetian blind from France, sent to us with word of the interest expressed by American G.I.'s; a slotted aluminum awning produced in the U. S. A.; polarized, anti-glare, and anti-heat glass; and others. Meanwhile traditional methods of excluding unwanted sun have continued in use, some of them more successful than certain highly rational formal attempts. Most of the successful devices, formal or naive, have a common principle: they stop the sun before it hits the glazing. The problem is of course acute in most of Latin America. We are indeed grateful to Mr. Neutra for assembling the majority of the accompanying illustrations and furnishing the incentive for this presentation.

No other single feature of South American architecture has excited as much attention as the conspicuous means of controlling sunlight which characterize the buildings. Vertical, movable louvers are particularly intriguing to me because a decade ago I experimented with this type of device, although I did not pursue my ideas to an ultimate conclusion. At the time we sketched various solutions for execution in different

planner Julio Villalobos of Buenos Aires, covering me vertical blinds, of which he has shown me many exe examples. Good use has been made of this device by Fe Hardoy, and Kurchan in elaborate apartment buildin Buenos Aires; by Roberto Brothers in their Resi Building and others in Rio de Janeiro; by Kneese de in Sao Paulo; by Oscar Niemeyer, who has used it great freedom in his church and yacht club at Pam Le Corbusier has suggested *bris soleil* of a similar Gropius has experimented with projected trellises. are only a few examples. Other remarkable pieces of ment, such as glass louvers operated by concealed cable shutters, and mechanized, custom-built, metal sash and have been splendidly used by Gregor Warchavchik, Wls Acosta, and other Latin American architects.

Rather early, I started to use polarized, glare-resistant especially when a building had to face both the beauty western ocean and the setting sun's reflection in it. I d that no blind could compete with such a simple m However—and quite apart from the high cost of gl South America and other places—there are two occ when some sort of blind would appear to be the best sol first, when there is no glass at all, as in tropical cli where local breezes must be turned to advantage; when there is no view from a window, and blinds can to exclude the undesirable sight as well as unwante

Many of the accompanying illustrations, in contrast own designs (which utilize thin aluminum blades), a asbestos-cement and fiber boards, or vanes prefabrica reinforced concrete, which I assume should be vibra

> *No final, Alexander reconheceu Neutra como 'um verdadeiro tirano em seu escritório na Silverlake Boulevard', onde ele tinha várias secretárias, 'incluindo sua paciente mulher, Dione, correndo contra o tempo em correspondências e publicações internacionais e em um sempre corrente livro, calculado para imortalizá-lo.'*
> Thomas S. Hines, *Richard Neutra and the Search for Modern Architecture*[1]

Em sua narrativa sobre a vida e a obra de Richard Neutra – vale destacar: a primeira biografia mais densa e abrangente publicada sobre o arquiteto[2] –, Thomas Hines apoia-se, em muitos momentos, nas memórias de Robert Alexander,[3] sócio de Neutra nos anos 1950. Sem entrar no mérito da confiabilidade da fonte, o que se discute aqui é a carga emotiva incorporada à fala de Alexander e, consequentemente, a veracidade dos fatos históricos. Isso porque, como o próprio autor comenta em dado ponto de seu livro, as tensões pessoais e profissionais entre os dois arquitetos existiram desde o início da sociedade e se intensificaram ao longo dos anos, até o ponto de ruptura entre eles.[4]

A epígrafe acima é um exemplo claro desta situação de conflito. Na visão de Robert Alexander, as incessantes correspondências e publicações internacionais demandadas por Richard Neutra representavam única e exclusivamente sua ambição em se imortalizar na história da arquitetura mundial. Obviamente, esta afirmação é verossímil e compartilhada com outros arquitetos que lutaram para se fixar na história – por exemplo, os já mencionados Frank Lloyd Wright e Le Corbusier. No entanto, não é possível ignorar o fato de que, como um arquiteto inovador e em contínua busca pelo aprimoramento da relação entre a arquitetura e a paisagem, Neutra também cultivava tais contatos como forma de se manter atualizado acerca da produção de seus colegas.

Situação semelhante pode ser identificada na fala de Thomas Hines ao tratar sobre as obras desenvolvidas no período da sociedade Neutra & Alexander. Ciente do conflito entre os arquitetos e munido das memórias de Alexander – feitas após a morte de Neutra –, o historiador colocou sobre o sócio a justificativa (ou responsabilidade) daquilo que considerava como "estranho" nas obras. Em projetos desenvolvidos em coautoria, a identificação das *características* de um ou outro arquiteto pode ser complexa. No entanto, alguns fatos serão abordados aqui na tentativa de estabelecer os limites e, consequentemente, facilitar a análise das obras em questão. O primeiro deles é com relação ao papel desempenhado por cada um dentro do escritório.

> Como equipe, Neutra e Alexander estavam provavelmente em seu auge nesses projetos urbanos do início dos anos 1950 [projetos para a Ilha de Guam]. Ao formular os planos, cada um fez contribuições conceituais, com Neutra assumindo a responsabilidade pelo projeto de arquitetura e Alexander assumindo o controle da organização e logística de planejamento.[5]

Após se formar em arquitetura pela Universidade Cornell, no início dos anos 1930, Robert Alexander, junto com Lewis Wilson e Edwin Merril – seus sócios na época (1935-1941)[6] –, desenvolveu o projeto urbano de habitação social Baldwin Hill Village (Los Angeles, Califórnia), que lhe rendeu uma cadeira na Comissão de Planejamento da Cidade de Los Angeles (1945), chegando ao cargo de presidente em 1948.[7] Apesar do rápido prestígio como urbanista, Alexander precisava se associar a um arquiteto mais consolidado para conseguir comissões de projetos de edifícios (residenciais ou comerciais).[8] Richard Neutra, por outro lado, viu no jovem arquiteto a oportunidade de ganhar comissões de escalas urbanas que ele sozinho não conseguia.[9] O interesse de ambos na sociedade estava claro, e as claras demandas de cada um tornam possível afirmar que, tal como nos projetos para a Ilha de Guam – desenvolvidos no início da sociedade –, Neutra ficou responsável pelos projetos de arquitetura e Robert Alexander pelos projetos urbanos.[10]

Apesar de aparentemente uma sociedade bem estabelecida, Thomas Hines aponta que os constantes (e crescentes) desentendimentos acabaram por desapontar ambos arquitetos.[11] A partir daí o que se observa no discurso do historiador é que as características dos projetos desenvolvidos durante a sociedade e que, na visão de Hines, não correspondiam ao estilo puro e simples de Neutra eram, portanto, *culpa* ou *responsabilidade* de Alexander. Não cabe aqui contestar a existência de um conflito entre eles: se não fosse assim, é possível que a sociedade não tivesse sido desfeita. No entanto, o que se pretende debater é a presença imponente de memórias carregadas de impressões pessoais na análise das obras. Como o próprio historiador destacou, Alexander via Neutra como um "tirano" e é natural que ele injetasse este sentimento em suas recordações sobre os projetos feitos em parceria. Dessa forma, os conflitos ganham relevância na análise, na medida em que lançam dúvidas sobre a confiabilidade das interpretações correntes dos fatos.

O deslocamento da questão permite que um novo olhar seja lançado sobre as interpretações, na busca por uma nova explicação para o *estranhamento* observado no discurso de algumas das obras desenvolvidas em sociedade. Os contrastes vistos como evidências do conflito entre os sócios ganham novos significados quando considerada a trajetória profissional de Neutra, especialmente no que tange à sua relação com os arquitetos e arquiteturas latino-americanas. Dessa nova perspectiva, ao invés de desastrosas, estas obras carregam em si a coerência de um arquiteto que incorpora, reinterpreta e adapta novas referências à sua própria maneira. O "estranho" mostra-se, assim, uma conexão obliterada entre Richard Neutra e a América Latina.

Los Angeles Hall of Records

Los Angeles Hall of Records, Los Angeles EUA. Neutra and Alexander, 1962. Foto Julius Shulman. Acervo © J. Paul Getty Trust. Getty Research Institute, Los Angeles (2004.R.10)

> *A propensão de Alexander por avivar a modernidade austera de Neutra com o painel 'colorido, orgânico' levou a uma cacofonia na fachada Norte do edifício e a misturas de muitos materiais competitivos e incompatíveis.*
> Thomas S. Hines, *Richard Neutra and the Search for Modern Architecture*[12]

Ao tratar – em poucos parágrafos – sobre o projeto para o Los Angeles Hall of Records (1962), Thomas Hines inicia seu argumento apontando para a obsolescência dos espaços internos, originalmente projetados para armazenar arquivos públicos em papel e que, logo em seguida, foram em grande parte substituídos por microfilmes. Além dos "problemas programáticos internos",[13] o historiador coloca em pauta uma disputa pela autoria da obra ao citar a fala de Robert Alexander.[14] Este afirmava que, por falta de empenho de Richard Neutra em desenvolver o projeto, ele mesmo "produziu desenhos esquemáticos substancialmente idênticos ao projeto final e edifício construído".[15] Diante do conflito anunciado por Alexander, Hines conclui que o resultado estético final da obra expressa a briga de poder e a diferença de estilo entre os sócios. Seja de quem for o croqui inicial, o fato é que, como o próprio historiador já havia apontado, era Neutra quem tomava as decisões finais nos projetos de arquitetura.

A relevância do projeto, em especial sua preocupação com aspectos ambientais, fica explícita na densa publicação monográfica sobre as obras do arquiteto desenvolvidas entre 1951 e 1960, de autoria de Willy Boesiger, que dedica duas páginas para o extenso e aprofundado estudo da insolação nas fachadas do edifício e dos brises mais apropriados para cada situação – além da página inicial com implantação, perspectiva e texto explicativo sobre a obra que, no momento da publicação do livro, ainda estava em construção.[16] No volume seguinte, das obras de 1961 a 1966, onze páginas são

Ministério da Educação e Saúde, Rio de Janeiro. Lúcio Costa, Oscar Niemeyer, Affonso Eduardo Reidy, Jorge Machado Moreira, Ernani Vasconcellos e Carlos Leão, 1935-1945. Foto Nelson Kon

Los Angeles Hall of Records, Los Angeles EUA. Neutra and Alexander, 1962. Foto Julius Shulman. Acervo © J. Paul Getty Trust. Getty Research Institute, Los Angeles (2004.R.10)

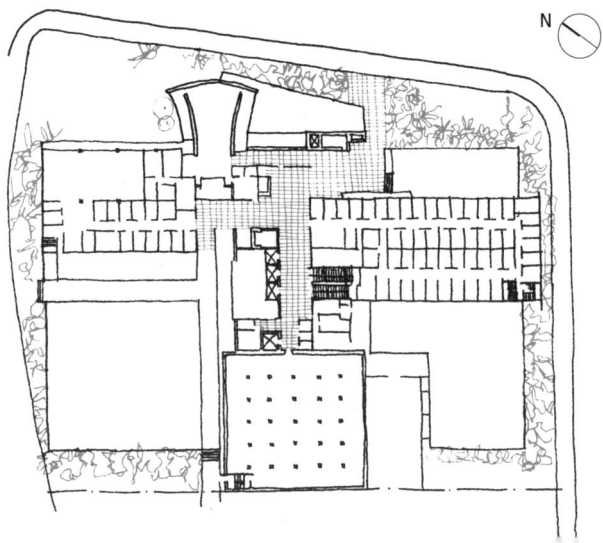

Los Angeles Hall of Records, vista da fachada Noroeste e planta térreo, Los Angeles EUA. Neutra and Alexander, 1962. Foto Julius Shulman. Acervo © J. Paul Getty Trust. Getty Research Institute, Los Angeles (2004.R.10). Croqui Fernanda Critelli

dedicadas ao projeto, com fotos da obra construída, diversos detalhes e um excerto do jornal *Los Angeles Times*, de 11 de janeiro de 1962, comentando o edifício.[17]

Voltando ao contexto da citação destacada anteriormente, Thomas Hines encerra sua breve análise do Los Angeles Hall of Records afirmando que o painel artístico colocado em um trecho da fachada Norte era parte do esforço de Robert Alexander em trazer cor e vida para o estilo excessivamente austero de Neutra, e que acabou por resultar em uma mistura de materiais competitivos e, ao mesmo tempo, incompatíveis. Na afirmação, há duas questões relevantes não são consideradas pelo historiador em sua análise: em primeiro lugar, o comportamento "tirano" de Neutra apontado por Alexander é incompatível com a versão de uma obra aprovada e construída sem o aval do arquiteto; em segundo lugar – e essa questão é ainda mais relevante –, Hines se abstém de qualquer comentário sobre a relação de Neutra com a América Latina e, no sentido inverso, a presença dos latino-americanos em suas obras.

Como foi discutido na dissertação de mestrado[18] e em algumas passagens da pesquisa de doutorado, no esforço de aproximação com os países ao sul do Rio Grande em resposta ao avanço do conflito na Europa, o intercâmbio cultural levou aos norte-americanos obras como as dos artistas e muralistas Cândido Portinari e Diego Rivera.[19] Ambas obras eram familiares a Neutra. Durante sua primeira viagem ao Brasil, em 1945, visitou o edifício do Ministério de Educação e Saúde – MES (1935-1945), publicado na exposição e catálogo *Brazil Builds* (1942) e no qual os murais de azulejo são projeto de Portinari. Já no caso do mexicano, Richard e Dione Neutra conheceram Rivera e Frida Kahlo em 1937 durante a primeira visita do casal norte-americano ao México.[20]

Mas não é apenas a familiaridade de Neutra com os murais de ambos artistas que dá força ao questionamento feito sobre o discurso de Thomas Hines. Ainda mais importante é o interesse e envolvimento do arquiteto com a arquitetura latino-americana. E o fato de que os painéis artísticos tinham presença constante nas principais obras modernas produzidas aqui. Sobre o caso brasileiro, Roberto Segre escreveu:

> a expressão *brasileira* da herança do racionalismo europeu [...] é a presença dos painéis cromáticos ou figurativos nos muros dos embasamentos dos edifícios: eles aparecem nos azulejos de Cândido Portinari no MES; ou na persistente colaboração de Athos Bulcão nos projetos realizados no início da construção da capital: por exemplo, no Brasília Palace Hotel (1957).[21]

Para atestar a grande importância dos painéis na obra de Neutra, faz-se necessário retomar a sua relação profissional com Roberto Burle Marx. Conforme a pesquisa aponta, das quatro propostas de parceria oferecidas ao brasileiro, duas eram para projetos paisagísticos – as casas Brown (1955, não executado) e Schulthess (1956) – e as outras duas, para painéis artísticos – Casa Hammerman (1954, painel não executado) e edifício sede da *Amalgamated Clothing Workers of America* (1956).[22] De fato, este último projeto, de caráter comercial, foi desenvolvido dentro do escritório Neutra & Alexander, na Glendale Boulevard, e muito provavelmente teve interferência de Alexander – com a responsabilidade final sendo de Neutra. No entanto, o projeto para a casa Hammerman foi desenvolvido no escritório da Silverlake Boulevard, onde Richard Neutra gerenciava sozinho seus colaboradores e os projetos residenciais.

Independente dos motivos para a não realização do painel de Burle Marx – impossibilidade financeira, gosto pessoal do cliente etc. –, Neutra insistia junto aos clientes para a realização dos painéis e dos projetos paisagísticos e, mais especificamente, insistia para que Burle Marx os projetasse.[23] Ora, se essa situação ocorreu, no mesmo período, dentro e fora da sociedade, é de se imaginar que o mesmo tenha acontecido

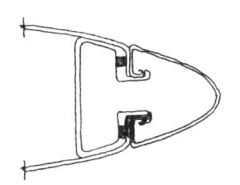

Los Angeles Hall of Records, detalhe e cortes dos brises e vista da fachada Sudoeste, Los Angeles EUA. Neutra and Alexander, 1962. Croquis Fernanda Critelli. Foto Julius Shulman. Acervo © J. Paul Getty Trust. Getty Research Institute, Los Angeles (2004.R.10)

Ministério da Educação e Saúde, Rio de Janeiro. Lúcio Costa, Oscar Niemeyer, Affonso Eduardo Reidy, Jorge Machado Moreira, Ernani Vasconcellos e Carlos Leão, 1935-1945. Foto Nelson Kon

com o Los Angeles Hall of Records. Neutra se interessava (e se esforçava) em integrar as artes às suas obras, portanto não há por que duvidar que o painel de pastilha de vidro, com mais de 24 metros de extensão, projetado pelo artista Joseph Young (1919-2007), fizesse parte de suas decisões projetuais.

Como não há menção ao painel nas páginas destinadas ao projeto no livro de Boesiger, é provável que não fizesse parte dos planos iniciais.[24] Mas é certo que a obra surgiu como resposta a uma inquietação de Neutra. Em contrapartida, Thomas Hines – que adotou o discurso de memórias de Robert Alexander e o conflito entre os sócios como explicação para aspectos da obra de Neutra que lhe pareciam estranhos – negligenciou a presença do mural como decisão do próprio arquiteto que estudava. E, reforçando ainda mais seu posicionamento, optou por apresentar em seu livro uma foto do edifício sem o painel, tirada do mesmo ângulo da perspectiva desenhada à mão livre por Neutra, que consta no segundo volume da coletânea de Boesiger. Reitera, assim, esta versão como única fachada projetada pelo arquiteto e, consequentemente, que levava seu estilo puro e austero.

Assim, é possível supor que a estranheza diante do painel artístico de Joseph Young na fachada do edifício sede do Los Angeles Hall of Records sinalize a presença oculta – e não familiar – de uma conexão soterrada. Incapaz de compreender a situação, Hines sente-se mais confortável em explicar o fato por motivos banais, fechando os olhos para uma presença que expressa o relacionamento próximo e a grande admiração de Neutra pela arquitetura latino-americana.

Casa VDL 2

Casa VDL 2, Los Angeles EUA. Richard Neutra, 1965-1966. Foto Julius Shulman. Acervo © J. Paul Getty Trust. Getty Research Institute, Los Angeles (2004.R.10)

As soluções técnicas tomam um protagonismo formal talvez excessivo, coisa que antes não havia ocorrido, e sua presença traz um certo exibicionismo tecnológico: por exemplo, em frente ao dormitório de Richard Neutra agora se abre um pequeno terraço, fechado por uma sofisticada camada tripla (que abriga uma folha de vidro, outra de tela mosquiteiro e uma terceira com as cortinas) e que desliza ao longo de um perfil de aço em balanço que parece flutuar. Também agora enormes lâminas de alumínio giratórias, que ligam os dois pavimentos, graduam a luz do sol na fachada de fronte ao lago: o que antes fazia eficazmente uma grande árvore, agora chamuscada, se realiza mediante um artefato mecânico, móvel e refletivo, mas, sobretudo, muito chamativo.

José Vela Castillo, *Richard Neutra: Un Lugar para el Orden. Un Estudio sobre la Arquitectura Natural*[25]

Originalmente construída em 1932, em um terreno de 378 metros quadrados (18 metros de frente por 21 metros de profundidade), a Casa VDL encontra-se, hoje, cercada por sete outras obras do arquiteto desenvolvidas entre os anos 1940 e 1960: Casa David e Berdine Treweek (1948); Casa Sokol (1948); Reunion House (1949-1950), atual Casa Dion Neutra; a sede do escritório de Richard Neutra (1950); Casa Wong Yew (1957); Casa Inadomi (1960) e Casa Kambara (1960).

Apesar de reconhecido internacionalmente pelo inovador projeto da Casa Lovell – considerado pioneiro do que a historiografia convencionou chamar de Estilo Internacional –, Neutra vivia com crônicos problemas financeiros e só foi capaz de construir uma casa para sua família quando o industrial holandês Cornelis Hendrik Van der Leeuw (1890-1973) lhe ofereceu um empréstimo – como forma de homenagem, a casa foi nomeada a partir das iniciais do sobrenome de seu patrocinador.

Sua estrutura em madeira foi projetada para seguir a mesma modulação estrutural da Casa Lovell (metálica) e, com a colaboração de algumas empresas locais – que doaram material em troca de poderem fazer a propaganda de suas empresas na obra –, Neutra pôde utilizar revestimento em placas de alumínio nas paredes externas e um sanduíche alumínio-vidro-alumínio nos banheiros para o isolamento térmico da casa.[26] Em 1939, logo após o nascimento de seu filho mais novo, Raymond Richard Neutra, o arquiteto construiu um anexo no extremo Leste do terreno,

Casa VDL 2, incêndio de 1963, Los Angeles EUA. Richard Neutra, 1965-1966. Foto Julius Shulman. Acervo © J. Paul Getty Trust. Getty Research Institute, Los Angeles (2004.R.10)

para a garagem e um apartamento de hóspedes, conectado ao volume principal da casa através de uma passarela. Esta nova implantação em "H" transformou o jardim, que antes avançava até a entrada dos fundos do terreno, em um pátio privativo. Em 1963, no entanto, a casa sofreu um incêndio que a destruiu quase por completo, tendo sido reconstruída dois anos mais tarde. E é sobre a segunda versão da casa que este livro irá se concentrar.

Na epígrafe desse subcapítulo, o arquiteto e pesquisador espanhol José Vela Castillo demonstra estranhamento acerca dos brises verticais móveis da Casa VDL 2 (1965-1966), segundo ele um "artefato mecânico, móvel e reflexivo, mas, sobretudo, muito chamativo". A presença estranha de elementos que não deveriam estar lá, pois não representam o estilo mais austero das obras iniciais de Neutra, atestam o quanto as definições categóricas podem ensombrecer o olhar sobre uma obra. Antes de qualquer coisa, é necessário dizer que Vela Castillo parece desconhecer as severas mudanças físicas e climáticas ocorridas no local. O Lago Silverlake, que antes distava cerca de 30 metros da porta de entrada da casa, passou por remodelação, diminuiu de tamanho e ficou a uma distância de 180 metros. O aumento da distância e a diminuição da área do lago implicaram no aumento da temperatura média da região, o que demandou nova solução para a fachada em questão.

Mas o principal ponto, ausente na análise do autor espanhol, é o entendimento de que o uso de brise revela um aprimoramento das soluções arquitetônicas do arquiteto para suas inquietações acerca das questões climáticas, que se mostra presente em sua obra desde o projeto para a Casa Kaufmann (1946-1947). Tal como Thomas Hines com o painel do edifício do Los Angeles Hall of Records, os brises verticais móveis surgem como "estranhos" para Castillo e sua presença é interpretada como mero espetáculo tecnológico. O que não era familiar torna-se "excessivo", "chamativo", "exibicionista".

A relação profissional com o paisagista e arquiteto suíço Gustav Ammann em 1919, logo no início da carreira de Richard Neutra, o choque climático e ambiental de um austríaco no Sudoeste dos Estados Unidos e o contato com a onda naturalista californiana, com especial destaque para a figura de Philip Lovell, foram fatores importantes que explicam o interesse do arquiteto pela relação da arquitetura com a paisagem e clima locais. Este interesse gerou uma produção arquitetônica que buscava sempre explorar tal relação. E esta contínua busca, tanto nos projetos residenciais quanto nos escolares, levou o arquiteto a Porto Rico – onde desenvolveu projetos de cunho social (hospitais, escolas e centros de saúde) como consultor do Comitê de Desenho de Obras Públicas (1943-1945) - e, em seguida, para os países da América do Sul (1945). Ambas experiências foram vitais para Neutra, que assimilou formas excepcionais de controle do sol e calor encontradas nas obras latino-americanas.

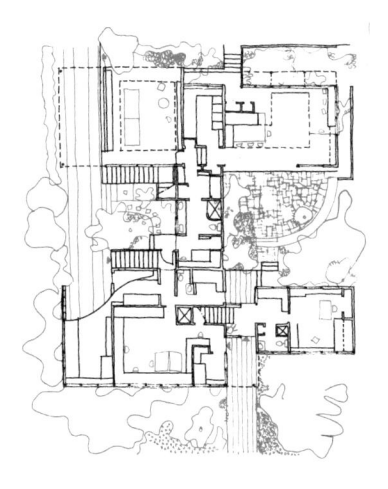

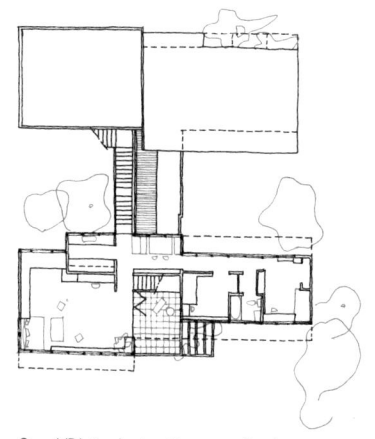

Casa VDL 1, plantas térreo e primeiro pavimento, Los Angeles EUA. Richard Neutra, 1932. Croquis Fernanda Critelli

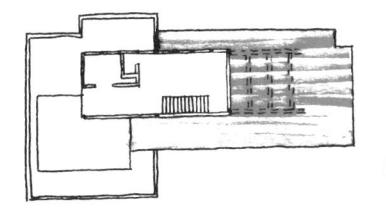

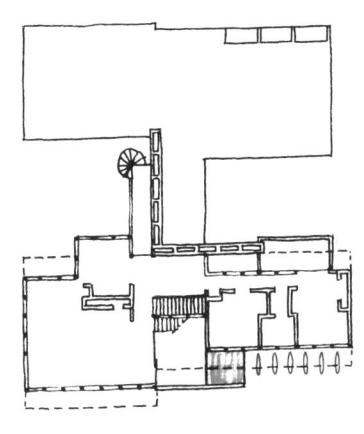

Casa VDL 2, plantas térreo, primeiro pavimento e cobertura, Los Angeles EUA. Richard Neutra, 1965-1966. Croquis Fernanda Critelli

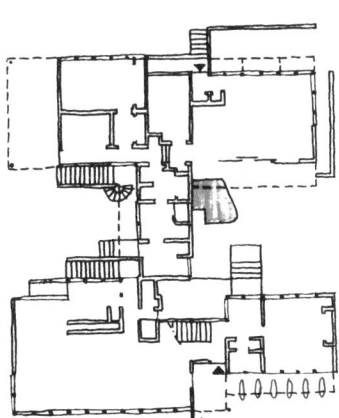

No artigo "Sun Control Devices", publicado na revista *Progressive Architecture* em 1946, Neutra expõe o estudo detalhado que fez das obras e das diversas soluções que encontrou nos países visitados: beirais, varandas, elementos vazados, brises fixos, brises móveis – estes, em especial, estão bem documentados, com as presenças do Edifício Leonidas Moreira, projetado por Eduardo Kneese de Melo (São Paulo, 1942); da Estação de Hidroavião, de Atílio Correa Lima (Rio de Janeiro, 1937); de um edifício de apartamentos projetado pelo escritório argentino Ferrari, Hardoy e Kurchan (Buenos Aires), onde estava empregado o sistema de brises patenteado por Julio Villalobos; e do Ministério da Educação e Saúde – MES, que também é um exemplo de uso de brises móveis, mas, neste caso, horizontais.[27]

Assim, as viagens, as pesquisas e a publicação do artigo evidenciam seu interesse pela solução técnica durante o processo de reconstrução de sua residência. A presença dos seis brises verticais móveis na fachada Sudeste da Casa VDL 2 não pode ser considerada apenas um exibicionismo tecnológico como quer José Castillo, pois ela reflete um profundo entendimento das especificidades locais somado ao interesse por soluções desenvolvidas na América Latina, e trabalhadas por ele ao longo de sua obra, em um processo de *leitura* e *interpretação*.

Vale apontar também o destaque dado aos brises na exposição e catálogo homônimo *Brazil Builds*, do MoMA de Nova York. De acordo com o *press release* divulgado na época, o museu apresentou ao público, na seção central da exposição, a "grande contribuição brasileira à arquitetura moderna: o controle de calor e luz externamente, através de quebra-sóis, ao invés de internamente, através dos caros sistemas de ar-condicionado ou das inadequadas venezianas".[28] Além das fotografias de Kidder Smith e dos desenhos de projeto, havia modelos de brises-soleil móveis e fixos, verticais e horizontais.[29]

Sobre a Casa VDL 2, Thomas Hines omite a presença dos brises verticais móveis, apesar de marcantes no partido e resultado final da obra. O silêncio sintomático é ocupado pelos relatos pessoais feitos pela esposa Dione e pelo filho do arquiteto, Dion (também arquiteto), oito anos após a morte de Neutra. Tal como na sociedade Neutra & Alexander, Hines relata as dificuldades de relacionamento entre pai e filho, pessoais e profissionais. Segundo ele, os planos de Dion para abandonar o escritório do pai e começar o seu próprio "foram novamente restringidos por outra emergência, que o puxou de volta para a órbita arquitetural de Neutra".[30]

Segundo o historiador, pai e filho decidiram, juntos, projetar a reconstrução da casa:

> Quando chegou o momento de projetar e planejar a 'VDL 2' no local da casa que eles compartilharam por tanto tempo, pareceu natural para pai e filho que eles deveriam compartilhar a conceitualização da nova forma. Talvez ambos esperassem que esta empreitada conjunta curasse antigas feridas e preparasse o caminho para uma futura relação mais estável. Eles concordaram que a nova casa deveria ser implantada na antiga fundação e seguir a antiga modulação estrutural, mas decidiram se apropriar das mudanças no estilo e ideias de Neutra desde que projetou a primeira casa, trinta anos antes. Painéis de vidro maiores, mais espelhos e espelhos d'água e uma variação mais suave de texturas e materiais daria um novo significado à VDL 2.[31]

Tal como na análise do período de sociedade com Robert Alexander, Hines privilegia aqui, como fatores explicativos, a relação entre pai e filho, que seguramente são importantes, mas não decisivas para a configuração final da reforma. Richard Neutra, que sempre manteve um visceral controle sobre suas obras, defendia com veemência seus ideais e convicções arquitetônicas desde a concepção inicial do projeto até a construção. Como a própria narrativa de Thomas Hines evidencia, mesmo sendo um trabalho assinado em parceria, Neutra é o responsável pelas decisões mais cruciais do projeto – tanto em termos de estrutura como em técnicas construtivas, inovações tecnológicas, escolha dos materiais e estética final do projeto – o que deixa ainda mais estranho o esquecimento dos brises no discurso de Hines.

O silêncio sepulcral de Thomas Hines e a afirmação de José Castillo sobre os brises como exagero técnico e formal resultam do mesmo problema: ambos se recusam a observar uma importante mudança – ou melhor, transformação – sofrida pela obra de Neutra desde meados dos anos 1940. Após a experiência em Porto Rico e a primeira viagem para a América do Sul, Richard Neutra processou a decantação de soluções adotadas por colegas latino-americanos para questões que também o inquietavam. A solução dos brises verticais móveis para as fachadas castigadas pelo sol, logo no primeiro projeto que desenvolve após a viagem de reconhecimento, a Casa Kaufmann, é estranha apenas a quem ignora esse processamento.

> Casa VDL 2, Los Angeles EUA. Richard Neutra, 1965-1966. Fotos Julius Shulman. Acervo © J. Paul Getty Trust. Getty Research Institute, Los Angeles (2004.R.10)

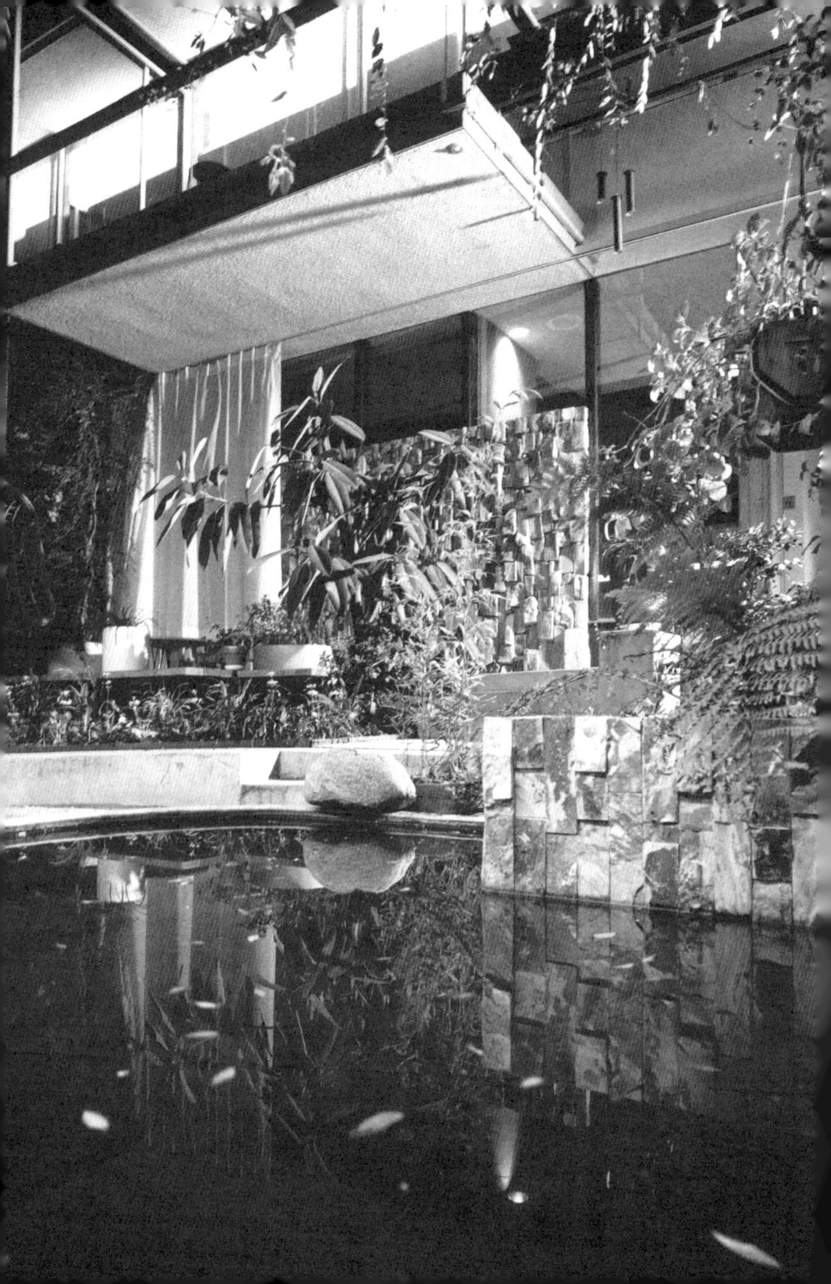

Casas Kaufmann e Tremaine

Casa Kaufmann, Palm Springs EUA.
Richard Neutra, 1946-1947. Foto
Julius Shulman. Acervo © J. Paul
Getty Trust. Getty Research Institute,
Los Angeles (2004.R.10)

> *Dois anos antes do livro sobre os projetos de Porto Rico e da construção da Casa Tremaine, mais ou menos no período que ele estava iniciando o projeto (que inicialmente seria implantado no Arizona, não na Califórnia), ele publicou um artigo onde apresentava um número de instrumentos para modular efeitos solares e ventos, como construído na América do Sul pelo próprio Neutra e por outros arquitetos, tais como Lúcio Costa e Oscar Niemeyer. [...] Todos estes elementos, e as intenções que representam, precisam ser mantidas em mente quando analisada a elaboração dos tetos ou telhados da Casa Tremaine.*
> David Leatherbarrow, Uncommon Ground: Architecture, Technology, and Topography[32]

Diferentemente das duas asserções anteriores – feitas por Thomas Hines e José Castillo –, David Leatherbarrow encontra na obra de Richard Neutra elementos que remetem à América Latina. Diante do estranhamento de algo que não consegue explicar, o pesquisador e professor na Universidade da Pennsylvania arrisca uma relação com os arquitetos sul-americanos Lúcio Costa e Oscar Niemeyer. Contudo, demonstrando a força do estabelecido, Leatherbarrow não coloca em prática na análise aquilo que havia acabado de dizer e vai atribuir os elementos arquitetônicos ambientais à trajetória anterior do arquiteto.

Se as obras na América Latina e o estudo feito sobre elas – no artigo "Sun Control Devices" – tiveram efeito no projeto da Casa Tremaine (1948), o que de fato aconteceu, Leatherbarrow vincula "a elaboração dos tetos ou telhados" aos projetos para Porto Rico, quando Neutra sequer tinha tido contato com os arquitetos latino-americanos ou conhecido suas obras pessoalmente. Ou seja, quase como num ato falho, Leatherbarrow lança à luz uma nova e importante visão sobre a arquitetura de Richard Neutra, mas acaba por reafirmar a explicação convencional: o desenvolvimento endógeno de sua obra. Assim, a historiografia hegemônica se recusa em examinar com cuidado o estranhamento provocado pela obra madura de Neutra no contexto anglo-saxão. Escavar em busca da origem e das circunstâncias de seu surgimento o colocaria inevitavelmente diante daquilo que vislumbrou – a arquitetura latino-americana –, justamente o que este livro busca fazer ao identificar os elementos ignorados.

Na Casa Tremaine, um aspecto não explorado pela crítica e pouco explorado na maior parte da iconografia disponível sobre ela é a presença de brises verticais móveis revestidos de madeira. Colocados na fachada Oeste, sob o binário laje e viga de concreto armado e pousando sobre o terraço, os brises sombreiam o núcleo de estar da casa. O fato de serem móveis possibilita aos moradores ajustá-los de acordo com a intensidade da luz do sol, que percorre esta fachada no período da tarde. Claramente, além de uma questão estética forte, eles solucionam um problema de conforto térmico.

Retomando a fala de David Leatherbarrow, um segundo ponto vem à tona.

Antes da Casa Tremaine, Richard Neutra projetou a Casa Kaufmann (1946-1947), no período posterior aos trabalhos em Porto Rico e à viagem pela América do Sul. Considerada uma das obras primas do arquiteto, a residência foi projetada ao mesmo tempo em que o artigo "Sun Control Devices" era escrito. Ou seja, enquanto organizava, na forma de artigo, suas análises e fotografias tiradas de obras latino-americanas, Neutra projetava sua primeira obra onde utiliza o brise soleil.[33]

Thomas Hines, por outro lado, reconhece na Casa Kaufmann um esforço e sofisticação nas respostas climáticas da arquitetura, sem, no entanto, arriscar qualquer relação com a arquitetura latino-americana, nem mesmo com as experiências em Porto Rico. "Com seus brises suspensos e ajustáveis, e o sistema de aquecimento e resfriamento dos pisos, a casa foi um modelo para a época de sofisticado controle climático".[34] Muito diferente, no entanto, de sua opinião acerca da

Casa Tremaine: projeto que previa a "estética mais informal dos anos 1950".[35]

Para Hines, diferentemente da Casa Kaufmann, onde todas as fachadas são esculturais, as vistas mais interessantes da Casa Tremaine são as fachadas Norte e Leste, onde o beiral – formado pelas lajes e vigas de concreto armado em balanço – flutua sobre os grandes panos de vidro.[36] Curiosamente, a foto usada para ilustrar o visual que o agrada foi tirada em uma fase anterior à instalação dos brises. Aliás, não há menção alguma destes elementos na análise de Hines sobre a casa. Não se sabe ao certo em que momento de finalização da obra eles foram instalados, mas é certo que faziam parte do projeto desde os desenhos iniciais. Inclusive, podem ser identificados nas fotografias que ilustram a publicação de Willy Boesiger sobre as obras de Richard Neutra realizadas entre 1927 e 1950.[37] Barbara Lamprecht, por outro lado, comenta sobre a instalação dos brises na fachada Oeste, mais ensolarada, protegendo o núcleo de estar: "No lado Oeste do *núcleo social*, Neutra instalou detalhados brises giratórios revestidos de madeira no limite dos beirais".[38]

As primeiras experimentações com os brises, presentes nas casas Kaufmann e Tremaine, aparecerão novamente nos já tratados projetos para o Los Angeles Hall of Records e para a reconstrução da Casa VDL 2, mas seu uso não se encerra neles. No montante total das obras do arquiteto, foram identificados doze projetos com brises verticais móveis,[39] quatro com brises verticais fixos,[40] outros dois onde ambas modalidades são usadas[41] e dois com brises horizontais fixos.[42] Seu uso, portanto, torna-se bastante recorrente após o primeiro contato de Neutra com a arquitetura sul-americana e a posterior publicação do artigo "Sun Control Devices". Com tais dados em mãos, a afirmação de José Castillo sobre os brises da Casa VDL 2 serem um mero "exibicionismo tecnológico", sem precedentes na obra anterior do arquiteto, mostra-se sem fundamentos. No mesmo sentido, também se tornam infundadas as opções de Thomas Hines e David

Parque Guinle, Rio de Janeiro. Lúcio Costa, 1954. Foto Nelson Kon

Leatherbarrow por excluírem a presença dos brises móveis de suas análises sobre a Casa Tremaine.

Neste projeto, Neutra tem os mesmos cuidados com os condicionantes climáticos que teve na Casa Kaufmann – brises no trecho da fachada mais castigada pelo sol, beirais alongados para sombrear o interior da residência, ventilação permanente através dos vãos entre viga e laje e sistema de aquecimento no piso dos terraços. No entanto, na análise de Hines, a Casa Tremaine não representa o mesmo modelo "de sofisticado controle climático" que a casa de Palm Springs. Ao invés disso, o historiador se detém na presença mais imponente dos muros de pedra que conformam a fachada Sul (de acesso) da casa.

> A entrada da casa Tremaine, por outro lado, com suas garagens abertas e as relativamente entediantes paredes

revestidas de pedra, representa a fachada menos expressiva do edifício. [...] As enormes pedras naturais, que cobrem o terreno de ambas as casas, parecem ter se mesclado mais eficazmente com as ocasionais paredes de pedras esbeltas e rugosas da casa Kaufmann do que com o mais insistente uso da textura do mesmo material na casa Tremaine.[43]

Que o uso das paredes de pedra foi maior, em termos de área, na Casa Tremaine do que na Casa Kaufmann, não há o que se contestar. No entanto, a lógica de seu uso em ambos projetos é a mesma: ao mesmo tempo em que funcionam como barreiras visuais para garantir a privacidade da vida íntima, elas dão aporte ao acesso da casa e se relacionam com a natureza ao redor. A tectônica manufaturada, que se aproxima do vernacular, contrasta com a estética purista e industrializada característica das obras de Neutra até então – estruturas metálicas ou de madeira, grandes panos de vidro,

Casa Kaufmann, plantas térreo e pavimento superior, Palm Springs EUA.

Richard Neutra, 1946-1947. Croquis Fernanda Critelli

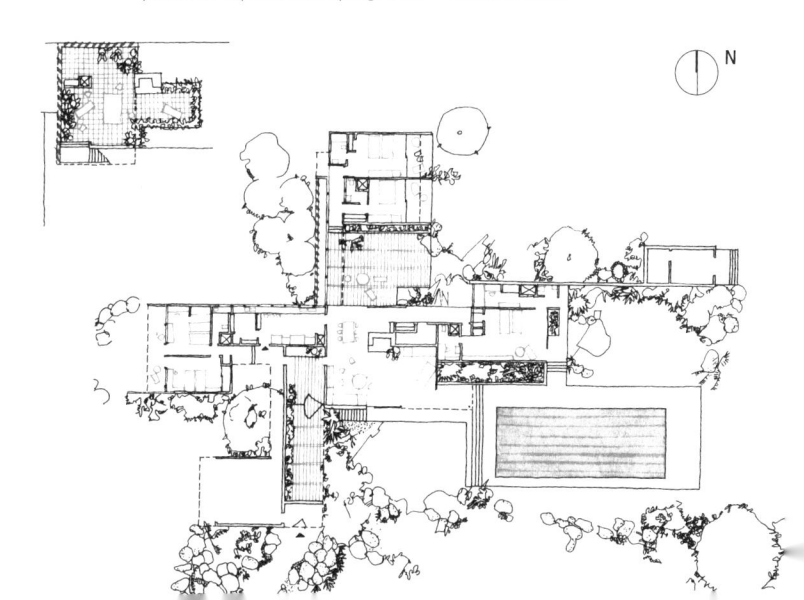

grandes planos brancos e ocasionais paredes de tijolo à vista, em geral associadas à lareira. Um exame com maior acuidade das obras do arquiteto revela que o uso dos muros de pedra foi recorrente após 1945: ao todo, foram identificados 36 projetos que se utilizam desta estética e materialidade.[44]

À primeira vista, o uso da pedra poderia ser explicado simplesmente pela relação com Frank Lloyd Wright, mentor a quem Neutra sempre se refere com admiração. No entanto, não é possível descartar a forte presença que essas paredes de pedra, compostas quase como um mosaico, tiveram na arquitetura moderna brasileira. À exemplo disso, estão os edifícios residenciais projetados por Lúcio Costa para o Parque Guinle (1943-1954) e o Edifício Antônio Ceppas (1946), projetado por Jorge Machado Moreira – com paisagismo, ladrilhos e painel cerâmico de Roberto Burle Marx –, ambos visitados por Richard Neutra durante a viagem de novembro de 1945. Da mesma forma que nas obras brasileiras, esse elemento bruto aflora nas fachadas projetadas por Neutra, ampliando com ainda mais intensidade a relação da arquitetura com a paisagem.

Entender a materialidade da pedra como uma resposta direta ao entorno árido da Casa Kaufmann é transitar em solo seguro, sem ter a necessidade de considerar na análise qualquer outra relação que pudesse explicar tal uso. Mas a mesma equação não se adapta para a Casa Tremaine. A falta de similaridade do entorno parece causar incômodo em Thomas Hines ao tentar compreender o uso recorrente do material. O estranhamento frente ao novo revela a existência de uma relação que o historiador norte-americano parece não querer assumir: o intercâmbio de ideias de Sul a Norte e de Norte a Sul; o real interesse e identificação que Richard Neutra demonstrou pela arquitetura latino-americana – com destaque especial para a arquitetura brasileira –; e a apropriação que fez dela em seus projetos a partir da segunda metade dos anos 1940.

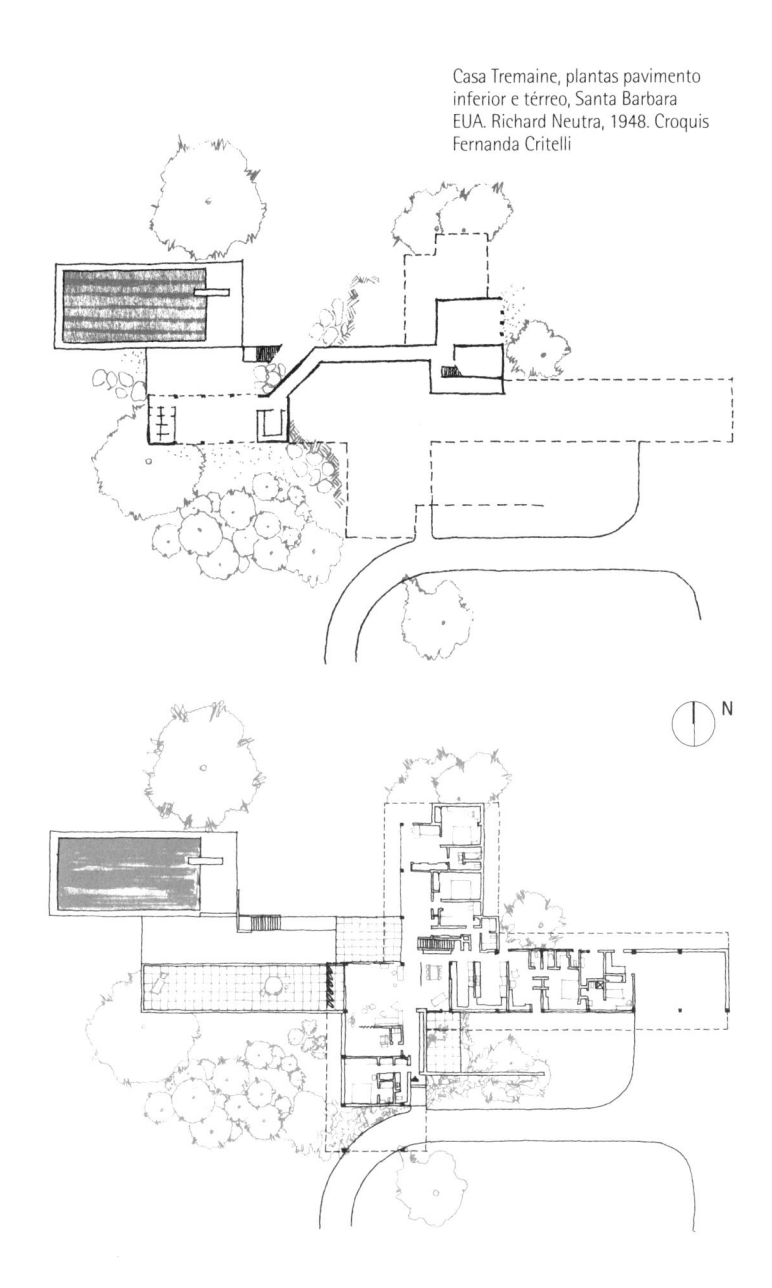

Casa Tremaine, plantas pavimento inferior e térreo, Santa Barbara EUA. Richard Neutra, 1948. Croquis Fernanda Critelli

Casa Kaufmann, Palm Springs EUA.
Richard Neutra, 1946-1947. Foto
Julius Shulman. Acervo © J. Paul Getty
Trust. Getty Research Institute, Los
Angeles (2004.R.10)

Casa Tremaine, Santa Barbara EUA.
Richard Neutra, 1948. Foto Julius
Shulman. Acervo © J. Paul Getty Trust.
Getty Research Institute, Los Angeles
(2004.R.10)

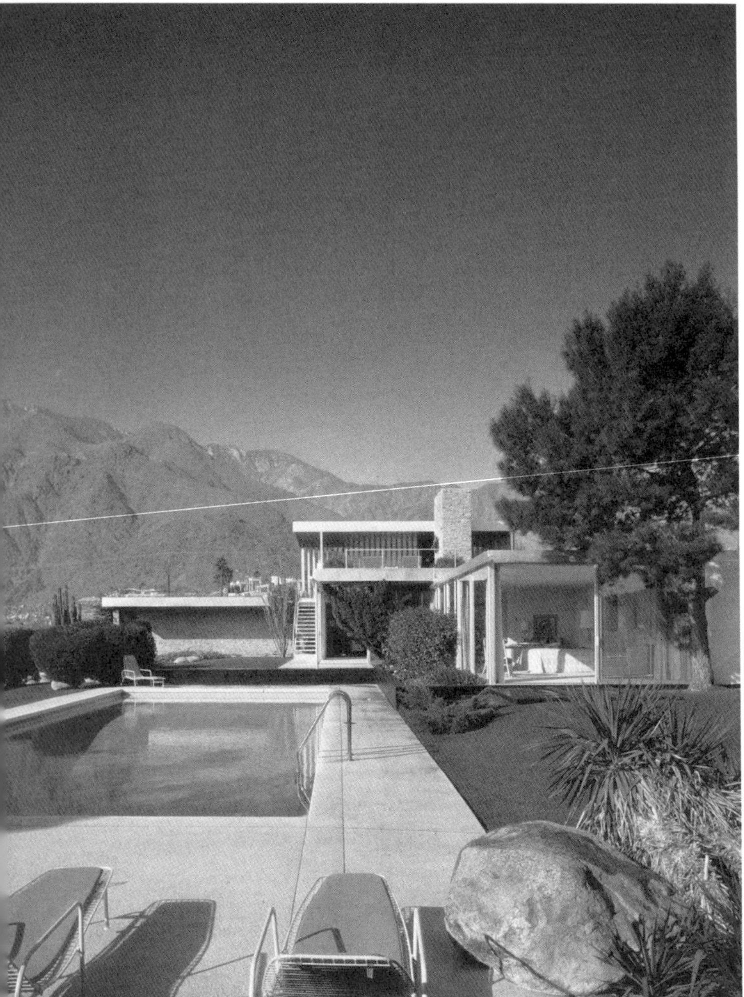

Casa Kaufmann, Palm Springs EUA.
Richard Neutra, 1946-1947. Fotos
Julius Shulman. Acervo © J. Paul Getty
Trust. Getty Research Institute, Los
Angeles (2004.R.10)

Casa Tremaine, Santa Barbara EUA. Richard Neutra, 1948. Fotos Julius Shulman. Acervo © J. Paul Getty Trust. Getty Research Institute, Los Angeles (2004.R.10)

231

Embaixada dos Estados Unidos em Karachi

Embaixada dos Estados Unidos, Karachi, Paquistão. Richard Neutra, 1955-1958. Foto Julius Shulman. Acervo © J. Paul Getty Trust. Getty Research Institute, Los Angeles (2004.R.10)

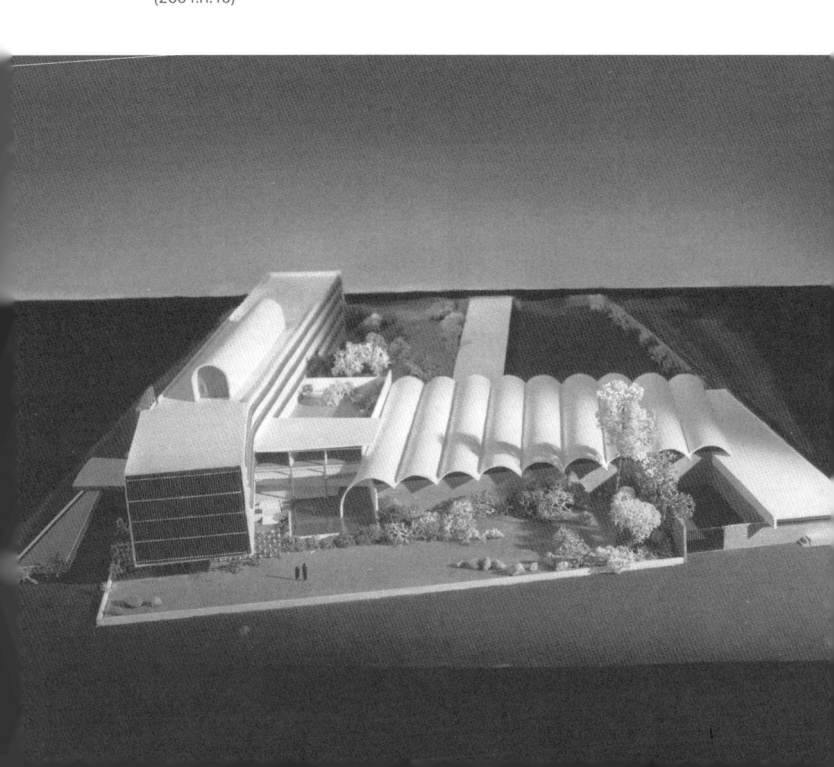

> *Na nova Embaixada Americana em Karachi, Paquistão, modernismo monumental parecia ser a ordem do dia. Comissionada como uma de uma série de novas embaixadas projetadas por reconhecidos arquitetos americanos, o edifício de Karachi teve seu papel no desfile de monumentos que incluiria os edifícios de Edward Stone para Nova Délhi, de John Warneke's para Bangkok, de Walter Gropius para Atenas e de Eero Saarinen para Londres. [...] Enquanto visitava Karachi, Alexander descobriu sobre a disponibilidade de fôrmas cilíndricas para a concretagem de abóbadas e estava determinado a utilizá-las num esforço para contrapor aquilo que acreditava ser o design excessivamente austero de Neutra para o edifício principal. O resultado foi uma série sem sentido e desinteressante de abóbadas usadas para decorar a fachada do volume para o depósito ao fundo. Apesar de não ser melhor nem pior do que a maioria das embaixadas dos anos 1950, a falta de resolução no edifício de Karachi ilustrava tristemente as tensões não resolvidas do modernismo dos anos 1950 em geral e da sociedade Neutra & Alexander em particular.*
> Thomas S. Hines, *Richard Neutra and the Search for Modern* Architecture[45]

Muitos são os aspectos a serem abordados na fala de Thomas Hines; o primeiro deles será com relação ao programa de construção de embaixadas no exterior. Retomando as discussões feitas no primeiro capítulo, o programa foi parte de um esforço maior dos Estados Unidos em se consolidar como uma potência mundial. Para isso, as novas embaixadas deveriam chamar "atenção como evidências do comprometimento e boa-vontade americanos e suas arquiteturas modernas, introduzidas no final dos anos 1940, tornaram-se símbolos de uma política diplomática aberta".[46] Ou seja, esses novos edifícios deveriam representar a prosperidade, tecnologia e inovação do país; e, naquele momento anterior ao ataque à Embaixada em Saigon, Vietnã (1965), deveriam demonstrar sua generosidade e boa vontade, neste caso, por meio de espaços amplos e acessíveis.

A monumentalidade, criticada por Thomas Hines tanto no projeto de Karachi como nas demais embaixadas do mesmo período, não era uma mera vontade dos arquitetos, mas sim uma exigência do Foreign Building Operations – FBO.[47] Havia, na agência, um comitê responsável pela avaliação dos projetos das embaixadas, que só eram aprovadas caso respondessem a todas as demandas estipuladas. O caso da embaixada de Neutra & Alexander não foi diferente:

> O AAC[48] [Comitê de Consultoria Arquitetônica] criticou severamente a primeira proposta para Karachi de Neutra & Alexander, dizendo que 'passava a impressão de ser um empreendimento comercial similar a um negócio de vendas por correio'. Eles exigiram a apresentação de um novo partido, mas não discutiram a troca dos arquitetos.[49]

Para fazer sua análise do projeto, Hines mais uma vez se apoia no depoimento de Robert Alexander – dado oito anos após a morte de Richard Neutra – para justificar as decisões estéticas estranhas a ele e que, segundo seu juízo, não correspondiam à arquitetura de Neutra. No entanto, o acaso que se ofereceu a Alexander quando descobriu as fôrmas cilíndricas para a concretagem de abóbadas parece ser um argumento frágil quando confrontado com as exigências do AAC. Ainda mais se considerada a maturidade de Neutra, que poderia ter transformado um acaso em premissa de trabalho. O uso expressivo de abóbadas, conferindo-lhe caráter monumental, estava presentes, por exemplo: na Igreja da Pampulha (Belo Horizonte, 1940), de Oscar Niemeyer; na Escola do Conjunto Pedregulho (Rio de Janeiro, 1946), de Affonso Eduardo Reidy; na Rodoviária de Londrina (Londrina, 1948), de Vilanova Artigas; e no Auto Posto Clube dos 500

(Guaratinguetá, 1951-1953), de Oscar Niemeyer. Tal como no caso dos brises, Richard Neutra soube assimilar ao seu modo as questões formais e construtivas do concreto armado que o interessaram na arquitetura brasileira.

Se foi Alexander quem encontrou as fôrmas adequadas para as abóbadas do edifício de depósito, coube a Neutra, responsável pelas decisões finais de arquitetura,[50] aproveitar a oportunidade para desenvolver uma estética pouco explorada em sua obra. E, neste ponto, o contato com o Brasil é crucial na busca por uma liberdade plástica e formal, principalmente, em um "momento em que se desejava estabelecer a identidade nacional baseada na herança cultural, mas ao mesmo tempo desenvolvendo os parâmetros que definiram a construção da modernidade presente e futura do país";[51] os arquitetos brasileiros projetaram obras que traziam em si possibilidades técnicas e estéticas. No caso das abóbadas, seu uso permite vencer grandes vãos com poucos apoios[52] – ideal para um depósito do porte daquele projetado para a Embaixada de Karachi (1955-1958).

Tal como no Brasil, a industrialização e as possibilidades construtivas do Paquistão não permitiam os projetos em aço e madeira característicos da obra de Richard Neutra. A resposta, portanto, está dada pela adoção da estrutura em concreto armado, como o arquiteto já havia feito nos projetos para Porto Rico e nas casas Tremaine e Alfred De Schulthess. No entanto, a opção pela cobertura em abóbadas, no volume baixo do depósito, vai além de uma simples resposta aos materiais disponíveis. Ela permite vencer grandes vãos com poucos pontos de apoio – ideal em se tratando de uma área de armazenagem – e dá caráter ao projeto. Ou seja, representa muito mais do que "uma série sem sentido e desinteressante de abóbadas usadas para decorar a fachada", como coloca Thomas Hines. Talvez, por esse caráter remeter às experiências brasileiras, é que o historiador o tenha definido como um ruído na obra de Neutra – e, consequentemente, responsabilizou Robert Alexander por isso. Mas a verdade é

Conjunto Residencial Pedregulho, Rio de Janeiro. Affonso Eduardo Reidy, 1946. Foto Andres Otero

Igreja da Pampulha, Belo Horizonte. Oscar Niemeyer, 1940. Foto Victor Hugo Mori

que a cobertura em abóbadas, tal como os brises e os painéis artísticos, evidenciam a destreza de um arquiteto maduro que estudou com genuína atenção os projetos de seus colegas, reconheceu neles as questões que o interessavam e as desenvolveu em seus próprios projetos. Neutra é, portanto, o agente da ação que opta por se alinhar à determinada resposta arquitetônica e interpretá-la em sua obra posterior, conforme as necessidades e condicionantes locais.

Outro ponto que põe em xeque a afirmação de Thomas Hines de que o projeto da embaixada evidencia os conflitos do escritório Neutra & Alexander é a publicação dos dois últimos volumes da coletânea de Willy Boesiger, onde estão os desenhos técnicos (planta, cortes e elevações), perspectivas, fotos de maquete e da obra construída. Em ambos livros, a presença do volume do depósito com a cobertura em abóbadas é marcante, em especial nas fotos e vistas da maquete. Além disso, a análise da implantação dos edifícios deixa clara importantes decisões de projeto. Em primeiro lugar, a situação do terreno delimitado por três ruas, uma estrutural à Leste e outras duas de caráter mais local à Sul e à Norte, sugere que o edifício da administração, mais alongado e com três pavimentos, foi projetado para o porte da via estrutural que faceia. Enquanto que o volume do depósito, mais baixo, foi pensado para a via de menor porte a qual faz frente. No entanto, é no traçado do percurso do carro na entrada principal que Neutra deixa evidente qual é o visual mais importante de sua obra.

Pela angulação das curvas e inclinação do acesso, os carros chegavam pela rua do Coletor (via local), paravam sob a marquise para o passageiro descer e saíam pela rua Victoria (via estrutural). Ou seja, ao se aproximar da embaixada, o visitante tem seu olhar atraído para o generoso jardim, acessível da rua, arrematado por esse extenso volume baixo coroado por nove abóbadas de concreto armado. E, na extremidade mais próxima ao edifício da administração, o ponto auge: a última abóbada vai buscar apoio no solo sobre um

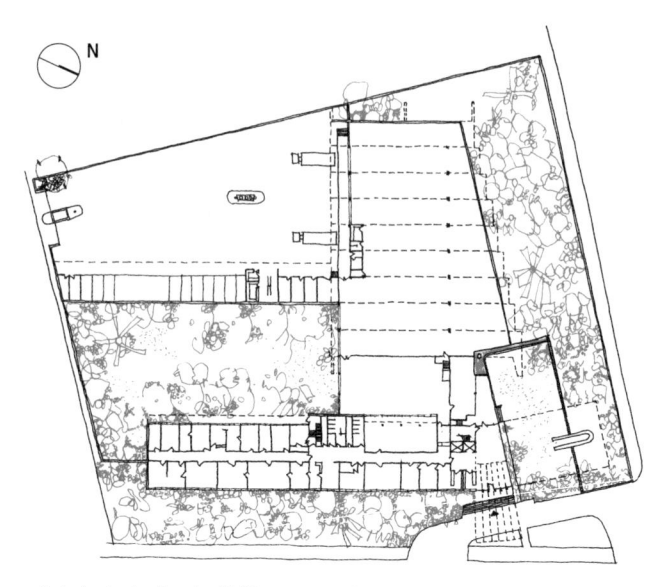

Embaixada dos Estados Unidos, planta térreo, Karachi, Paquistão.

Richard Neutra, 1955-1958. Croqui Fernanda Critelli

generoso espelho d'água que, em seu reflexo, cria a ilusão de continuidade da curva. Do volume da administração, no entanto, vê-se apenas a fachada menor arrematada pelos brises verticais móveis. A quebra da ortogonalidade, feita precisamente no eixo da marquise, faz com que esse edifício maior volte a ser legível apenas com a distância de quem agora se afasta pela rua Victoria. É difícil imaginar que tal poética visual seja resultado de um impasse entre dois arquitetos e não, pelo contrário, fruto do domínio estético e projetual de um arquiteto maduro. Mais difícil ainda é ignorar a trajetória de Richard Neutra e, mais especificamente, seu entusiasmo com a arquitetura moderna latino-americana.

O material publicado por Boesiger mostra que, entre projeto final e obra construída, houveram algumas modificações – como, por exemplo, o volume retangular na extremidade Oeste do depósito identificado na maquete, ideia que acabou por ser abandonada. Mas é evidente que a proposta da cobertura em abóbadas, representando o impacto visual predominante no percurso de chegada ao edifício, já fazia parte do projeto desde o início. A disponibilidade das fôrmas, tanto quanto os condicionantes locais, foi o mote para que Neutra experimentasse uma estética nova para ele, que era fruto da decantação e da assimilação das obras brasileiras que olhou com cuidado e interesse. E a Embaixada dos Estados Unidos em Karachi não foi a única obra em que Richard Neutra trabalhou com as cascas de concreto armado. Em 1963, propôs novamente o uso das

Embaixada dos Estados Unidos, Karachi, Paquistão. Richard Neutra, 1955-1958. Foto Julius Shulman. Acervo © J. Paul Getty Trust. Getty Research Institute, Los Angeles (2004.R.10)

abóbadas no projeto para os laboratórios da Universidade de Mymensingh, Bangladesh (não construído).

Mais uma vez, Thomas Hines deixa explícito seu estranhamento sobre o projeto, culpando a delicada condição de saúde na qual o arquiteto se encontrava na época. Segundo o historiador, os problemas de organização da prática de Richard Neutra levaram a um declínio da qualidade das obras de grande porte nos anos 1960.

> Apesar de exceções como o Centro Médico Mariners, de escala residencial, uma sensação geral de fatiga caracterizou as obras posteriores e de porte maior de Neutra – como de fato ocorreu com o trabalho de seus colegas modernistas. Restrições políticas e orçamentárias não podem ser as únicas culpadas por tais monumentos modernistas monótonos e sem vida, como, por exemplo, o Centro de Arte Roberson, Binghamton, Nova York (1965); os dormitórios da Universidade da Pennsylvania, Philadelphia (1969); a Torre Médica La Veta, Orange, Califórnia (1966); e os laboratórios da Universidade de Mymensingh, Bangladesh [sic] (1963). Assim como em inúmeros edifícios da era Alexander, Neutra refletiu a ansiosa vulnerabilidade de sua geração modernista ao tentar *avivar* tais estruturas como artifícios supérfluos e falsos.[53]

A persistência da expressão "avivar a arquitetura" no discurso de Hines evidencia seu estranhamento sobre determinados aspectos da obra de Richard Neutra. Soluções formais e construtivas, que fogem de sua imagem sobre a melhor obra do arquiteto, são julgadas como resultantes de fatores externos, sejam eles sociedades – casos de Robert Alexander e Dion Neutra – ou mesmo o estado de saúde do arquiteto nos últimos anos de sua vida. Hines analisa os projetos deixando de lado a influência da própria trajetória profissional de Richard Neutra. À parte das residências e de alguns poucos projetos comerciais, de porte igualmente pequeno, onde o modernismo austero das primeiras obras é evidente – estrutura metálica ou de madeira, grandes panos de vidro e paredes brancas, ou seja, com uma hegemonia da estética industrial –, os demais projetos são vistos com maus olhos. Este é o caso, por exemplo, da Casa Alfred De Schulthess (1956), em Havana. Construída em estrutura de concreto

Embaixada dos Estados Unidos, Karachi, Paquistão. Richard Neutra, 1955-1958. Foto Rondal Partridge. Rondal Partridge Archive

e com paisagismo assinado por Roberto Burle Marx, Thomas Hines a considera um desastroso resultado da incompetência do arquiteto em lidar com projetos de grande escala.[54]

O "estranho" na obra de Richard Neutra, que incomoda Hines e outros historiadores, é a sensação esquisita diante de algo oculto que os assombra. A influência da arquitetura moderna latino-americana na obra de Neutra, especialmente a brasileira, parece se prestar a esse papel, pois ela está sempre lá, mas não condiz com o que se espera da obra de um dos arquitetos mais renomados do século 20. Contudo, trata-se de uma influência assimilada e interpretada por

Embaixada dos Estados Unidos, Karachi, Paquistão. Richard Neutra, 1955-1958. Foto Julius Shulman. Acervo © J. Paul Getty Trust. Getty Research Institute, Los Angeles (2004.R.10)

um arquiteto bem formado e com opiniões próprias. Uma releitura elaborada, desenvolvida quando as condicionantes locais – climáticas, de paisagem e de tecnologia – demandavam ou permitiam.

Assim, ao invés de repetir as leituras – e os estranhamentos – das obras de Richard Neutra feitas por Thomas Hines, o que se propõe aqui é lançar sobre elas um novo olhar. A trajetória profissional do arquiteto e seu desejo em manter-se conectado com os colegas ao redor do mundo, seja por publicações ou por correspondências, passam a ser parte integrante da narrativa de análise das obras. Elas deixam, portanto, de serem vistas com a conotação pejorativa de um "Great Man Act"[55] e passam a ser as pistas para o entendimento de novas estéticas e materiais construtivos que surgiram no decorrer de suas obras. E, também, por se tratar de uma pesquisa que surge na América Latina, a proposta é fugir dos conceitos e imposições importados e ressituar os episódios da historiografia através de uma perspectiva reversa, como bem coloca Marina Waisman.[56]

Casa Schulthess

Casa Alfred De Schulthess, Havana, Cuba. Richard Neutra, 1956. Foto André Marques

Além dos três volumes editados por Willy Boesiger sobre Neutra, são duas as publicações realmente significativas sobre seu trabalho; e, em ambas, aparecem imprecisões. *Richard Neutra and the Search for Modern Architecture*, de Thomas S. Hines, sem dúvida, é a análise mais valiosa da produção de Neutra; é um extenso e apaixonante relato de sua vida e obras no qual, apesar de conter 360 ilustrações – muitas delas de projetos menores – não foi incluída nem uma foto da casa De Schulthess. A qual é unicamente mencionada em comentário crítico de três linhas. Este enfoque contrasta com o de Boesiger e do próprio Neutra, que, no segundo volume publicado pelo Editorial Girsberger, de Zurique, em 1959, dedicaram à casa dez páginas e dezoito ilustrações. Perdeu-se a oportunidade de apresentar e discutir uma das poucas obras realizadas por Neutra nos trópicos, circunstância que, evidentemente, aporta um interesse adicional. No mesmo livro de Hines, página 243, aparece uma foto do mural realizado por Burle Marx em outra obra de Neutra, em Los Angeles, e, erroneamente, identifica-se a pessoa trabalhando no mural como se fosse Burle Marx. Este erro se arrastou para a publicação da obra completa de Neutra realizada em 1999 pela editora Taschen, de Colônia, com autoria principal de Barbara Mac Lamprecht; um livro essencial, sem dúvida, mas que contém, além deste, outros erros a respeito da casa De Schulthess. Nele, afirma-se que a estrutura é de aço, quando, na realidade, é de concreto armado; a fachada Sul é descrita como de vidro, quando é majoritariamente fechada e hermética; por último, a melhor fotografia da casa incluída no livro aparece identificada na página 415 como se fosse a casa González-Gorrondona, realizada por Neutra em Caracas em 1962.
Eduardo Luis Rodríguez, *Modernidad Tropical. Neutra, Burle Marx y Cuba: La Casa De Schulthess*[57]

A revisão precisa, feita pelo arquiteto e historiador cubano Eduardo Luis Rodríguez, nas páginas iniciais de seu livro-catálogo sobre a Casa Schulthess, aponta para importantes fissuras no discurso historiográfico hegemônico acerca da obra de Richard Neutra. As quase omissões e as confusões sobre as obras na América Latina, feitas nestas duas destacadas publicações, alastram-se até hoje nas narrativas que discutem o arquiteto, mesmo aquelas provenientes de pesquisadores latino-americanos. Por exemplo, apesar da capa do livro *Richard Neutra en América Latina – Una Mirada desde el Sur* ser ilustrada por uma foto da fachada Norte da casa cubana, Catherine Ettinger dedica um único parágrafo à obra, onde comenta que Neutra a projetou em "estrutura de aço que foi revestida com concreto"[58] e que a disposição dos ambientes e jogo da cobertura refletem a experiência de Neutra em Porto Rico.[59] Além do claro equívoco em relação ao sistema estrutural usado na casa – por razão dos furacões, comuns na região, optou-se pelo uso da estrutura em concreto armado – e do aparente desconhecimento do catálogo *Modernidad Tropical – Neutra, Burle Marx y Cuba: La Casa De Schulthess*, produzido por Eduardo Rodríguez, Ettinger acaba por sedimentar as asserções feitas por Hines e Lamprecht e que trazem em si o posicionamento ideológico dos historiadores.

No caso das publicações norte-americana e alemã, poderia se especular que a situação política cubana após 1959 criou um obstáculo para o acesso à casa e ao conhecimento de sua história. Eduardo Rodríguez relata a dificuldade encontrada tanto pelos arquitetos estrangeiros quanto os locais para visitar a obra.[60] Mas mesmo esta particularidade não é suficiente para justificar a falta de uma análise mais aprofundada em tais narrativas; afinal, grande parte do acervo de desenhos e fotos encontra-se publicado no segundo volume editado por Boesiger[61] e arquivado nos acervos *Neutra Collection* da UCLA (arquitetura) e do escritório Burle Marx & Cia. Ltda. (paisagismo). Ou seja, na época do desenvolvimento da pesquisa de Thomas Hines sobre a biografia de Richard Neutra, o material sobre a Casa Schulthess estava disponível e, mesmo assim, não foi usado para a construção do discurso.

Soma-se a este fato o juízo de valores que o historiador fez abertamente no pequeno trecho do livro onde comenta sobre a casa[62] e em depoimento à pesquisadora:[63] para ele, este projeto representava a não desenvoltura do arquiteto frente a obras de grande porte. Não é o objetivo aqui desvalorizar o posicionamento crítico de Hines em relação à residência. De fato, ela se distingue da grande maioria dos projetos residenciais – casas com medidas mais enxutas,

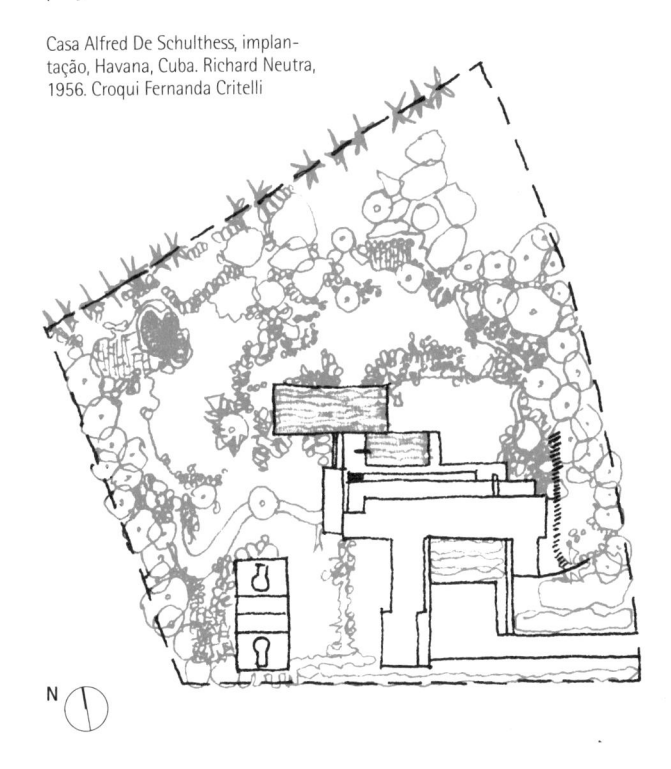

Casa Alfred De Schulthess, implantação, Havana, Cuba. Richard Neutra, 1956. Croqui Fernanda Critelli

econômicas e projetadas com estrutura metálica ou de madeira. No entanto, se o posicionamento de Hines fosse unicamente por uma questão de escala do projeto, a posterior Casa González-Gorrondona – que o historiador compara com a Casa Lovell – não seria um exemplo de "memórias felizes" de outra época. Se retomarmos a noção freudiana de "unheimlich", o posicionamento de Thomas Hines encobre a falta de enfrentamento diante de seu estranhamento perante a obra. Não porque o uso do concreto e a generosidade das áreas sejam uma novidade, mas sim por aquilo que este projeto representa: a concretização da relação de Neutra com a arquitetura e paisagismo latino-americanos.

Afirmar que a Casa Schulthess é a primeira concretização deste relacionamento tão importante para Neutra não significa ignorar a publicação anterior de *Arquitetura social*, um livro comumente visto pela historiografia como um ato de imposição de uma arquitetura central sobre a periferia. De acordo com esse discurso, as obras posteriores do arquiteto, inclusive as latino-americanas – que se desdobram na relação com o clima e a paisagem –, seriam reflexos da experiência em Porto Rico. Apesar de repetida várias vezes,[64] tal afirmação omite ou reduz bruscamente a importância da viagem de reconhecimento pela América do Sul, em 1945, e os laços profissionais e pessoais que então se formaram e perduraram até o falecimento de Neutra. A experiência de Porto Rico trouxe novas faces às inquietações de Neutra frente à relação da arquitetura e os condicionantes locais. Envolvido com essas questões, o arquiteto encontrou, na América Latina, soluções possíveis: as fotografou e as estudou, resultando no artigo "Sun Control Devices" publicado pela revista *Progressive Architecture* em 1946.

Além do artigo, a relação com Roberto Burle Marx é muito significativa. Conforme visto anteriormente, Richard Neutra não só admirava o paisagista brasileiro como insistia com seus clientes para contratá-lo para desenvolver projetos paisagísticos e de murais.[65] Um desses clientes foi

Alfred De Schulthess, suíço residente em Nova York que, em 1952, havia sido transferido para Havana com o objetivo de assumir a vice-presidência do Banco Garrigó.[66] Implantada em um terreno de dez mil metros quadrados no Country Club, luxuoso bairro residencial projetado durante o governo de Fulgêncio Batista (1952-1959),[67] a casa tem os ambientes claramente setorizados e distribuídos em dois pavimentos: as áreas de serviço (cozinha, lavanderia e dependências dos empregados) e social (salas de jantar e estar, escritório, lavabo e quarto de hóspedes) estão dispostas no térreo, enquanto que a área íntima (dormitórios, banheiros e sala de estar íntima) aparece no andar superior.

A partir de um eixo de entrada, marcado pelo pórtico e em cota mais elevada do que o restante do piso térreo, Neutra organiza os fluxos no projeto. Deste nicho, os usos se desdobram: à esquerda – e descendo cerca de três degraus –, as salas de jantar e estar e as dependências de serviço; à direita, um escritório, quarto de hóspedes e banheiro; e, por fim, a escada – engastada na parede do escritório e atirantada na estrutura do andar superior, com uma lógica estrutural muito similar àquela adotada por Rino Levi na residência Olivo Gomes (1949-1951), em São José dos Campos – que leva aos quartos e sala íntima. Neste pavimento, Neutra opta por ocupar o centro da planta, deixando, de um lado, uma circulação e, de outro, uma varanda para contemplação da paisagem. Na fachada frontal da casa, que corresponde ao andar superior, o fechamento em painéis de madeira se transforma em armários voltados para o corredor. Na sala de estar, a presença da lareira faz a divisão com o nicho de entrada e estrutura a área de convívio social. Este elemento, que nasce de uma forte presença das obras de Frank Lloyd Wright no repertório de Neutra, é totalmente revestido de pedra, destacando-se, portanto, do restante das áreas internas da casa.

Neutra organiza a estrutura da casa em oito módulos e desloca o volume do térreo em relação ao do piso superior,

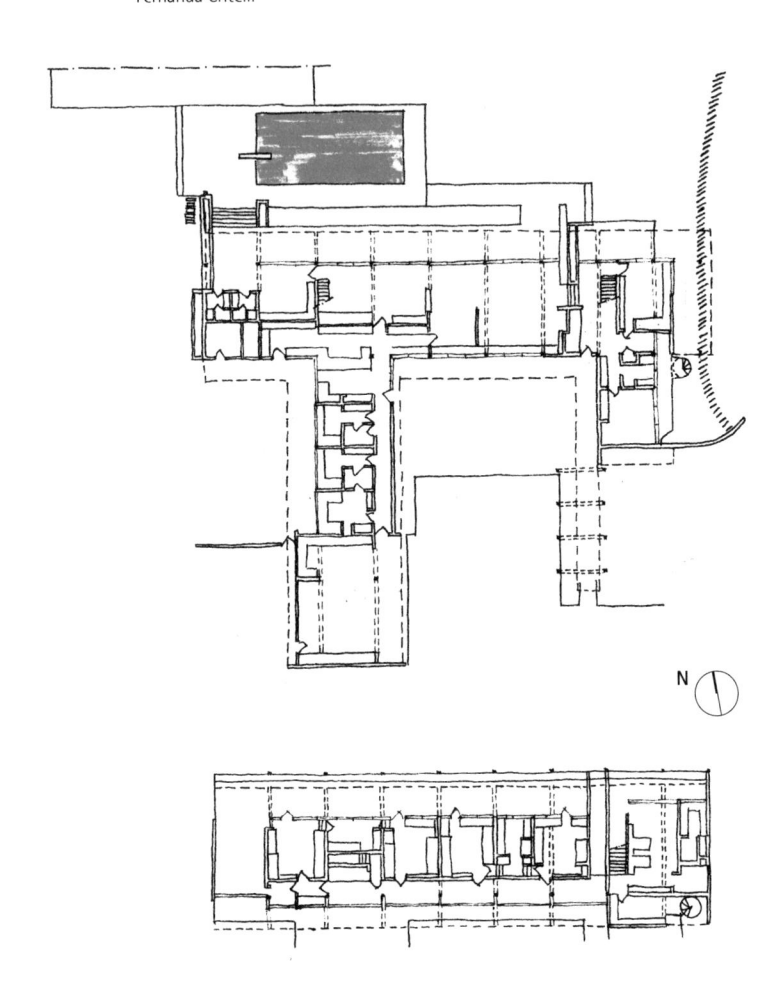

Casa Alfred De Schulthess, plantas térreo e pavimento superior, Havana, Cuba. Richard Neutra, 1956. Croquis Fernanda Critelli

criando, em cima, uma varanda e, na parte inferior, um jardim que adentra a casa. No sentido transversal, o arquiteto retoma os estudos feitos para o artigo "Sun Control Devices" e resolve a arquitetura no esquema balanço-vão-balanço, deixando, à Norte, a fachada protegida por um beiral de aproximadamente 2,45 metros. Já na fachada Sul, o pavimento superior avança por sobre o balanço e deixa um beiral mais estreito como proteção de espaços nos dois pavimentos: no térreo, as janelas das salas; no superior, do corredor dos quartos. Com relação ao tratamento das fachadas, apesar do engano cometido por Barbara Lamprecht – e apontado por Eduardo Luis Rodríguez na epígrafe destacada no início da análise –, Richard Neutra trabalhou-as de forma a garantir a privacidade da vida interna ao mesmo tempo em que proporcionava a vista para a paisagem desenhada por Roberto Burle Marx. Ou seja: à Sul (vistas do acesso da casa), as janelas são altas, permitindo iluminação e ventilação natural, e as paredes externas são aportes para os armários no lado de dentro; à Leste e à Oeste (vistas, respectivamente, da rua e da divisa do terreno), grandes paredes cegas encerram as extremidades da casa como cortinas de pedra soltas do chão; e à Norte, uma fachada inteiramente composta por grandes portas piso-teto deslizantes de vidro que se abrem para a paisagem, integrando interno e externo.

    O paisagismo proposto por Burle Marx se utiliza de plantas com diferentes alturas, cores e texturas que se harmonizam com a arquitetura em três momentos diferentes. No contorno mais extremo, árvores de grande porte criam uma massa densa, quase como uma mata virgem onde não se percebem os limites físicos do terreno. Já no entorno da casa, a matriz de ângulos retos da arquitetura é rebatida para o desenho do jardim, neste momento proposto em uma grelha de concreto que abriga plantas mais baixas e com variadas cores e texturas, que fazem o contraponto com a massa verde externa (do limite do terreno). Aqui se juntam o espelho d'água e a piscina, dando lugar ao convívio da sala de estar que se estende para o exterior. E a relação entre este paisagismo geométrico e a vegetação quase *in natura* criada se dá com um desenho mais solto do passeio em linhas curvas e com movimentação da topografia que, além de proporcionar vistas distintas e surpreendentes da casa, cria um novo limite para o terreno. A sensação que se tem é que a Casa Schulthess está implantada em uma clareira de uma mata virgem e inexplorada. Estas transições e criação de limites visuais no paisagismo se assemelham muito ao que foi proposto para o Museu de Arte Moderna do Rio de Janeiro alguns anos antes, em 1953. Segundo o próprio Roberto Burle Marx, as distintas texturas, cores e portes da vegetação possibilitam uma composição harmoniosa com a arquitetura.[68]

Casa Alfred De Schulthess, Havana, Cuba. Richard Neutra, 1956. Fotos André Marques

A maestria com que os condicionantes de clima e tecnologia local, as demandas do cliente e a relação entre arquitetura e paisagem são resolvidas no projeto da Casa Schulthess mostra a maturidade do arquiteto naquele momento. Richard Neutra tinha suas convicções claras sobre arquitetura e soube trabalhar as referências, vistas e estudadas com entusiasmo na América Latina, à sua própria maneira. Não se trata aqui de um arquiteto ainda em formação que veio fazer uma experimentação em território latino-americano. Muito pelo contrário, esta obra – assim como a Casa González-Gorrondona, que será discutida à frente – representa o auge deste arquiteto que buscou constantemente por transformação e que viu nos colegas latino-americanos (aliás, com os quais se identificava culturalmente e em questões de clima e paisagem) interlocuções possíveis para as respostas que procurava. Ainda assim, esta casa foi colocada em posição secundária pelo discurso historiográfico hegemônico, que mostrou ser claro o estranhamento em sua análise.

Casa González-Gorrondona

Casa González-Gorrondona, Caracas, Venezuela. Richard Neutra, 1958-1965. Foto Raymond Richard Neutra

As casas posteriores de Neutra, construídas fora dos Estados Unidos, variam entre meramente competente e excelente. Da primeira categoria, a casa De Schulthess, Havana, Cuba (1956), exemplifica os problemas de Neutra com projetos muito grandes e cheios de detalhes, enquanto a casa González-Gorrondona, Caracas, Venezuela (1962), lembra, em suas camadas escalonadas, memórias felizes de suas casas maiores dos anos 1930.
Thomas S. Hines, *Richard Neutra and the Search for Modern Architecture*[69]

Projetada para o advogado, economista e banqueiro José Joaquim González-Gorrondona (1910-1988), em meio ao Parque Nacional El Ávila, Caracas, esta casa tem uma história curiosa, a começar pelo local onde foi implantada. Personalidade influente na Venezuela, González-Gorrondona foi presidente do Conselho de Economia Nacional, órgão assessor do Estado entre 1949 e 1959; governador no Fundo Monetário Internacional – FMI; representante da Venezuela no Banco Mundial; fundador, em 1957, do Banco Nacional de Desconto; e Ministro de Transporte e Comunicações entre 1964 e 1966.[70] Durante a ditadura do General Pérez Jiménez, contratou o arquiteto italiano Gio Ponti para realizar seu sonho de construir uma mansão em um terreno fora dos limites urbanos e de frente a Los Palos Grandes, La Castellana, Santa Eduvigis, La Carlota e a Embaixada dos Estados Unidos. Ponti desenvolveu um primeiro estudo para a casa, mas nunca concluiu o trabalho.[71]

Assim, em janeiro de 1958, após o fim da ditadura e eleição do novo governo democrático, González-Gorrondona contrata Richard Neutra para projetar sua casa.[72] No terceiro volume publicado sobre as obras do arquiteto, Willy Boesiger afirma que esta casa demorou oito anos para ser construída: "Da biblioteca de milhares de volumes e obras de arte, que o dono, um ministro do governo de seu país, coleciona, até a espaçosa piscina, a estrutura metálica dos vários pavimentos tem sido estudada por Neutra em todos os seus ambientes e funções durante oito anos de atenção criativa ao programa e localização singulares".[73]

Apesar de Thomas Hines e, por consequência, Barbara Lamprecht datarem este projeto como sendo de 1962, sua construção é finalizada apenas em 1965.[74] E, neste longo período entre projeto e construção, a obra sofreu alguns reveses. Devido à localização do terreno na cota mil da encosta na qual estava sendo estudada a implantação do Parque Nacional El Ávila, o novo governo venezuelano impediu a continuidade do projeto até que, em dezembro

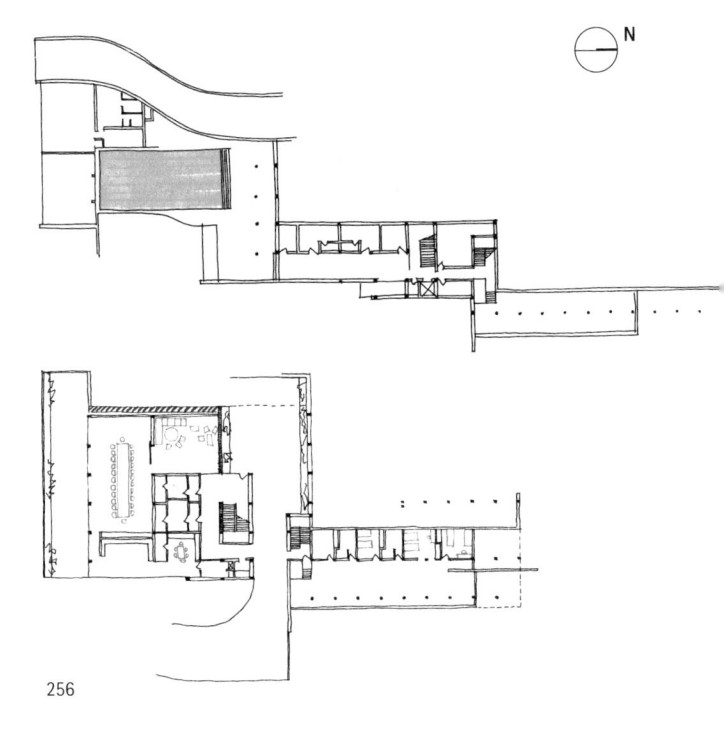

Casa González-Gorrondona, plantas pavimento inferior e térreo, Caracas, Venezuela. Richard Neutra, 1958-1965. Croquis Fernanda Critelli

de 1958, foi decretado que a área do parque teria início a partir da cota mil. O projeto, portanto, estava aprovado. No entanto, a permissão para sua construção e eventual uso por seus proprietários só foi dada quando, em 1963, o Instituto de Parques Nacionais da Venezuela concedeu a González-Gorrondona o título de guarda florestal.[75]

Mesmo tendo sido extensivamente publicada no terceiro volume, editado por Boesiger, sobre a obra de Richard Neutra, a Casa González-Gorrondona tem expressão tímida na historiografia hegemônica. Thomas Hines, na epígrafe destacada no início do texto, a menciona apenas

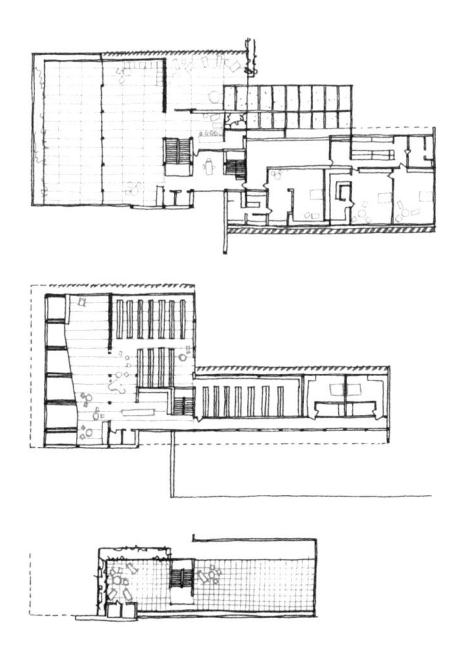

Casa González-Gorrondona, plantas primeiro e segundo pavimentos e cobertura, Caracas, Venezuela. Richard Neutra, 1958-1965. Croquis Fernanda Critelli

para compará-la com as obras residenciais dos anos 1930: segundo o historiador, sua qualidade é exceção nas obras construídas fora do solo norte-americano. Seguindo a mesma linha, Barbara Lamprecht compara a casa venezuelana com a conhecida Casa Lovell, por suas características de projeto em terreno inclinado. O que fica fora da discussão, no entanto, é que, diferente da Casa Lovell, que está implantada em um terreno de declive, a Casa Gorrondona está situada em um aclive da encosta da montanha.

Por ter uma área reduzida quando comparada ao projeto sul-americano, Richard Neutra resolve toda a área íntima da Casa Lovell no pavimento de acesso: os quartos são colocados na porção Sudoeste da casa, garantindo assim boa iluminação e a vista para o Griffith Park e a cidade de Los Angeles. Os dois andares inferiores são reservados para os quartos de hóspedes, cozinha, salas, biblioteca e áreas de lazer e ginástica. Já na casa venezuelana, o cargo político ocupado por seu proprietário demanda áreas para conferências e recepção de visitantes distinta das áreas sociais normais de uma casa. Neste caso, a separação e conexão dos diferentes ambientes torna este projeto ainda mais complexo.

Para resolver as particularidades do uso e do terreno, Neutra dividiu a casa em dois volumes: um semienterrado na encosta, onde ficam, em um andar, os dormitórios dos empregados e, no outro, os da família; e o volume posterior com as áreas de lazer, social e social íntima, todas com vista para o vale onde está implantada a cidade de Caracas. O acesso de carros e pedestres se dá pelo segundo pavimento, acima da piscina. Neste andar, acontece a recepção dos convidados do ministro: uma pequena sala de estar que se abre para a sala de jantar para 26 pessoas, tomando praticamente toda a fachada Sul e, portanto, com vista desobstruída da cidade. Estão também, neste pavimento, as áreas de serviço, cozinha e os dormitórios dos empregados. No terceiro pavimento, as áreas social – sala de estar, terraço e galeria – e íntima – quartos – da família; enquanto que o quarto pavimento é praticamente todo reservado para a biblioteca e coleção de arte de González-Gorrondona, com espaço apenas para os dois quartos de hóspedes na porção Norte do volume mais esguio. Coroando esta generosa casa, um terraço coberto com vista privilegiada para a cidade e para todo o Parque El Ávila.

Dadas as condições do clima equatoriano do local onde a casa está implantada, Richard Neutra trabalhou extensivamente com os mecanismos de controle do sol que havia estudado em sua primeira visita à América do Sul: as varandas, os beirais mais largos e, principalmente, os brises verticais móveis. Estes, que nas obras anteriores do arquiteto apareciam de maneira singela, ganham expressão na casa venezuelana. Tal tratamento é dado às fachadas Leste e Oeste, chegando a ter, em algumas situações, a altura de dois pés-direitos – como ilustra a perspectiva feita pelo arquiteto da fachada Noroeste, publicada no terceiro volume da coleção editada por Willy Boesiger.

Apesar da similaridade de estar implantada em um terreno inclinado com vistas majestosas para a cidade e parque, a Casa González-Gorrondona se difere totalmente da Casa Lovell no que diz respeito à sua relação com o sol. No caso da Califórnia, onde o sol é presente, mas não tão intenso quanto no clima equatoriano, fachadas e aberturas convidam à entrada constante da luz e calor, seguindo os desejos do médico naturopata que defendia a cura através do sol. Por outro lado, na casa venezuelana, mais castigada pela intensidade do sol, as fachadas foram projetadas para ora se proteger do excesso de luz e calor e ora se abrir para ele. As tecnologias e materiais empregados se diferem totalmente: do volume prismático branco recortado por faixas horizontais de vidro de quase quarenta anos antes; Neutra atingiu o ápice com a composição de planos horizontais e verticais de materialidades diferentes, que de um lado se apoiam na encosta da montanha e, de outro, se projetam dela em direção ao vale, abrindo-se para a vista. Tal como na Casa Schulthess – e talvez com uma maturidade ainda maior –, Richard Neutra trabalhou com maestria as soluções estudadas no artigo "Sun Control Devices", transformando-as à sua própria maneira neste projeto para a Casa Gorrondona. E, apesar de ter sido lembrada como um exemplo de qualidade da obra de Neutra, Thomas Hines e Barbara Lamprecht o fizeram com estranhamento, comparando-a apenas com aquilo que lhes era familiar de uma arquitetura anterior à relação de Neutra com a América Latina.

Também, da mesma forma que na casa cubana, Richard Neutra dá força ao paisagismo na Casa González-Gorrondona – aqui desenvolvido pelo venezuelano Eduardo Robles Piquer – ao integrá-lo com os ambientes internos através dos visuais e dos pequenos jardins que levam a natureza para dentro dos ambientes. As possibilidades construtivas e os condicionantes locais da Venezuela permitiram que a casa fosse construída inteiramente em estrutura metálica. No entanto, apesar de toda a sua complexidade e qualidade, até hoje as análises sobre esta casa repetem apenas as mesmas e poucas asserções feitas por Lamprecht e Hines. Catherine Ettinger, por exemplo, dedica um parágrafo à apresentação da casa em seu livro *Richard Neutra en América Latina: Una Mirada desde el Sur*, dizendo que o projeto emprega estratégias usadas na Casa Lovell.[76] No entanto, erra ao dizer que seus ambientes estão distribuídos ao longo de dois pavimentos com um terraço na cobertura;[77] sendo que, de fato, a casa possui cinco pavimentos escalonados.

Casa González-Gorrondona, Caracas, Venezuela. Richard Neutra, 1958-1965. Foto Raymond Richard Neutra

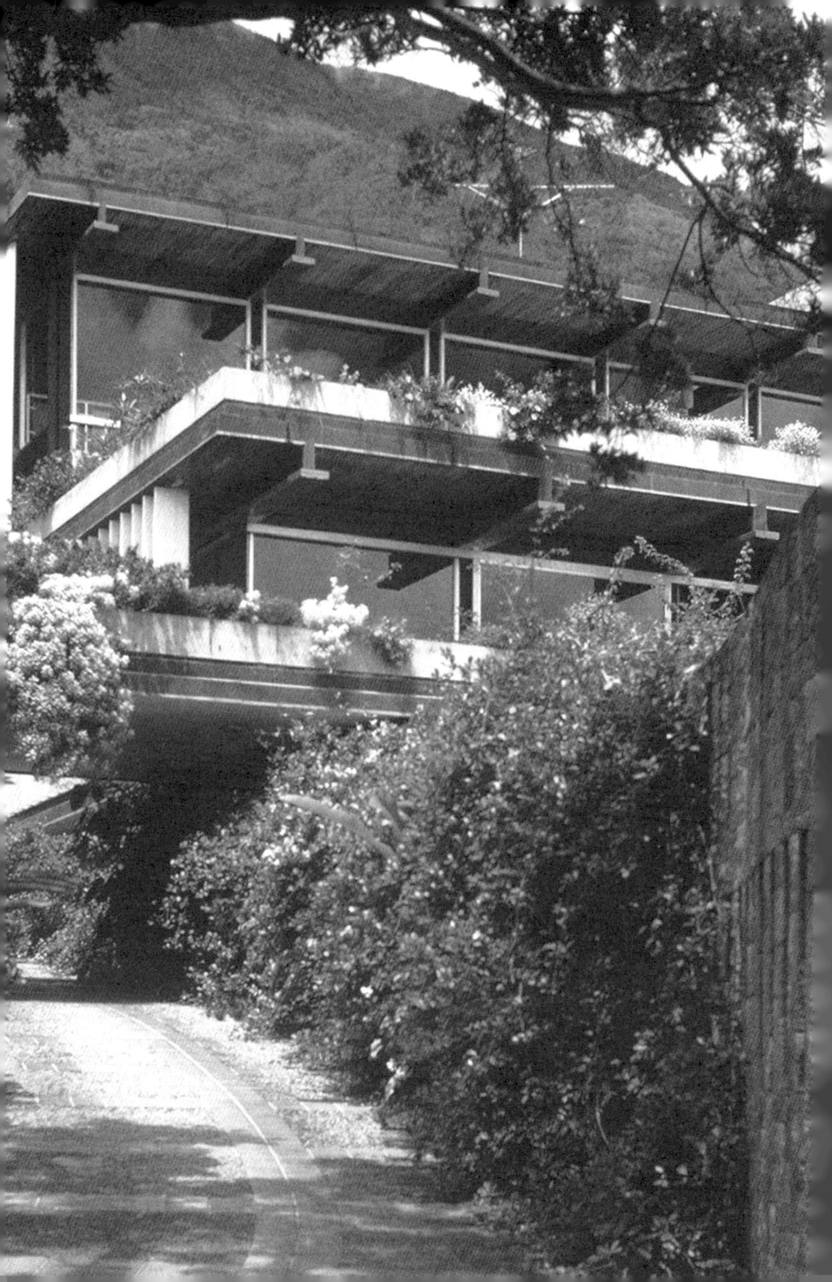

O fato de os únicos dois projetos de Richard Neutra na América do Sul serem colocados em segundo plano no discurso historiográfico hegemônico não parece ser mera negligência ou desconhecimento. Afinal, ambos foram publicados e extensamente ilustrados na coletânea sobre a obra do arquiteto editada por Willy Boesiger. Mais do que simplesmente publicados, o acompanhamento atento de Neutra durante a produção destes livros evidencia a importância de tais projetos para o arquiteto: "Parece-me, caro sr. Boesiger, que, de uma certa forma, estou escrevendo a você o meu testamento".[78] Além destes livros, os desenhos e correspondências referentes a ambos projetos fazem parte do acervo *Neutra Collection* da UCLA – acervo este que os próprios Thomas Hines e Barbara Lamprecht ajudaram a organizar. Então, por que as casas Alfred De Schulthess e González-Gorrondona ficam de lado no discurso desses historiadores? Seria porque ambas trazem em si uma manifestação que estes historiadores prefeririam que tivesse permanecido oculta?

O posicionamento ideológico de ambos historiadores é evidente, mesmo na afirmação de que a casa venezuelana representa um bom exemplo da obra de Neutra, pois a única discussão que colocaram foi a sua comparação com a primeira obra de Neutra nos Estados Unidos, evitando qualquer outra análise que exceda um simples comentário crítico. Nem mesmo o uso extensivo dos brises verticais móveis, de certa forma inédito no conjunto de obras de Richard Neutra – pelo menos no que diz respeito à expressão deste elemento na composição da fachada –, foi digno de uma análise. A verdade é que tanto a Casa Gorrondona quanto a Casa Schulthess trazem em si a consolidação do contato pessoal e profissional de Richard Neutra com a América Latina. Indo mais adiante no argumento, elas evidenciam a transformação gradual do arquiteto após este contato e são a prova de que a arquitetura moderna não foi desenvolvida na Europa e Estados Unidos e, depois, imposta ou adaptada para a

América Latina. De fato, as experimentações aconteceram em rede, algumas simultâneas e outras que foram referências até mesmo para os mais sólidos arquitetos. E como uma rede que conecta pontos em múltiplas direções, respostas da arquitetura latino-americana se tornaram referência para os arquitetos do hemisfério Norte.

Se entendemos que os arquitetos estão em constante busca por renovação e transformação – seja por apropriação, assimilação, adaptação, oposição ou interpretação, como bem coloca Michael Baxandall –, então não é possível dizer que Richard Neutra veio para a América Latina apenas para difundir sua arquitetura, a arquitetura moderna norte-americana do Estilo Internacional, entre nós. Seria necessário assumir que, ao invés de um trânsito de lá para cá, do centro para a periferia, as trocas entre os arquitetos tenham ocorrido em rede: em várias direções, dependendo dos interesses daquele que escolhe uma influência, dentre tantas outras, para seguir – ou se opor.

Notas

1. ALEXANDER, Robert E. Unpublished Memoirs. Alexander Papers, Cornell University. Apud HINES, Thomas S. *Richard Neutra and the Search for Modern Architecture*, p. 268.
2. Os livros anteriores publicados sobre o arquiteto traziam apenas compêndios de suas obras. Ver: BOESIGER, Willy. *Buildings and Projects: Richard Neutra, 1927-1950*; BOESIGER, Willy. *Buildings and Projects: Richard Neutra, 1950-1960*; BOESIGER, Willy. *Buildings and Projects: Richard Neutra, 1961-1966*; McCOY, Esther. *Richard Neutra*; SACK, Manfred. *Richard Neutra*; ZEVI, Bruno. *Richard Neutra*.
3. Tanto nas memórias que constam no arquivo da Cornell University (ALEXANDER, Robert E. Unpublished Memoirs. Alexander Papers, Cornell University), como em entrevista feita por Hines com o arquiteto em dezembro de 1978.
4. HINES, Thomas S. *Richard Neutra and the Search for Modern Architecture* (op. cit.), p. 255 e 268.
5. Idem, ibidem, p. 255.
6. Verbete "Robert Evans Alexander (Architect)". In Pacific Coast Architecture Database – PCAD <https://bit.ly/3xp4t30>.
7. HINES, Thomas S. *Richard Neutra and the Search for Modern Architecture* (op. cit.), p. 247.
8. Idem, ibidem.
9. Idem, ibidem, p. 245.
10. O escritório Neutra & Alexander, sediado no edifício da Glendale Boulevard, desenvolvia projetos de planejamento urbano e de arquitetura pública e comercial; enquanto que, no estúdio da Silverlake Boulevard (no térreo da Casa VDL), Neutra desenvolvia os projetos residenciais. Idem, ibidem, p. 246.
11. Idem, ibidem.
12. Idem, ibidem, p. 268.
13. Idem, ibidem, p. 267.
14. Apesar de não referenciada, é de se supor que se tratam das memórias não publicadas do arquiteto (presentes no arquivo da Cornell University) ou da entrevista realizada em dezembro de 1978.
15. HINES, Thomas S. *Richard Neutra and the Search for Modern Architecture* (op. cit.), p. 267-268.
16. BOESIGER, Willy. *Buildings and Projects: Richard Neutra, 1950-1960* (op. cit.), p. 189-191.
17. BOESIGER, Willy. *Buildings and Projects: Richard Neutra, 1961-1966* (op. cit.), p. 200-211.
18. CRITELLI, Fernanda. *Richard Neutra e o Brasil* (op. cit.).
19. Ambas no Museu de Arte Moderna – MoMA de Nova York: *Portinari of Brazil*, 9 de outubro à 17 de novembro de 1940; *Twenty Centuries of Mexican Art*, 15 de maio à 30 de setembro de 1940.
20. Cf. Diego Rivera Mural Projects <https://bit.ly/3s1TRpO>.
21. SEGRE, Roberto. Oscar Niemeyer: tipologias e liberdade plástica, p. 168.
22. Ver subcapítulo "Os projetos com Burle Marx", p. 182-188.
23. Idem.

24. BOESIGER, Willy. *Buildings and Projects: Richard Neutra, 1960-1960* (op. cit.), p. 189-191.
25. CASTILLO, José Vela. *Richard Neutra: Un Lugar para el Orden. Un Estudio sobre la Arquitectura Natural*, p. 95.
26. LAMPRECHT, Barbara Mac. *Richard Neutra: Complete Works* (op. cit.), p. 30.
27. NEUTRA, Richard Joseph. Sun Control Devices; CRITELLI, Fernanda. *Richard Neutra e o Brasil* (op. cit.), p. 105-110.
28. *Brazilian government leads Western Hemisphere in encouraging modern architecture. Exhibition of Brazilian architecture opens at Museum of Modern Art*, p. 2.
29. Idem, ibidem.
30. HINES, Thomas S. *Richard Neutra and the Search for Modern Architecture* (op. cit.), p. 321. A emergência a que Thomas Hines se refere é o incêndio que acometeu a residência do arquiteto na manhã do dia 27 de março de 1963.
31. Idem, ibidem, p. 321-322.
32. LEATHERBARROW, David. *Uncommon Ground: Architecture, Technology, and Topography*, p. 57.
33. Para além destes dois projetos iniciais, os brises verticais móveis foram utilizados em diversas outras obras posteriores, como será visto mais à frente.
34. HINES, Thomas S. *Richard Neutra and the Search for Modern Architecture* (op. cit.), p. 228.
35. Idem, ibidem.
36. Idem, ibidem, p. 229.
37. BOESIGER, Willy. *Buildings and Projects: Richard Neutra, 1927-1950* (op. cit.), p. 80-89.
38. LAMPRECHT, Barbara Mac. *Richard Neutra: Complete Works* (op. cit.), p. 201. Aqui, também aparecem fotos anteriores à instalação dos brises.
39. São eles: Casa Kaufmann (1946-1947), Casa Tremaine (1948), edifício sede da Northwestern Fire Association (1950), edifício sede do Amalgamated Clothing Workers of America Union (1956, Neutra & Alexander), Embaixada dos Estados Unidos em Karachi (1955-1958, Paquistão, Neutra & Alexander), Gettysburg Cyclorama Center (1958-1961, Neutra & Alexander), edifício sede do Santa Ana Police Facilities (1961), Casa Gonzáles-Gorrondona (1958-1965, Venezuela), Biblioteca da Adelphi University (1963), Centro Médico Mariners (1963) e Casa VDL 2 (1965-1966).
40. São eles: edifício da Escola de Belas Artes da California State University (1959), Casa Bewobau (1960, Alemanha), Casa Martin Rang (1961, Alemanha) e edifício sede da Sung Flour Mill (1968, Malásia).
41. São eles: edifício do Los Angeles Hall of Records (1962, Neutra & Alexander) e edifício da Orange County Courthouse (1968).
42. São eles: edifícios Médico La Veta (1966) e da Escola de Belas Artes da California State University (1959).

43. HINES, Thomas S. *Richard Neutra and the Search for Modern Architecture* (op. cit.), p. 229.
44. São eles: Casa Kaufmann (1946-1947), Casa William Atwell (1948), Casa Sokol (1948), Casa Tremaine (1948), Casa David Treweek (1948), Casa Charles Chase (1949), Casa Benedict Freedman (1949), Casa Wilkins (1949), Casa Dion Neutra (1949-1950), Casa O'Brien (1950), Casa Frederick Fischer (1951), Casa Milton Goldman (1951), Casa James Moore (1950-52), Casa Frederick Auerbacher (1953), Casa Elliot (1953), Casa Loren Price (1951-1953), Casa Roberts (1955), Casa Philip Livingstone (1956), Casa Frank Miller (1956), Casa Alfred De Schulthess (1956, Cuba), Casa John Clark (1957), Casa Louis Nash (1955-1957), Igreja Metodista Claremont (1959), Casa Dailey (1959), Casa Larsen (1959), Casa Henry Singleton (1959), Casa David Coveney (1960), Casa Inadomi (1960), Casa Kambara (1960), Gettysburg Cyclorama Center (1958-1961, Neutra & Alexander), Casa Martin Rang (1961), Casa Gonzáles-Gorrondona (1958-1965, Venezuela), Casa Eugen Erman (1962), Casa Harold Goldman (1962), Casa Feodor Pitcairn (1962) e Casa Guenter Pescher (1968, Alemanha).
45. HINES, Thomas S. *Richard Neutra and the Search for Modern Architecture* (op. cit.), p. 266-267.
46. LOEFFLER, Jane C. *The Architecture of Diplomacy: Building America's Embassies*, p. 3.
47. Vale lembrar que, naquele momento, acreditava-se que os monumentos simbolizavam os ideais do homem, seus objetivos e ações; e que a arquitetura monumental deveria ser mais do que meramente funcional, ela poderia atingir uma nova liberdade e desenvolver novas possibilidades criativas. Cf. SERT, Josep Lluís; LÉGER, Ferdnand; GIEDION, Sigfried (1943). Nine Points on Monumentality.
48. O Comitê de Consultoria Arquitetônica, criado dentro do Federal Building Operations – FBO, era formado por arquitetos e atuou revisando e aprovando os projetos das embaixadas entre 1954 e 1956.
49. AAC Minutes, 16 August 1955, 2. Apud LOEFFLER, Jane C. Op. cit., p. 208.
50. HINES, Thomas S. *Richard Neutra and the Search for Modern Architecture* (op. cit.), p. 255.
51. SEGRE, Roberto. Oscar Niemeyer: tipologias e liberdade plástica (op. cit.), p. 171.
52. Idem, ibidem, p. 169.
53. HINES, Thomas S. *Richard Neutra and the Search for Modern Architecture* (op. cit.), p. 305-311.
54. Idem, ibidem, p. 303. Afirmação similar foi feita pelo historiador à pesquisadora durante entrevista realizada em dezembro de 2014.
55. Idem, ibidem, p. 268.
56. WAISMAN, Marina. *O interior da história: historiografia arquitetônica para uso de latino-americanos*, p. 97.

57. RODRÍGUEZ, Eduardo Luis. *Modernidad Tropical. Neutra, Burle Marx y Cuba: La Casa De Schulthess*, p. 8.
58. ETTINGER, Catherine. *Richard Neutra en América Latina: Una Mirada desde el Sur*, p. 86.
59. Cf. Idem, ibidem.
60. RODRÍGUEZ, Eduardo Luis. Op. cit., p. 8.
61. BOESIGER, Willy. *Buildings and Projects: Richard Neutra, 1951-1960* (op. cit.), p. 52-61.
62. HINES, Thomas S. *Richard Neutra and the Search for Modern Architecture* (op. cit.), p. 303.
63. HINES, Thomas S. Depoimento à Fernanda Critelli, em sua casa. Los Angeles, 20 dez. 2014.
64. Para citar apenas dois exemplos: LEATHERBARROW, *David*. Op. cit., p. 57; ETTINGER, Catherine. Op. cit., p. 86.
65. Ver subcapítulo "Os projetos com Burle Marx", p. 182-188.
66. RODRÍGUEZ, Eduardo Luis. Op. cit., p. 10. Catherine Ettinger afirma que Alfred De Schulthess era o representante da Nestle em Cuba. ETTINGER, Catherine. Op. cit., p. 86.
67. SEGRE, Roberto. *Arquitetura e urbanismo da revolução cubana*.
68. BURLE MARX, Roberto. Apud BONDUKI, Nabil (Org.). *Affonso Eduardo Reidy*, p. 180.
69. HINES, Thomas S. *Richard Neutra and the Search for Modern Architecture* (op. cit.), p. 303.
70. Casa González-Gorrondona, un Privilegio en El Ávila; PARRA, Narciso Guaramato. J.J. Gonzalez Gorrondona. *Protagonistas en la Economia Venezolana*.
71. Cf. Casa González-Gorrondona, un Privilegio en El Ávila (op. cit.).
72. Idem, ibidem.
73. BOESIGER, Willy. *Buildings and Projects: Richard Neutra, 1961-1966* (op. cit.), p. 14.
74. Casa González-Gorrondona, un privilegio en El Ávila (op. cit.); ROYO, Rosa Remón. Casa González Gorrondona o Alto Claro, Caracas Venezuela Obra del Arquitecto Richard J. Neutra: Posiblemente la Residencia Unifamiliar más Grande Proyectada por Richard J. Neutra.
75. Idem, ibidem.
76. ETTINGER, Catherine. Op. cit., p. 86.
77. Idem, ibidem, p. 87.
78. Letter, Richard Neutra to Willy Boesiger, July 7, 1964. In BOESIGER, Willy. *Buildings and Projects: Richard Neutra, 1961-1966* (op. cit.), p. 10.

Posfácio
Neutra e o Brasil
Raymond Richard Neutra

Casa Kaufmann, detalhe do sistema de abertura e fechamento dos brises, Palm Springs EUA. Richard Neutra, 1946-1947. Foto Raymond Richard Neutra

A Dra. Fernanda Critelli sustenta, com propriedade, que as seguidas viagens de meu pai ao México e à América do Sul influenciaram na maneira como ele veio a pensar e trabalhar posteriormente. Critelli sugere que algumas dessas mudanças surpreenderam historiadores da arquitetura, que as consideravam "estranhas", desagradavelmente atípicas em relação ao conjunto da obra. A questão sobre como os comportamentos e atitudes mudam tem sido um tópico importante em minha carreira na saúde pública. Por exemplo, como podemos transformar comportamentos e atitudes em relação ao consumo de cigarros? Meu pai também refletiu sobre isso: que elementos, em um argumento, influenciariam o Conselho de Supervisores de Los Angeles a aceitar a despesa extra relacionada aos brises de 45 metros de altura em seu novo Hall of Records? Como todos os processos causais, muitos fatores operam simultaneamente, por vezes interagindo entre si para influenciar formas de pensamento e comportamento. Alguns desses fatores remetem a experiências passadas.

Meu pai cresceu na condição de forasteiro – imigrante judeu húngaro de segunda geração, residente em Viena, no multicultural Império Habsburgo. Ao contrário de mim, que fui educado para conceber a América do Sul como uma invenção espanhola e portuguesa, ele lembrava que a consolidação do domínio europeu e da gestão de grande parte da América do Sul e do México foi conduzida sob a égide do Império Habsburgo, que, por certo tempo, incluía também a Áustria e os países próximos. Então, quando falava sobre as terras ao sul e suas culturas diversas, englobando povos indígenas e imigrantes europeus, meu pai parecia ter em mente a ideia de que "já fomos todos parte de um mosaico complexo e interessante". Durante a Primeira Guerra Mundial, longas jornadas a cavalo – com suas peças de artilharia pela Croácia, Sérvia, Bósnia e Albânia – aprimoraram sua tendência à curiosidade sobre as diferenças culturais atuais e as linhas históricas de descendência que contribuíram para elas.

Como parte da Política de Boa Vizinhança, meu pai visitou a América do Sul no outono de 1945. Embora pegasse carona na complexa agenda de política externa da elite que comandava o cenário americano, ele viu aquilo como uma oportunidade de levar adiante seus próprios objetivos, ampliando sua perspectiva sobre os países em desenvolvimento e divulgando sua visão de uma arquitetura que se valia de elementos naturais e de tecnologias industriais e locais para satisfazer as necessidades humanas. Meu palpite é que ele esperava que surgissem oportunidades para projetos arquitetônicos conjuntos naquele continente. Sua estratégia, como aponta Critelli, era requisitar intensas visitas de reconhecimento na companhia de políticos e planejadores da região para detectar questões locais e, a partir disso, abordá-las em suas palestras. Na Argentina, isso chegou a incluir uma visita a Juan Perón, que lhe deu um retrato autografado. No Peru, conheceu o arquiteto peruano – e posterior presidente do país – Fernando Belaunde Terry. Parece ter chegado ao Brasil mais ou menos na época em que Getúlio Vargas foi destituído do cargo, em outubro de 1945.

Um dos desafios intelectuais que meu pai absorveu em Porto Rico, e depois na viagem pela América do Sul, foi como a forma e os meios da arquitetura atual deveriam responder ao clima, à cultura e à história. Assim como em seu lar adotivo na Califórnia, meu pai não simpatizava com a ideia de que uma arquitetura regional devesse se restringir a exibir elementos estilísticos históricos. Nesse sentido, evitava, por exemplo, as coberturas de telha das missões californianas, a menos que fosse forçado a se valer delas pelos regulamentos locais. No entanto, mesmo quando forçado, o resultado não se confundia com uma missão.

É provável que meu pai perguntasse, ironicamente, por que estudantes protestantes anglo-saxões brancos do Colégio Palos Verdes deveriam sentir uma sensação calorosa de pertencimento ao verem telhados de cerâmica semelhantes àqueles que frades franciscanos utilizavam para se proteger da chuva e do sol, ao mesmo tempo em que trabalhavam para converter caçadores-coletores aborígenes em católicos romanos tementes a Deus e leais peões espanhóis. Uma explicação possível: éramos bombardeados pela propaganda para que nos sentíssemos assim. Quando criança, em escolas californianas, há setenta anos, parece-me que era obrigatório que construíssemos modelos de missões de papelão e aprendêssemos como o Padre Serra[1] construiu as missões com seus telhados vermelhos e *civilizou* os índios. Embora alguns de nós hoje conheçamos o lado sombrio do Padre Serra como pessoa e o lado sombrio de seu projeto, as telhas de cerâmica vermelha voltaram à moda na arquitetura comercial e institucional da Califórnia. A arquitetura moderna da Califórnia de meados do século, que de fato reflete uma subcultura regional e um clima regional, é agora um regionalismo marginal para sofisticados.

Colégio Palos Verdes, uso de telhas cerâmicas conforme solicitação local, Palos Verdes EUA. Neutra and Alexander, 1961. Foto Raymond Richard Neutra

Contudo, naquela época, meu pai estava sempre pensando em aplicações econômicas amplas, concentrando-se em materiais industriais baratos, disponíveis localmente, e no artesanato local, quando economicamente adequados. Defendia também a atenção cuidadosa às necessidades sociológicas locais e às condições climáticas. *Isso*, para ele, seria o verdadeiro regionalismo. Nesse ponto, não diferia tanto dos arquitetos modernistas que encontrou em suas viagens. Pois eles também evitavam características estilísticas de natureza histórica vindas de estruturas de dominação a povos indígenas ou de arquitetos que serviram à igreja, ao governo colonial ou às primeiras elites; assim, esses arquitetos, em países como Brasil e México, servindo a novos

Los Eucalyptos Apartment, detalhe dos brises de madeira, Buenos Aires, Argentina. Kurchan and Ferrari Hardoy, 1941. Foto Raymond Richard Neutra

governos e novas elites, começaram a elaborar uma marca modernista nacional única que se tornou motivo de orgulho regional. Nesse ponto, contudo, parece que meu pai estava equivocado ao crer que a tecnologia disponível localmente, as necessidades programáticas e o clima deveriam ser os principais impulsionadores da arquitetura de uma região. Processos políticos, psicológicos e econômicos complexos produzem tendências poderosas, como as que desembocaram em nossos telhados vermelhos da Califórnia.

Meu pai se impressionou com as formas engenhosas e variadas com que seus colegas sul-americanos controlavam o sol do Sul. A visita que fez ao edifício Los Eucaliptus, em Buenos Aires, projetado por Jorge Ferrari Hardoy e Kurchan, em 1941, apresentou-lhe o conceito dos brises móveis verticais, projetados anteriormente pelo arquiteto Villalobos.

Eles podiam ser móveis ou fixos com manivela a um cabo de modo a se juntarem na lateral da janela. Como diz Critelli, meu pai escreveu um artigo na *Progressive Architecture*, em 1946, descrevendo com aprovação esse e outros dispositivos solares. Depois, reelaborou os brises verticais de Hardoy para que travassem contra o vento forte que todas as noites descia das montanhas, soprando contra a Casa Kaufmann no deserto, em 1946-1947. Isso protegia os que se sentavam no deck da cobertura, desfrutando da noite fria do deserto.

Dispositivos como esses eram usados com tanta frequência no Sul da Califórnia durante a década de 1960 que a empresa Lemlar, sem relações com meu pai, considerou lucrativo fornecê-los. Aqui temos, então, um exemplo claro de empréstimo e adaptação de um modelo sul-americano. Critelli aponta ainda o uso desses brises, em tamanho muito maior, no Los Angeles Hall of Records, de 1962. De acordo com meu irmão, nesse caso, foi necessário que ele defendesse o uso dos dispositivos perante o Conselho de Supervisores em uma reunião pública.

A autora cita um historiador da arquitetura espanhol que descreve o uso dos brises na VDL 2, em uma amplitude semelhante, como "exibicionismo tecnológico". Essa fachada da VDL 2 precisa, sem dúvida, de proteção contra o sol do Oeste, então algum tipo de controle da luz se faz necessário. No entanto, esses brises foram doados. O projeto da VDL 2, de 1965-1966, como a VDL 1, de 1932, beneficiou-se de doações de materiais e aparelhos de fabricantes que desejavam exibi-los em anúncios. Lembro-me que meu irmão Dion recebeu esses brises de tamanho peculiar da empresa Lemlar. Para o meu gosto, brises mais estreitos sombreando a mesma área me agradariam mais, só que, ao que parece, esses tamanhos não estavam disponíveis para doação. Resta saber se brises mais estreitos acalmariam nosso colega espanhol.

Historiadores da arquitetura tendem a revestir suas *avaliações* de composições e elementos arquitetônicos como declarações de fatos objetivos, quase equivalentes a uma afirmação sobre o desempenho, digamos, de um automóvel. Pode-se dizer, objetivamente, que um Ford 1967 corre mais do que um Ford 1927. Mas nem todos concordariam que um edifício de Neutra de 1927 é *mais bem resolvido* do que um edifício de Neutra de 1967. É nesse espírito que alguns historiadores descrevem a composição da variedade de materiais no Los Angeles Hall of Records como inferior às composições e componentes de outras obras. Como Critelli aponta, preferências subjetivas apresentadas como verdades objetivas duradouras tendem a ser repetidas por outros críticos até que alguém se depare com as mesmas características objetivas e se encante com elas, fazendo, então, com que as mesmas características entrem repentinamente em voga. O mesmo se passa em outros domínios da arte. Por exemplo, Johann Sebastian Bach era considerado um matemático musical de menor importância durante grande parte do século 18, até que a tia – e professora de música – de Mendelsohn o apresentou a Bach e deu-lhe o manuscrito, copiado à mão, da *Paixão de São Mateus*, que ele interpretou em 1829. A partir disso, o apreço por Bach cresceu exponencialmente e segue crescendo cada vez mais.[2] Acontece que a presença de tantos materiais no Los Angeles Hall of Records devia-se, em parte, a uma regulamentação local. Isso é explicado na página 98 do livro escrito por meu irmão, e publicado de forma independente, *The Neutras Then and Later*:

> Para atender a uma diretriz que demandava que uma porcentagem do orçamento geral fosse gasta em *arte*, contratamos os serviços do escultor Malcolm Leland. Em vez de solicitar que ele criasse uma estátua a ser exibida na praça, o artista foi convidado a projetar um bebedouro personalizado em bronze fundido, que mais tarde se tornou padrão na empresa de fontes Haws. Dezenas desses bebedouros foram produzidos pela primeira vez para uso em nosso prédio. Malcolm também foi

Los Angeles Hall of Records, Los Angeles EUA. Neutra and Alexander, 1962. Foto Raymond Richard Neutra

responsável pelo design de vários painéis integrados ao design externo do edifício.

Também contratamos Joseph Young, muralista, que projetou e executou o mural em mosaico na parede Norte do auditório, de frente para a rua Temple. O mosaico representava o desenvolvimento dos recursos hídricos na região, exibindo a água a fluir por um mapa do município, desembocando em um espelho d'água na rua e no pátio.[3]

O regulamento local determinava o uso de *alguma* arte, mas meu pai e meu irmão se recusaram a usar essa porção do orçamento para uma escultura independente do edifício, ainda que tal escolha mantivesse o tipo de materialidade frugal que certos críticos de arquitetura teriam apreciado e consagrado como objetivamente *melhor*.

Em vez disso, Neutra e Alexander adotaram uma política de integração da arte como parte do edifício. Optaram por seguir engenhosamente o sétimo ponto da palestra Kahn de Wright,[4] datada de 1930, sobre arquitetura moderna, tratando da integração de sistemas mecânicos ao projeto.[5] O sistema de ventilação do prédio precisava de grades, e o prédio, de bebedouros. Permitiu-se, então, que o ceramista Malcolm Leland projetasse os bebedouros, bem como uma parte ornamentada da parede que projetaria sombras diferentes sobre si mesma à medida que o sol se movesse. As aberturas de ventilação exigiam algum tipo de grade, mas estas ficariam ocultas por trás dessa grande superfície integrada ao design geral.

Tanto os bebedouros quanto a grade tinham uma finalidade dupla: funcional e estética. Com exceção de sua *Spider Leg*, que, da mesma forma, serve a dois propósitos – suporte e expansão do espaço tal como visto de dentro –, isso foi o mais próximo que meu pai chegou da ornamentação. Adolf Loos teria aprovado? O fato de meu pai ter escolhido integrar ao design geral a arte solicitada, em vez de seguir a opção mais fácil – dispor um pedestal ao lado do prédio para exibir uma escultura dispendiosa –, ou ainda, o *modo* como meu pai realizou essa integração, podem, como argumenta Critelli, ter sido influenciados por estratégias que meu pai atestou

Los Angeles Hall of Records, relação com o mural de Joseph Young, Los Angeles EUA. Neutra and Alexander, 1962. Foto Raymond Richard Neutra

em suas muitas viagens à América do Sul. Seus colegas arquitetos modernistas de lá compartilhavam algumas de suas influências anteriores. Como se vê, a prática e o pensamento são, de fato, influenciados pelos mais diversos caminhos.

Los Angeles Hall of Records, detalhe do painel cerâmico de Malcolm Leland, Los Angeles EUA. Neutra and Alexander, 1962.
Foto Raymond Richard Neutra

Landfair Apartments, Los Angeles EUA.
Richard Neutra, 1937. Foto Raymond
Richard Neutra

Notas

1. Juníper o Serra y Ferrer (1713-1784), espanhol, foi um padre e frade da Ordem Franciscana. Fundador das Missões, recebeu a incubência daquela que seria estabelecida na Califórnia, onde permaneceu até o final de sua vida.
2. Felix Mendelssohn: Reviving the Works of J.S. Bach.
3. NEUTRA, Dion. *The Neutras Then & Later*, p. 98.
4. Realizado pelo Departamento de Arte e Arqueologia da Universidade de Princeton, o Kahn Lectures foi uma série de palestras patrocinadas pelo banqueiro de Nova York Otto Hermann Kahn que aconteceram de 1929 a 1931. A série de palestras de Frank Lloyd Wright sobre Arquitetura Moderna consistiu em seis palestras e uma exposição de suas obras mais recentes, todas durante 1930. Originalmente publicadas em 1931 na série de monografias de Princeton para arte e arqueologia, uma nova edição foi lançada em 2008, também pela Universidade de Princeton: WRIGHT, Frank Lloyd. *Modern Architecture: Being the Kahn Lectures of 1930*.
5. KAUFMANN, Edgar; WRIGHT, Ben Raeburn (Orgs.). *Frank Lloyd Wright: Writings and Buildings*, p. 47-49.

Bibliografia

ACAYABA, Marcos. *Marcos Acayaba*. 2ª edição. São Paulo, Romano Guerra, 2021.

ACAYABA, Marlene Milan. *Branco e Preto: uma história do design brasileiro nos anos 50*. São Paulo, Instituto Bardi, 1994.

ACAYABA, Marlene Milan. *Residências em São Paulo 1947-1975*. 2ª edição. São Paulo, Romano Guerra, 2011.

ALMEIDA, Maisa Fonseca de. *Revista Acrópole publica residências modernas: análise da revista Acrópole e sua publicação de residências unifamiliares modernas entre os anos 1952 a 1971*. Orientador Miguel Buzzar. Dissertação de mestrado. São Carlos, EESC USP, 2008.

ALVAREZ PROZOROVICH, Fernando; GUERRA, Abilio. Construindo a casa paulista. In COTRIM, Marcio. *Vilanova Artigas. Casas paulistas 1967-1981*. São Paulo, Romano Guerra, 2017.

ALVAREZ PROZOROVICH, Fernando; GUERRA, Abilio. Construindo a casa paulista. O rigor e a clareza de Marcio Cotrim na análise da obra de Vilanova Artigas. *Resenhas Online*, São Paulo, ano 19, n. 220.02, Vitruvius, abr. 2020 <https://bit.ly/3k0Lg3C>.

ATIQUE, Fernando. *Arquitetando a "Boa Vizinhança": Arquitetura, cidade e cultura nas relações Brasil-Estados Unidos 1876-1945*. São Paulo, Pontes, 2010.

AYERBE, Luis Fernando. *A revolução cubana*. São Paulo, Unesp, 2004.

BANDEIRA, Luiz Alberto Moniz. *Presença dos Estados Unidos no Brasil*. Rio de Janeiro, Civilização Brasileira, 1973.

BANHAM, Reyner. *The Architecture of the Well-Tempered Environment*. Chicago, The University of Chicago Press, 1984.

BARBOSA, Marcelo Consiglio. *Franz Heep. Um arquiteto moderno*. Orientador Abilio Guerra. Tese de doutorado. São Paulo, FAU Mackenzie, 2012.

BARBOSA, Marcelo Consiglio. *Adolf Franz Heep. Um arquiteto moderno*. São Paulo, Monolito, 2018.

BARDI, Pietro Maria. *Neutra: residências/residences*. São Paulo, Museu de Arte de São Paulo, 1950.

BASTOS, Maria Alice Junqueira; ZEIN, Ruth Verde. *Brasil. Arquiteturas após 1950*. São Paulo, Perspectiva, 2011.

BAXANDALL, Michael. *Patterns of Intention. On the Historical Explanation of Pictures*. New Haven/Londres, Yale University Press, 1985.

BEHLING, Stefan; BEHLING, Sophia. *Sol Power: La Evolución de la Arquitectura Sostenible*. Barcelona, Gustavo Gili, 2002.

BELGAUMI, Arif. Legacy of the Cold War: Richard Neutra Neutra in Pakistan. *Int|AR – Interventions Adaptative Reuse*, v. 3, Rodhe Island, out. 2010, p. 83-88.

BETING, Gianfranco. Pan Am: a pioneira mundial no Brasil. *Flap*, abril 2012 <https://bit.ly/3lbsC9e>.

BERGDOLL, Barry; SARDO, Delfim. *Modern Architects*. Nova York, Museum of Modern Art, 2011.

BERMAN, Marshall. *Tudo que é sólido desmancha no ar. A aventura da modernidade*. São Paulo, Companhia das Letras, 2001.

BLOOM, Harold. *A angústia da influência: uma teoria da poesia*. Rio de Janeiro, Imago, 2002.

BLUMENTHAL, Michael D. *The Economic Good Neighbor Aspects of United States Economic Policy Toward Latin America in the Early 1940s as Revealed by the Activities of the Office of Inter-American Affairs*. Tese de doutorado. Wisconsin, University of Wisconsin, 1968.

BOESIGER, Willy. *Buildings and Projects: Richard Neutra, 1927-1950*. Zurique, Girsberger, 1951.

BOESIGER, Willy. *Buildings and Projects: Richard Neutra, 1950-1960*. Zurique, Girsberger, 1959.

BOESIGER, Willy. *Buildings and Projects: Richard Neutra, 1961-1966*. Zurique, Girsberger, 1969.

BONDUKI, Nabil (Org.). *Affonso Eduardo Reidy*. Lisboa, Blau, 2000.

BOURDIEU, Pierre. *A economia das trocas simbólicas*. Coleção Estudos n. 20. 3ª edição. São Paulo, Perspectiva, 1992.

BOURDIEU, Pierre. *O poder simbólico*. Rio de Janeiro, Bertrand, 1989.

BOURDIEU, Pierre. Os modos de produção e modos de percepção artísticos. *A economia das trocas simbólicas* (op. cit.), p. 269-294.

BRASIL, Luciana Tombi. *David Libeskind*. São Paulo, Romano Guerra/Edusp, 2007.

Brazilian government leads Western Hemisphere in encouraging modern architecture. Exhibition of Brazilian architecture opens at Museum of Modern Art. Nova York, The Museum of Modern Art, 1943 <https://mo.ma/3gjtMgh>.

BRINKLEY, Alan. *Franklin Delano Roosevelt: o presidente que tirou os Estados Unidos do buraco*. Barueri, Amarilys, 2014.

BRUAND, Yves. *Arquitetura contemporânea no Brasil*. São Paulo, Perspectiva, 2010.

BULLRICH, Francisco. *New Directions in Latin American Architecture*. Londres, Studio Vista, 1969.

CAMARGO, Mônica Junqueira de. *Princípios de arquitetura moderna na obra de Oswaldo Arthur Bratke*. Orientador Paulo Bruna. Tese de doutorado. São Paulo, FAU USP, 2000.

CAPELLO, Maria Beatriz Camargo. Congresso Internacional de Críticos de Arte 1959. Difusão nas revistas internacionais e nacionais especializadas. In *Anais do VIII Seminário Docomomo Brasil*. Rio de Janeiro, set. 2009 <https://bit.ly/3z4gNYy>.

CAPELLO, Maria Beatriz Camargo. Recepção e difusão da arquitetura moderna brasileira nos números especiais das revistas especializadas europeias (1940-1960). In *Anais do XIX Seminário Docomomo Brasil*. Brasília, jun. 2010 <https://bit.ly/3x0wv53>.

CARDINAL, Silvia Arango. *Ciudad y Arquitectura: Seis Generaciones que Construyeran la America Latina Moderna*. México, Fondo de Cultura Económica, 2012.

Casa González-Gorrondona, un Privilegio en El Ávila. *Institutional Assets and Monuments of Venezuela – IAM Venezuela*, Caracas, 2 nov. 2017 <https://bit.ly/3uVDXNI>.

CASTILLO, José Vela. *Richard Neutra: Un Lugar para el Orden. Un Estudio sobre la Arquitectura Natural*. Sevilla, Editora Universidad de Sevilla/Consejería de Obras Públicas y Transportes, 2003.

CAVALCANTI, Lauro; EL-DAHDAH, Farès. *Roberto Burle Marx 100 anos: a permanência do instável*. Rio de Janeiro, Rocco, 2009.

CAVALCANTI, Lauro. *Arquitetura moderna carioca 1937-1969*. Rio de Janeiro, Fadel, 2013.

CAVALCANTI, Lauro. *Moderno e brasileiro: a história de uma nova linguagem na arquitetura (1930-60)*. Rio de Janeiro, Jorge Zahar, 2006.

CAVALCANTI, Lauro. *Quando o Brasil era moderno: guia de arquitetura 1928-1960*. Rio de Janeiro, Aeroplano, 2001.

CHEVIAKOFF, Sofia. *Josep Lluís Sert*. Gloucester, Rockport Publishers, 2003.

CIAMPAGLIA, Fernanda. *Galiano Ciampaglia. Razões de uma arquitetura*. Orientador Paulo Bruna. Dissertação de mestrado. São Paulo, FAU USP, 2012.

COBBERS, Arnt. *Mendelsohn*. Colonia, Taschen, 2010.

CODY, Jeffrey W. *Exporting American Architecture, 1870-2000*. Londres, Routledge, 2005.

Congresso Internacional Extraordinário de Críticos de Arte. Cidade nova: síntese das artes. Rio de Janeiro, FAU UFRJ, 2009.

COSTA, Alcilia Afonso de Albuquerque. As contribuições arquitetônicas habitacionais propostas na Cidade dos Motores (1945-46). Town Plannings Associates. Xerém, RJ. *Arquitextos*, São Paulo, ano 11, n. 124.01, Vitruvius, set. 2010 <https://bit.ly/3wRzBs6>.

COTRIM, Marcio. *Construir a casa paulista: o discurso e a obra de Vilanova Artigas entre 1967 e 1985*. Orientadores Fernando Alvarez Prozorovich e Abilio Guerra. Tese de doutorado. Barcelona, ETSAB/UPC, 2008.

COTRIM, Marcio. Mies e Artigas: a delimitação do espaço através de uma única cobertura. *Arquitextos*, São Paulo, ano 09, n. 108,01, Vitruvius, mai. 2009 <https://bit.ly/3ik1Awp>.

COTRIM, Marcio. *Vilanova Artigas. Casas paulistas 1967-1981*. São Paulo, Romano Guerra, 2017.

CRAMER, Gisela; PRUTSCH, Ursula. *¡Américas Unidas! Nelson A. Rockefeller's Office of Inter-American Affairs (1940-46)*. Madri/Frankfurt, Iberoamericana/Vervuert, 2012.

CRITELLI, Fernanda. A questão social da arquitetura. O livro de Neutra: "Arquitetura social em países de clima quente". *Resenhas Online*, São Paulo, ano 09, n. 106.03, Vitruvius, out. 2010 <https://bit.ly/3wW7c4b>.

CRITELLI, Fernanda. *Richard Neutra e o Brasil*. Orientador Abilio Guerra. Dissertação de mestrado. São Paulo, FAU Mackenzie, 2015.

CRITELLI, Fernanda. *Richard Neutra no Brasil*. Orientador Abilio Guerra. Monografia de iniciação científica. São Paulo, FAU Mackenzie, 2012.

CRITELLI, Fernanda. *Richard Neutra: conexões latino-americanas*. Orientador Abilio Guerra. Tese de doutorado. São Paulo, FAU Mackenzie, 2020.

CROSSE, John. The Taliesin Class of 1924: A Case Study in Publicity and Fame. *Southern California Architectural History*, 25 jun. 2019 <https://bit.ly/3pqJz0Q>.

CURTIS, William J. R. *Arquitetura moderna desde 1900*. Porto Alegre, Bookman, 2008.

CZAJKOWSKI, Jorge. *Jorge Machado Moreira*. Rio de Janeiro, Centro de Arquitetura e Urbanismo, 1999.

DE WIT, Wim; ALEXANDER, James. *Overdrive: L.A. Constructs the Future 1940-1990*. Los Angeles, The Getty Research Institute, 2013.

DEDECCA, Paula Gorenstein. Aproximações, diferenciações e embates entre a produção do Rio de Janeiro e de São Paulo nas revistas de arquitetura (1945-1960). In *Anais do VIII Seminário Docomomo Brasil*. Rio de Janeiro, set. 2009 <https://bit.ly/3igU45z>.

DE LUCCA, Guss. Responsáveis pelos ataques ao evento de 2008 ganham espaço na próxima edição para debater o "pixo". *iG*, São Paulo, 15 jun. 2010 <https://bityli.com/L3wuhW>.

DEL REAL, Patricio. *Building a Continent: The Idea of Latin American Architecture in the Early Postwar*. Tese de doutorado. Nova York, Columbia University, 2012.

DENT, David W. *Historical Dictionary of U.S.-Latin American Relations*. Westport/Londres, Greenwood Press, 2005.

DOURADO, Guilherme Mazza. *Modernidade verde: jardins de Burle Marx*. São Paulo, Senac, 2009.

DURAND, José Carlos. Le Corbusier no Brasil: negociação política e renovação arquitetônica. Contribuição à história social da arquitetura brasileira. *RBCS*, n.16, jul. 1991 <https://bit.ly/3ggJRnb>.

ESPALLARGAS GIMENEZ, Luis. *Pedro Paulo de Melo Saraiva, arquiteto*. São Paulo, Romano Guerra/Instituto Bardi, 2016.

ETTINGER, Catherine R. *Richard Neutra en América Latina: Una Mirada desde el Sur*. Guadalajara, Arquitetônica, 2018.

FAGGIN, Carlos Augusto Mattei. *Carlos Millán. Itinerário profissional de um arquiteto paulista*. Orientadora Marlene Yurgel. Tese de doutorado. São Paulo, FAU USP, 1992.

Felix Mendelssohn: Reviving the Works of J.S. Bach. Library of Congress <https://bit.ly/3vXbkR9>.

FERNÁNDEZ-GALIANO, Luis. El Constructor en el Espejo. *AV Monografias*, n. 132, Madri, jul./ago. 2008, p. 3.

FERRONI, Eduardo Rocha. *Aproximações sobre a obra de Salvador Candia*. Orientadora Regina Meyer. Dissertação de mestrado. São Paulo, FAU USP, 2008.

FIGUEROA, Carmen A. Rivera de. *Architecture for the Tropics*. San Juan, Editorial Universitaria/Universidad de Puerto Rico, 1980.

FONSECA, Maurício A. Le Corbusier e a conquista da América. *Resenhas Online*, São Paulo, ano 01, n. 001.08, Vitruvius, jan. 2002 <https://bit.ly/34Y5Nhj>.

FORESTI, Débora Fabbri. *Aspectos da arquitetura orgânica de Frank Lloyd Wright na arquitetura paulista: a obra de José Leite de Carvalho e Silva*. Orientador Renato Anelli. Dissertação de mestrado. São Carlos, IAU USP, 2008.

FORTE, Miguel. *Diário de um jovem arquiteto: minha viagem aos Estados Unidos em 1947*. São Paulo, Editora Mackenzie, 2001.

FRAGELLI, Marcelo. *Quarenta anos de prancheta*. São Paulo, Romano Guerra, 2010.

FRAMPTON, Kenneth. *História crítica da arquitetura moderna*. São Paulo, Martins Fontes, 2008.

FRANCO, Tiago Seneme. *A trajetória de Jacques Pilon no Centro de São Paulo. Análise das obras de 1940 a 1947*. Orientador Abílio Guerra. Dissertação de mestrado. São Paulo, FAU Mackenzie, 2009.

FRASER, Valerie. *Building the New World: Studies in the Modern Architecture of Latin America, 1930-1960*. Londres/Nova York, Verso, 2000.

FREUD, Sigmund (1919). Lo siniestro. *Sigmund Freud – obras completas*. Madri, Biblioteca Nueva, 2017.

FUJIOKA, Paulo Yassuhide. *Princípios da arquitetura organicista de Frank Lloyd Wright e suas influências na arquitetura moderna paulistana*. Orientador Lúcio Gomes Machado. Tese de doutorado. São Paulo, FAU USP, 2003.

GALEAZZI, Ítalo. Mies van der Rohe no Brasil. Projeto para o Consulado dos Estados Unidos em São Paulo, 1957-1962. *Arquitextos*, São Paulo, ano 05, n. 056.03, Vitruvius, jan. 2005 <https://bit.ly/3gfYbfk>.

GAY, Peter. *Freud para historiadores*. São Paulo, Paz e Terra, 1989.

GINZBURG, Carlo. Controlando a evidência: o juiz e o historiador. In NOVAIS, Fernando A.; SILVA, Rogerio F. da (Orgs.). *Nova história em perspectiva. Volume 1 – propostas e desdobramentos*. São Paulo, Cosac Naify, p. 341-358.

GINZBURG, Carlo. Microhistory: Two or Three Things that I Know About It. *Critical Inquiry*, n. 20, Chicago, mar./jun. 1993, p. 10-35.

GINZBURG, Carlo. *Mitos, emblemas, sinais: morfologia e história*. São Paulo, Companhia das Letras, 2002.

GINZBURG, Carlo. *O queijo e os vermes: o cotidiano e as ideias de um moleiro perseguido pela Inquisição*. São Paulo, Companhia das Letras, 1987.

GINZBURG, Carlo. Sinais: raízes de um paradigma indiciário. *Mitos, emblemas, sinais – morfologia e história* (op. cit.), p. 143-179.

GLINKIN, Anaioly. *Inter-American Relations: From Bolívar to the Present*. Moscou, Pregress Publishers, 1990.

GNOATO, Luis Salvador. O Brasil novamente no MoMA de Nova York. "Latin American in Construction: Architecture 1955-1980". *Drops*, São Paulo, ano 15, n. 092.03, Vitruvius, mai. 2015 <https://bit.ly/3zfSA1A>.

GOLDBERGER, Paul. Wallace Harrison Dead at 86; Rockefeller Center Architect. *The New York Times*, Nova York, 03 dez. 1981 <https://nyti.ms/3il9pSI>.

GOMES, Angela de Castro (Org.). *História do Brasil nação: 1808-2010*. Volume 4: Olhando para dentro 1930-1964. Rio de Janeiro, Objetiva, 2013.

GONZÁLES, Robert. *Designing Pan-America: U.S. Architectural Visions for the Western Hemisphere*. Austin, University of Texas Press, 2011.

GOODWIN, Philip L. *Brazil Builds: Architecture New and Old 1652-1942*. Nova York, The Museum of Modern Art, 1943.

GRAVAGNUOLO, Benedetto. *Adolf Loos: Theory and Works*. Nova York, Rizzoli, 1982.

GUERRA, Abilio. Como se escreve uma dissertação. In MARQUES, André. *Lelé: diálogos com Neutra e Prouvé* (op. cit.), p. 8-25.

GUERRA, Abilio. Como se escreve uma dissertação. *Resenhas Online*, São Paulo, ano 19, n. 227.03, Vitruvius, nov. 2020 <https://bit.ly/3k31iu0>.

GUERRA, Abilio (Org.). *Textos fundamentais sobre história da arquitetura moderna brasileira – parte 1*. São Paulo, Romano Guerra, 2010.

GUERRA, Abilio (Org.). *Textos fundamentais sobre história da arquitetura moderna brasileira – parte 2*. São Paulo, Romano Guerra, 2010.

GUERRA, Abilio; CRITELLI, Fernanda. Richard Neutra e o Brasil. *Arquitextos*, São Paulo, ano 14, n.159.00, Vitruvius, ago. 2013 <https://bit.ly/3w8oESM>.

GUERRA, Abilio. *Lúcio Costa – modernidade e tradição. Montagem discursiva da arquitetura moderna brasileira*. Orientadora Maria Stella Martins Bresciani. Tese de doutorado. Campinas, IFCH Unicamp, 2002.

GUERRA, Abilio. Lúcio Costa, Gregori Warchavchik e Roberto Burle Marx: síntese entre arquitetura e natureza tropical. *Revista USP*, n. 53, São Paulo, mar./mai. 2002, p. 18-31.

GUERRA, Abilio. Monografia sobre Salvador Candia e a necessidade de um diálogo acadêmico. *Resenhas Online*, São Paulo, ano 07, n. 078.03, Vitruvius, jun. 2008 <https://bit.ly/2Rw9FDq>.

GUERRA, Abilio. O brutalismo paulista no contexto paranaense. A arquitetura do escritório Forte Gandolfi. *Resenhas Online*, São Paulo, ano 09, n. 106.02, Vitruvius, out. 2010 <https://bit.ly/2Sgj1Dr>.

GUIMARÃES, Marilia Dorador. *Roberto Burle Marx: a contribuição do artista e paisagista no Estado de São Paulo*. Orientador Abilio Guerra. Dissertação de mestrado. São Paulo, FAU Mackenzie, 2011.

HART, Justin. *Empire of Ideas. The Origins of Public Diplomacy and the Transformation of U.S. Foreign Policy*. Nova York, Oxford University Press, 2013. [ebook]

HINES, Thomas S. *Richard Neutra and the Search for Modern Architecture*. Nova York, Rizzoli, 2005.

HINES, Thomas S.; DREXLER, Arthur. *The Architecture of Richard Neutra: From International Style to California Modern*. Nova York, The Museum of Modern Art, 1982.

HORMAIN, Débora da Rosa Rodrigues Lima. *O relacionamento Brasil-EUA e a arquitetura moderna: experiências compartilhadas, 1939-1959*. Orientadora Fernanda Fernandes da Silva. Tese de doutorado. São Paulo, FAU USP, 2012.

IRIGOYEN TOUCEDA, Adriana Marta. *Da Califórnia a São Paulo*. Orientador Paulo Bruna. Tese de doutorado. São Paulo, FAU USP, 2005.

IRIGOYEN DE TOUCEDA, Adriana Marta. *Frank Lloyd Wright e o Brasil*. Orientador Hugo Segawa. Dissertação de mestrado. São Carlos, EESC USP, 2000.

IRIGOYEN TOUCEDA, Adriana Marta. *Wright e Artigas: duas viagens*. São Paulo, Ateliê Editorial, 2002.

KAPLAN, Wendy. *California Design 1930-1965: Living in a Modern Way*. Los Angeles/Cambridge, Los Angeles County Museum of Art/MIT Press, 2011.

KAUFMANN, Edgar; WRIGHT, Ben Raeburn (Orgs.). *Frank Lloyd Wright: Writings and Buildings*. Nova York, Horizon Press, 1960.

KHAN, Hasan-Uddin. *Estilo Internacional: arquitetura modernista de 1925-1965*. Colonia, Taschen, 2009.

KILSTON, Lyra. *Sun Seekers. The Cure of California*. Los Angeles/Londres, Atelier Éditions, 2019.

LAMPRECHT, Barbara Mac. *Richard Neutra 1892-1970: formas criadoras para uma vida melhor*. Colonia, Taschen, 2010.

LAMPRECHT, Barbara Mac. *Richard Neutra: Complete Works*. Colonia, Taschen, 2010.

LAMPRECHT, Barbara Mac. The Obsolescence of Optimism? Neutra and Alexander's U.S. Embassy, Karachi, Pakistan <https://bit.ly/3psKtdA>.

LAPUERTA, José María. Casa VDL, Los Ángeles (Estados Unidos) / VDL House, Los Angeles (United States). *AV Monografias*, n. 132, Madri, jul./ago. 2008, p. 30-41.

LAPUERTA, José María. Casas de maestros / House of Masters. *AV Monografias*, n. 132, Madri, jul./ago. 2008.

LASSALA, Gustavo. *Em nome do pixo. A experiência social e estética do pixador e artista Djan Ivson*. Orientador Abilio Guerra. Tese de doutorado. São Paulo, FAU Mackenzie, 2014.

LASSALA, Gustavo; GUERRA, Abilio. Cripta Djan Ivson, profissão pichador. "Pixar é crime num país onde roubar é arte". *Entrevista*, São Paulo, ano 13, n. 049.04, Vitruvius, mar. 2012 <https://bityli.com/g0R8k9>.

LASSANCE, Guilherme (Org.). *Leituras em teoria da arquitetura – volumes 2 e 3*. Rio de Janeiro, Viana&Mosley, 2010.

LAVIN, Sylvia. *Form Follows Libido: Architecture and Richard Neutra in a Psychoanalytic Culture*. Cambridge, MIT Press, 2004.

LEATHERBARROW, David. *Uncommon Ground: Architecture, Technology, and Topography*. Cambrigde, MIT Press, 2002.

LEET, Stephen. *Richard Neutra's Miller House*. Nova York, Princeton Architectural Press, 2004.

LEONARD, Thomas M. *United States-Latin American Relations, 1850-1903*. Tuscaloosa/Londres, The University of Alabama Press, 1999.

LEVI, Giovanni. Sobre a micro-história. In BURKE, Peter (Org.). *A escrita da história: novas perspectivas*. São Paulo, Editora Unesp, 1992, p. 133-162.

LIERNUR, Jorge Francisco. 'The South american way'. O milagre brasileiro, os Estados Unidos e a Segunda Guerra Mundial – 1939-1943. In GUERRA, Abilio (Org.). *Textos fundamentais sobre história da arquitetura moderna brasileira – parte 2* (op. cit.), p. 169-217.

LIERNUR, Jorge Francisco. Latin America: The Places of the "Other". In KOSHALEK, Richard; SMITH, Elizabeth A. T.; ZEYNEP, Celik. *At the End of the Century: One Hundred Years of Architecture*. Nova York, Abrams, 1998.

LINS, Paulo de Tarso Amendola. *Arquitetura nas bienais internacionais de São Paulo (1951-1961)*. Orientador Carlos Alberto Ferreira Martins. Tese de doutorado. São Carlos, IAU USP, 2008.

LIRA, José. From Mild Climate's Architecture to 'Third World' Planning: Richard Neutra in Latin America. In *Anais do 14th International Planning History Society Conference*. Istambul, jul. 2010 <https://bit.ly/3gbbayX>.

LIRA, José. Redes, fronteiras e vetores: três arquitetos estrangeiros em São Paulo. In *Anais do II Enanparq: Teorias e práticas na arquitetura e na cidade contemporâneas*. Natal, set. 2012.

LIRA, José. *Warchavchik: fraturas da vanguarda*. São Paulo, Cosac Naify, 2011.

LOEFFLER, Jane C. *The Architecture of Diplomacy: Building America's Embassies*. Nova York, Princeton Architectural Press, 2011.

LOUREIRO, Claudia; AMORIM, Luiz. Por uma arquitetura social: a influência de Richard Neutra em prédios escolares no Brasil. *Arquitextos*, São Paulo, ano 02, n. 020.03, Vitruvius, jan. 2002 <https://bit.ly/3clOnj0>.

LÜBKEN, Uwe. Playing the Cultural Game: The United States and the Nazi Threat to Latin America. In CRAMER, Gisela; PRUTSCH, Ursula. *¡Américas Unidas!* (op. cit.), p. 53-76.

MAIOR, Armando Souto. *História geral*. São Paulo, Companhia Editora Nacional, 1966.

MARLIN, Willian. *Nature Near: Late Essays of Richard Neutra*. Santa Barbara, Capra Press, 1989.

MARQUES, André. *Aldary Toledo – entre arte e arquitetura*. Orientador Abilio Guerra. Tese de doutorado. São Paulo, FAU Mackenzie, 2018.

MARQUES, André. *João Filgueiras Lima, Lelé: projeto, técnica e racionalização*. Orientador Abilio Guerra. Dissertação de mestrado. São Paulo, FAU Mackenzie, 2012.

MARQUES, André. *Lelé: diálogos com Neutra e Prouvé*. São Paulo/Austin, Romano Guerra/Nhamerica, 2020.

MARTINS, Carlos Alberto F. Estado, cultura e natureza na origem da arquitetura moderna brasileira: Le Corbusier e Lúcio Costa (1929-1936). *Caramelo*, n. 6, São Paulo, 1993, p. 129-136.

McCANN JR, Frank D. *The Brazilian-American Alliance, 1937-1945*. Princeton, Princeton University Press, 1973.

McCOY, Esther. *Richard Neutra*. Nova York, George Braziller, 1960.

McCOY, Esther. *Vienna to Los Angeles: Two Journeys. Letters between R. M. Schindler and Richard Neutra. Letters of Louis Sullivan to R. M. Schindler*. Santa Monica, Arts + Architecture Press, 1979.

MENDONÇA, Fernando de Magalhães. *Pedro Paulo de Melo Saraiva: 50 anos de arquitetura*. Orientador Carlos Leite. Dissertação de mestrado. São Paulo, FAU Mackenzie, 2006.

MINCHILLO, Carlos Cortez. *Erico Verissimo, escritor do mundo: circulação literária, cosmopolitismo e relações interamericanas*. São Paulo, Edusp, 2015.

MINDLIN, Henrique. *Arquitetura moderna no Brasil*. Rio de Janeiro, Aeroplano, 1999.

MONTANER, Josep Maria. *Arquitetura e crítica na América Latina*. São Paulo, Romano Guerra, 2014.

MORAIS, Fernando. *Chatô: o rei do Brasil*. São Paulo, Companhia das Letras, 1994.

MOREIRA, Pedro. Alexandre Altberg e a Arquitetura Nova no Rio de Janeiro. *Arquitextos*, São Paulo, ano 05, n. 058.00, Vitruvius, mar. 2005 <https://bit.ly/3ilHuSo>.

MOURA, Gerson. *Brazilian Foreign Relations 1939-1950: The Changing Nature of Brazil-United States Relations During and After the Second World War*. Brasília, Fundação Alexandre Gusmão, 2013.

MOURA, Gerson. *Tio Sam chega ao Brasil: a penetração cultural americana*. São Paulo, Brasiliense, 1984.

MUNFORD, Eric. *The Ciam Discourse on Urbanism, 1928-1959*. Tese de doutorado. Princeton, Princeton University, 1996.

MUNFORD, Eric. *The Ciam Discourse on Urbanism, 1928-1960*. Cambridge, The MIT Press, 2000.

NAHAS, Patricia Viceconti. *Brasil Arquitetura: memória e contemporaneidade. Um percurso do Sesc Pompéia ao Museu do Pão (1977-2008)*. Orientador Abilio Guerra. Dissertação de mestrado. São Paulo, FAU Mackenzie, 2009.

NEDELYKOV, Nina; MOREIRA, Pedro. Caminhos da arquitetura moderna no Brasil: a presença de Frank Lloyd Wright. *Arquitextos*, São Paulo, ano 02, n. 018.03, Vitruvius, nov. 2001 <https://bit.ly/3ggjXQn>.

NETO, Lira. *Getúlio: da volta pela consagração popular ao suicídio (1945-1954)*. São Paulo, Companhia das Letras, 2014.

NETO, Lira. *Getúlio: do Governo Provisório à ditadura do Estado Novo (1930-1945)*. São Paulo, Companhia das Letras, 2013.

NEUTRA, Dion. *The Neutras Then & Later*. Barcelona/Viena, Triton, 2012.

NEUTRA, Dione. *Richard Neutra: Promise and Fulfillment, 1919-1932*. Illinois, Southern Illinois University, 1986.

NEUTRA, Dione. *To Tell the Truth: Interviewed by Lawrence Weschler*. Los Angeles, University of California, 1983.

NEUTRA, Raymond Richard. *Cheap and Thin: Neutra and Frank Lloyd Wright*. Kindle Direct Publishing, 2017. [ebook]

NEUTRA, Raymond Richard. Encontros porto-riquenhos. *Arquitextos*, São Paulo, ano 14, n. 158.01, Vitruvius, ago. 2013 <https://bit.ly/3ppiGdL>.

NEUTRA, Richard Joseph. Arquitetura funcional. *Revista de Engenharia Mackenzie*, n. 67, São Paulo, out. 1937, p. 132-133.

NEUTRA, Richard Joseph. *Arquitetura social em países de clima quente*. São Paulo, Todtmann, 1948.

NEUTRA, Richard Joseph. Dos aspectos formais não visuais do plano da cidade e seu contexto urbanístico. *Habitat*, n. 57, São Paulo, out./nov. 1959, p. 16-17.

NEUTRA, Richard Joseph. *El Mundo y la Vivienda*. Barcelona, Gustavo Gili, 1962.

NEUTRA, Richard Joseph. *Life and Shape*. Nova York, Appleton Century Crofts, 1962.

NEUTRA, Richard Joseph. Observations on Latin America. *Progressive Architecture*, n. 5, Nova York, mai. 1946, p. 67-72.

NEUTRA, Richard Joseph. Planejamento: um problema humano, com base no indivíduo. *Módulo*, n. 15, Rio de Janeiro, 1959, p. 14-17.

NEUTRA, Richard Joseph. *Planificar para Sobrevivir*. México/Buenos Aires, Fondo de Cultura Económica, 1957.

NEUTRA, Richard Joseph. *Realismo Biológico. Um Nuevo Renacimiento Humanístico en Arquitectura*. Buenos Aires, Nueva Visión, 1958.

NEUTRA, Richard Joseph. Sun Control Devices. *Progressive Architecture*, n. 10, Nova York, out. 1946, p. 88-91.

NEUTRA, Richard Joseph. *Survival Through Design*. Nova York, Oxford University Press, 1954.

NEUTRA, Richard Joseph. Uma casa inédita de Neutra. *Pilotis*, n. 4, São Paulo, fev. 1950, p. 4-9.

NEUTRA, Richard Joseph. *Vida y Forma*. Buenos Aires, Marymar, 1972.

NEWHOUSE, Victoria. *Wallace K. Harrison, Architect*. Nova York, Rizzoli, 1989.

OLIVEIRA, Liana Paula Perez de. *A capacidade de dizer não. Lina Bo Bardi e a Fábrica da Pompeia*. Orientador Abilio Guerra. Dissertação de mestrado. São Paulo, FAU Mackenzie, 2007.

ORTENBLAD Filho, Rodolpho. A arquitetura de Richard Neutra. *Acrópole*, n. 230, São Paulo, dez. 1957, p. 56-57.

Our Architects en Caracas: Arquitectura Norteamericana en Caracas, 1925-1975. Catálogo de exposição (Sala TAC, Caracas, 25 jul. à 1 out. 2017). Caracas, Fundación Trasnocho Cultural/ Docomomo Venezuela, 2017.

PARRA, Narciso Guaramato. J.J Gonzalez Gorrondona. *Protagonistas en la Economia Venezolana*, Caracas, 6 jun. 2009 <https://bit.ly/2TLT4fy>.

PEREIRA, Ana Larla Olimpio; FUJIOKA, Paulo Yassuhide. A residência do arquiteto: uma análise gráfica das casas de Vilanova Artigas. *Risco*, n. 21, São Carlos, jan./jun. 2015, p. 36-59.

PEREIRA, Sabrina Bom. *Rodolpho Ortenblad Filho: estudo sobre as residências*. Orientador Abilio Guerra. Dissertação de mestrado. São Paulo, FAU Mackenzie, 2010.

PETER, John. *The Oral History of Modern Architecture*. Nova York, Harry N. Abrams, 2000.

PUGLISI, Mariana de Carvalho. *Habitação e cidade – espaços coletivos na habitação de interesse social. Análise das obras do arquiteto Hector Vigliecca em São Paulo 1989 a 2016*. Orientador Abilio Guerra. Dissertação de mestrado. São Paulo, FAU Mackenzie, 2017.

QUANTRILL, Malcolm. *Latin American Architecture: Six Voices*. College Station, Texas A&M University, 2000.

QUEIROZ, Rodrigo. Projeto moderno e território americano: a arquitetura de uma nova paisagem. In *Anais do VIII Seminário Docomomo Brasil*. Rio de Janeiro, set. 2009 <https://bit.ly/3cn1KPT>.

RABELL, Leonardo Santana. *Planificación y Política Durante la Administración de Luis Muñoz Marin: Un Análisis Crítico*. Puerto Rico, Analisis, 1984.

RADFORD, Antony; MORKOÇ, Selen; SRIVASTAVA, Amit. *The Elements of Modern Architecture: Understanding Contemporary Buildings*. Londres, Thames and Hudson, 2014.

RIBEIRO, Patrícia Pimenta Azevedo. A participação do arquiteto Richard Neutra no Congresso Internacional Extraordinário de Crítico de Arte em 1959. In *Anais do VIII Seminário Docomomo Brasil*. Rio de Janeiro, set. 2009 <https://bit.ly/3xdIUTx>.

RIBEIRO, Patrícia Pimenta Azevedo. *Teoria e prática. A obra do arquiteto Richard Neutra*. Orientador Adilson Macedo. Tese de doutorado. São Paulo, FAU USP, 2007.

ROBIN, Ron. *Enclaves of America: The Rhetoric of American Political Architecture Abroad, 1900-1965*. Nova Jersey, Princeton University Press, 1992.

ROCHA, Fernanda Cláudia Lacerda. *Os jardins residenciais de Roberto Burle Marx em Fortaleza: entre descontinuidades e conexões*. Orientador Abilio Guerra. Dissertação de mestrado. São Paulo, Minter Mackenzie/Unifor, 2015.

ROCHA, Ricardo. Resenhar Brazil Builds. *Resenhas Online*, São Paulo, ano 12, n. 142.05, Vitruvius, out. 2013 <https://bit.ly/3ildu9y>.

RODRIGUES, Felipe de Souza Silva. *Aurelio Martinez Flores: a produção do arquiteto mexicano no Brasil (1960-2015)*. Orientador Abilio Guerra. Dissertação de mestrado. São Paulo, FAU Mackenzie, 2018.

RODRÍGUEZ LÓPEZ, Luz Marie. *¡Vuelo al porvenir! Henry Klumb y Toro-Ferrer: Proyecto Moderno y Arquitectura como Vitrina de la Democracia – Puerto Rico, 1944-1958*. Tese de doutorado. Barcelona, Universitat Politècnica de Catalunya, 2008.

RODRÍGUEZ, Eduardo Luis. *Modernidad Tropical. Neutra, Burle Marx y Cuba: La Casa de Schultness*. Havana, Embaixada da Suíça em Cuba, 2007.

RODRÍGUEZ, Eduardo Luis. *The Havana Guide: Modern Architecture 1925-1965*. Nova York, Princeton Architectural Press, 2000.

RODRÍGUEZ, Eduardo Luis. Theory and Practice of Modern Regionalism in Cuba. *Docomomo Journal*, n. 33, set. 2005 <https://bit.ly/3uW83Ac>.

ROSSETTI, Eduardo Pierrotti. Brasília, 1959: a cidade em obras e o Congresso Internacional Extraordinário dos Críticos de Arte. In *Anais do VIII Seminário Docomomo Brasil*. Rio de Janeiro, set. 2009 <https://bit.ly/3wUKWYc>.

ROVIRA, Josep M. *José Luis Sert: 1901-1983*. Milão, Electa Architecture, 2003. [versão em inglês]

ROWLAND, Donald W. (Org.). *History of the Office of the Coordinator of Inter-American Affairs: Historical Reports on War Administration*. Washington, Government Printing Office, 1947 <https://bit.ly/34UfQ78>.

ROYO, Rosa Remón. Casa González Gorrondona o Alto Claro, Caracas Venezuela Obra del Arquitecto Richard J. Neutra: Posiblemente la Residencia Unifamiliar más Grande Proyectada por Richard J. Neutra. *Arquitectura y Empresa*, Godella, 9 nov. 2017 <https://bit.ly/3gekt1i>.

RUCHTI, Valeria. *Jacob Ruchti: a modernidade e a arquitetura paulista (1940-1970)*. Orientador José Eduardo de Assis Lefèvre. Dissertação de mestrado. São Paulo, FAU USP, 2011.

RYDELL, Robert W.; SCHIAVO, Laura Burd. *Designing Tomorrow: America's World's Fairs of the 1930s*. Londres, Yale University Press, 2010.

SACK, Manfred. *Richard Neutra*. Barcelona, Gustavo Gili, 1994.

SAFRAN, Yehuda; WANG, Wilfried. *The Architecture of Adolf Loos*. Londres, The Arts Concil, 1985.

SAID, Edward W. *Cultura e imperialismo*. São Paulo, Companhia das Letras, 2011.

SANTOS, Daniela Ortiz; MAGALHÃES, Mário Luis Carneiro Pinto; PEIXOTO, Priscilla Alves. Cartas sobre cartas – a contribuição silenciosa brasileira na construção dos primeiros Congressos Internacionais de Arquitetura Moderna. In *Anais do VIII Seminário Docomomo Brasil*. Rio de Janeiro, set. 2009 <https://bit.ly/2Rr65u5>.

SANTOS, Maria Cecília Loschiavo dos. *Móvel moderno no Brasil*. São Paulo, Studio Nobel, 1995.

SEGAWA, Hugo; DOURADO, Guilherme Mazza. *Oswaldo Arthur Bratke*. São Paulo, PW Editores, 2012.

SEGAWA, Hugo. Arquitetos peregrinos, nômades e migrantes. In SEGAWA, Hugo (Org.). *Arquiteturas no Brasil/Anos 80*. São Paulo, Projeto, 1988, p. 9-13.

SEGAWA, Hugo. *Arquiteturas no Brasil 1900-1990*. São Paulo, Edusp, 2010.

SEGRE, Roberto. *Arquitetura e urbanismo da revolução cubana*. São Paulo, Nobel, 1987.

SEGRE, Roberto. Ideias e invenções de Buckminster Fuller são analisadas por Roberto Segre. *Projeto*, n. 212, São Paulo, nov. 2011.

SEGRE, Roberto. *La Vivienda en Cuba en el Siglo XX: Republica y Revolucion*. México, Concepto, 1980.

SEGRE, Roberto. *Ministério da Educação e Saúde: icone urbano da modernidade brasileira*. São Paulo, Romano Guerra, 2013.

SEGRE, Roberto. Oscar Niemeyer: tipologias e liberdade plástica. In PETRINA, Alberto, et al. (Orgs.). *Tributo a Niemeyer*. Rio de Janeiro, Viana&Mosley, 2009, p. 163-175.

SENNOTT, Stephen. *Encyclopedia of Twentieth Century Architecture*. Nova York, Fitzroy Dearborn, 2004.

SERT, José Luis; LÉGER, Ferdnand; GIEDION, Sigfried (1943). Nine Points on Monumentality. In GIEDION, Sigfried. *Architecture You and Me: The Diary of a Development*. Cambridge, Harvard University Press, 1958, p. 48-51.

SHEINE, Judith. *R. M. Schindler*. Londres, Phaidon, 2001.

SILVA, Helena Ayoub. *Abrahão Sanovicz, arquiteto*. São Paulo, Romano Guerra/Instituto Bardi, 2017.

SILVA, Joana Mello de Carvalho. *O arquiteto e a produção da cidade: a experiência de Jacques Pilon em perspectiva (1930-1960)*. Orientadora Ana Lucia Duarte Lanna. Tese de doutorado. São Paulo, FAU USP, 2010.

SIQUEIRA, Vera Beatriz. *Burle Marx*. São Paulo, Cosac Naify, 2009.

SMITH, Elizabeth A. T. *Case Study Houses*. Colonia, Taschen, 2010.

SMITH, Kathryn. *Frank Lloyd Wright: America's Master Architect*. Nova York, Abbeville Press, 1998.

SMITH, Richard Cándida. Érico Verissimo, a Brazilian Cultural Ambassador in the United States. *Revista Tempo*, v. 17, n. 34, jan./jun. 2013, p.147-173 <https://bit.ly/3pnNAU1>.

SODRÉ, João Clark de Abreu. *Roteiros americanos: as viagens de Mindlin e Artigas pelos Estados Unidos, 1943-1947*. Orientador José Tavares Correia de Lira. Tese de doutorado. São Paulo, FAU USP, 2016.

SOMBRA, Fausto. *Luís Saia e o restauro do Sítio Santo Antônio: diálogos modernos na conformação arquitetônica paulista*. Orientador Abilio Guerra. Dissertação de mestrado. São Paulo, FAU Mackenzie, 2015.

SOMBRA, Fausto. *Três pavilhões de Sérgio Bernardes: Volta Redonda, Bruxelas e São Cristóvão. Contribuição à vanguarda arquitetônica moderna brasileira em meados do século 20*. Orientador Abilio Guerra. Tese de doutorado. São Paulo, FAU Mackenzie, 2020.

SOSA, Marisol Rodriguez; SEGRE, Roberto. Do coração da cidade – a Otterlo (1951-59). Discussões transgressoras de ruptura, a semente das novas direções pós-Ciam. In *Anais do VIII Seminário Docomomo Brasil*. Rio de Janeiro, set. 2009 <https://bit.ly/3fR4gQC>.

STEELE, James. *Los Angeles Architecture: The Contemporary Condition*. Londres, Phaidon, 1993.

STEELE, James. *Schindler*. Colonia, Taschen, 2005.

STEVENS, Garry. *O círculo privilegiado: fundamentos sociais da distinção arquitetônica*. Brasília, Editora UnB, 2003.

STUCHI, Fabiana Terenzi. *Revista Habitat: um olhar moderno sobre os anos 50 em São Paulo*. Orientadora Fernanda Fernandes da Silva. Dissertação de mestrado. São Paulo, FAU USP, 2006.

SULLIVAN, Louis Henri. *Um sistema de ornamento arquitetônico coerente com uma filosofia dos poderes do homem*. Londrina, Eduel, 2011.

Summary of AG-018 United Nations Relief and Rehabilitation Administration (UNRRA) (1943-1946). United Nations Archives <https://bit.ly/3cgk4u3>.

TAGLIARI, Ana. *Frank Lloyd Wright: princípio, espaço e forma na arquitetura residencial*. São Paulo, Annablume, 2011.

TENTORI, Francesco. *P.M. Bardi*. São Paulo, Instituto Bardi/Imprensa Oficial do Estado, 2000.

TOLEDO, Benedito Lima. *Vila Penteado: registros*. São Paulo, FAU USP, 2002.

TOTA, Antonio Pedro. *O amigo americano: Nelson Rockefeller e o Brasil*. São Paulo, Companhia das Letras, 2014.

TOTA, Antonio Pedro. *O imperialismo sedutor: a americanização do Brasil na época da Segunda Guerra*. São Paulo, Companhia das Letras, 2000.

TSIOMIS, Yannis. *Le Corbusier: Rio de Janeiro 1929-1936*. Rio de Janeiro, Centro de Arquitetura e Urbanismo do Rio de Janeiro, 1998.

UNION PACIFIC SYSTEM. *California Calls You*. Chicago, Poole Bros., 1921.

UNITED NATIONS. A Workshop for Peace: The Creation of the United Nations Headquarters. *YouTube*, 17 jun. 2016 <https://bit.ly/3g7BKJo>.

UNITED NATIONS. *The United Nations and Latin America: A Collection of Basic Information Material About the Work of the United Nations and the Related Agencies in Latin America*. Nova York, The United Nations Office of Public Information/External Relations Division, 1961.

VIVONI FARAGE, Enrique. *San Juan Siempre Nuevo: Arquitecture y Modernización en el Siglo XX*. San Juan, Universidad de Puerto Rico, 2000.

VLECK, Jenifer Van. *Empire of the Air: Aviation and the American Ascendancy*. Cambridge, Harvard University Press, 2013. [e-book]

WAISMAN, Marina. *O interior da história: historiografia arquitetônica para uso de latino-americanos*. São Paulo, Perspectiva, 2013.

WILLIAMSON, Edwin. *História da América Latina*. Lisboa, Edições 70, 2012.

WILSON, Richard Guy. Reflections on Modernism and World's Fairs. In RYDELL, Robert W.; SCHIAVO, Laura Burd. *Designing Tomorrow: America's World's Fairs of the 1930s* (op. cit.).

WONG, Yunn Chii. Fuller's DDU project (1941-1944): Instrument, Art or Architecture? (Heroic design versus ad hoc pragmatism). In KRONENBURG, Robert (Org.). *Transportable Environments: Theory, Context, Design and Technology*. Nova York, Routledge, 1998.

WRIGHT, Frank Lloyd. *Modern Architecture: Being the Kahn Lectures of 1930*. Introdução de Neil Levine. Princeton, Princeton University Press, 2008.

XAVIER, Alberto (Org.). *Depoimento de uma geração: arquitetura moderna brasileira*. São Paulo, Cosac Naify, 2003.

ZABALBEASCOA, Anatxu; MARCOS, Javier Rodríguez. *Vidas Construidas: Biografías de Arquitectos*. Barcelona, Gustavo Gili, 2002.

ZEIN, Ruth Verde. *Leituras críticas*. São Paulo, Romano Guerra, 2018.

ZEVI, Bruno. *Frank Lloyd Wright. Obras y Proyectos/Obras e projetos*. Barcelona, Gustavo Gili, 2006.

ZEVI, Bruno. *Richard Neutra*. Itália, Il Balcone, 1954.

Romano Guerra Editora

Editores
Abilio Guerra, Silvana Romano Santos e Fernanda Critelli

Conselho Editorial
Abilio Guerra, Adrián Gorelik, Aldo Paviani, Ana Luiza Nobre, Ana Paula Garcia Spolon, Ana Paula Koury, Ana Vaz Milheiros, Ângelo Bucci, Ângelo Marcos Vieira de Arruda, Anna Beatriz Ayroza Galvão, Carlos Alberto Ferreira Martins, Carlos Eduardo Dias Comas, Cecília Rodrigues dos Santos, Edesio Fernandes, Edson da Cunha Mahfuz, Ethel Leon, Fernanda Critelli, Fernando Luiz Lara, Gabriela Celani, Horacio Enrique Torrent Schneider, João Masao Kamita, Jorge Figueira, Jorge Francisco Liernur, José de Souza Brandão Neto, José Geraldo Simões Junior, Juan Ignacio del Cueto Ruiz-Funes, Luís Antônio Jorge, Luis Espallargas Gimenez, Luiz Manuel do Eirado Amorim, Marcio Cotrim Cunha, Marcos José Carrilho, Margareth da Silva Pereira, Maria Beatriz Camargo Aranha, Maria Stella Martins Bresciani, Marta Vieira Bogéa, Mônica Junqueira de Camargo, Nadia Somekh, Otavio Leonidio, Paola Berenstein Jacques, Paul Meurs, Ramón Gutiérrez, Regina Maria Prosperi Meyer, Renato Anelli, Roberto Conduru, Ruth Verde Zein, Sergio Moacir Marques, Vera Santana Luz, Vicente del Rio, Vladimir Bartalini

Nhamerica Platform

Editor
Fernando Luiz Lara

Sobre a autora

Fernanda Critelli é arquiteta, mestre e doutora (FAU Mackenzie, 2012, 2015 e 2020). Trabalhou durante seis anos no escritório Bacco Arquitetos Associados, foi secretária voluntária do Núcleo Docomomo São Paulo (2014-2019) e, desde 2016, trabalha na Romano Guerra Editora, onde é um dos editores. É pesquisadora da obra de Richard Neutra desde a graduação, com iniciação científica (bolsa CNPq), mestrado (bolsas Capes e Fapesp), com período sanduíche na University of Texas at Austin, e doutorado (bolsa Mackpesquisa).

A reprodução ou duplicação integral ou parcial desta obra sem autorização expressa do autor e dos editores se configura como apropriação indevida dos direitos intelectuais e patrimoniais do autor.

Romano Guerra Editora
Rua General Jardim 645 cj 31
01223-011 São Paulo SP Brasil
rg@romanoguerra.com.br
www.romanoguerra.com.br

Nhamerica Platform
807 E 44th st,
Austin, TX, 78751 USA
editors@nhamericaplatform.com
www.nhamericaplatform.com

Imagens da capa
Desenhos de viagem, vista elevada do Rio de Janeiro e Morro dos Dois Irmãos. Richard Neutra, 1945. Acervo Richard and Dion Neutra Papers. Department of Special Collections, Charles E. Young Research Library, UCLA

Pensamento da América Latina
Romano Guerra Editora
Nhamerica Platform
Coordenação geral
Abilio Guerra
Fernando Luiz Lara
Silvana Romano Santos

Richard Neutra e o Brasil
Fernanda Critelli
Brasil 7
Coordenação editorial
Abilio Guerra
Fernando Luiz Lara
Silvana Romano Santos
Projeto gráfico e diagramação
Dárkon V Roque
Pré-impressão
Nelson Kon
Revisão de texto
Noemi Zein Telles
Gráfica
Geográfica
Órgãos de fomento
As pesquisas que dão base ao livro receberam recursos via bolsa Pibic CNPq (iniciação científica), bolsas Capes Prosup/Taxas, Fapesp para mestrado no país (processo n. 2013/04898-1) e de estágio de pesquisa no exterior (mestrado, processo n. 2014/12996-6), e bolsa do Fundo Mackpesquisa (doutorado)

A versão em inglês desse livro recebeu recursos para tradução do Processo Capes n. 23038.009799/2019-96, Programa Proex n. 1135/2019, recebido pelo Programa de Pós-Graduação em Arquitetura e Urbanismo da Universidade Presbiteriana Mackenzie

Agradecimentos

Adriana Irigoyen, Aimee Lind (Getty Research Institute), Andres Otero, Angélica Benatti Alvim, Antonio Pedro Tota, Bruno Mesquita (Biblioteca do Masp), Carla Silva-Muhammad (UT Austin), Carlos Warchavchik, Catherine R. Ettinger, Christopher Long (UT Austin), Dina Uliana, Dion Neutra (*in memoriam*), Eduardo Luis Rodriguez, Embaixada da Suíça em Cuba, Eric Munford, Genie Guerard (Library of Special Collections, UCLA), Getty Research Institute, Isabela Ono, Ivani DiGrazia, José Geraldo Simões Júnior, José Lira, Kykah Bernardes, Lauren Weiss Bricker (Cal Poly Pomona), Marcio Cotrim, Maria Ofelia González (Embaixada da Suíça em Cuba), Meg Partridge, Nancy Hadley (AIA California), Paulo Bruna, Paulo Mauro de Aquino, Raymond Richard Neutra, Renato Anelli, Richard Cleary (UT Austin), Roger M. Kull, Ruth Verde Zein, Sarah Lorenzen (Cal Poly Pomona), Simon Elliott (Library of Special Collections, UCLA), Thomas S. Hines, University of California at Los Angeles, University of Texas at Austin, Victor Hugo Mori

Apoio

© Fernanda Critelli
© Romano Guerra Editora
© Nhamerica Platform
1ª edição, 2022

Edição traduzida para o inglês
Richard Neutra and Brazil
Fernanda Critelli, 2022
ISBN: 978-65-87205-18-2
(Romano Guerra)
ISBN: 978-1-946070-40-1
(Nhamerica)

Formato ebook
Richard Neutra e o Brasil
Fernanda Critelli, 2022
ISBN: 978-65-87205-19-9
(Romano Guerra)
ISBN: 978-1-946070-41-8
(Nhamerica)

Richard Neutra and Brazil
Fernanda Critelli, 2022
ISBN: 978-65-87205-15-1
(Romano Guerra)
ISBN: 978-1-946070-39-5
(Nhamerica)

Critelli, Fernanda
Richard Neutra e o Brasil
Fernanda Critelli
prefácio
Abílio Guerra
posfácio
Raymond Richard Neutra

1ª edição	São Paulo, SP: Romano Guerra;
1ⁿᵈ edition	Austin, TX: Nhamerica Platform 2022

296 p. il.
(Pensamento da América Latina: Brasil, 7)

ISBN: 978-65-87205-05-2
(Romano Guerra)
ISBN: 978-1-946070-42-5
(Nhamerica)

1. Neutra, Richard Joseph, 1892-1970
2. Arquitetura moderna – Século 20 – Estados Unidos
3. Arquitetura moderna – Século 20 – Brasil
4. Arquitetura moderna – Século 20 – América Latina

I. Guerra, Abílio
II. Neutra, Raymond Richard
III. Título

CDD 724.973

Ficha catalográfica elaborada pela bibliotecária Dina Elisabete Uliana – CRB-8/3760

Este livro foi composto em Rotis Semi Sans e impresso em papel offset 90g, couché 115g e supremo 250g